Stepter

11. 8. 78

Hans Scholz
Wanderungen
und Fahrten
in der Mark
Brandenburg
5

# Hans Scholz
# Wanderungen und Fahrten in der Mark Brandenburg
# 5

Stapp Verlag Berlin

Die Illustrationen sind Wiedergaben von Aquarellen des Autors

ISBN 3-87776-523-8
© Stapp Verlag Wolfgang Stapp, Berlin, 1977
Gesamtherstellung Mohndruck Reinhard Mohn OHG, Gütersloh

# Inhaltsverzeichnis

| | | |
|---|---|---|
| I. | Nachrichten aus Myrgingaland | 7 |
| II. | Triglaw hinterm Hauptaltar | 21 |
| III. | »Stahl aus Brandenburg« | 33 |
| IV. | Nur 79 m hoch, aber . . . | 43 |
| V. | Verlust der Reichsmitte | 53 |
| VI. | Das Schaf in der Retorte | 68 |
| VII. | »Das befreite Rathenau« | 77 |
| VIII. | Pastors Kind und . . . | 92 |
| IX. | Quirlende Winde den Nordhang herauf | 100 |
| X. | Dieser Herr sitzt mit seinen Kumpanen in Westdeutschland | 108 |
| XI. | Am Schienenweg | 115 |
| XII. | Neueste Nachricht vom alten Birnbaum | 123 |
| XIII. | Volksmoorbad der Werktätigen | 135 |
| XIV. | Gesprochenes, Gelalltes, Gekritzeltes (diverse Notizen) | 148 |
| XV. | Die glückliche Victorie von Fehrbellin | 163 |

I

# Nachrichten aus Myrgingaland

*Berlin, Ende Juli 1976*
Was ist das: Brandenburg an der Havel? Eine Stadt. Aber gewiß keine landläufige. Fast eine Großstadt zudem. Zählte 1972 beinahe 94 000 Einwohner. Vielleicht ist die 100 000-Grenze inzwischen schon überschritten. Weiß gar nicht, wie oft ich, seit im Sommer 1972 die Schranken fielen, in Brandenburg gewesen bin. Letzthin am 3. Juli 1976, einem Sonnabend, lag die Stadt freilich wie tot. Läden und Warenhäuser hatten geschlossen. Vom quirlenden Leben, das man dort sonst an Wochentagen trifft, war nichts zu spüren. Überhaupt sollte man keine DDR-Visiten an Wochenenden vornehmen, wenn man der alltäglichen Lebendigkeit begegnen will. Allerdings fiel auf diesen 3. Juli der dortige Beginn der Großen Ferien. Vielleicht lag es daran, daß alles wie erloschen war. Nur die Feueröfen des Stahlwerks waren es nicht.

Hatte auch gar nicht nach Brandenburg fahren wollen, sondern nach Havelberg, das dortige Heimatmuseum zu besichtigen, nur hatte ich den einzig dies ermöglichenden Zug nicht mehr erwischt, hatte den Ferienbeginn nicht eingeplant. Wie hätt' ich's sollen? Um 5 Uhr schon an der Sperre zu sein oder meinethalben auch um 4, es macht mir nichts aus, und die Abfertigung geht eigentlich immer zügig. Länger als fünf Minuten dauert sie nie. Doch an diesem strahlenden Julitag – ich war gegen 6 Uhr am Grenzübergang – standen schon Hunderte und Tausende, und obwohl an vier Schaltern gearbeitet wurde, wollte und wollte es nicht vorwärtsgehen, so schien es. Meist alte Leute, in der Mehrheit wohl West-Berliner Großeltern mit Sack und Pack oder reifere Verwandte, die während des Urlaubs der jungen DDR-Ehepaare am Schwarzen Meer oder auf Rügen deren Kleinkinder, die Enkel, die Neffen, die Nichten und die Behausungen einzuhüten in die „Erste Deutsche Arbeiter- und Bauernrepublik" hinauswollten. Ablösung vor! Als ich nach einer langweiligen langwierigen Stunde alle Formalitäten hinter mir hatte, war mein 6-Uhr-49-Zug von Lichtenberg schon längst auf und davon, ein unerläßlicher Zug zur Erkundung der nordwestlichen Mark im übrigen.

Wie mag es in zehn, fünfzehn oder zwanzig Jahren an so einem Tag hier aussehen? Jetzt sind die verwandtschaftlichen Bande noch nah und dicht, aber sie erneuern sich nicht mehr und sterben weg. Schon die Enkel in der DDR werden für die Urenkel keine westlichen Einhüter mehr haben, und nur noch ein anderer alter Esel wie ich jetzt, der abgelegene Heimatmuseen inspizieren will, wird vor die verödete Sperre treten und ohne Zeitverlust als Alleingänger abgefertigt werden. Ihm gewünscht!

\*

Brandenburg. Karl der Große, ist er in diese Gegend gestoßen? 780, so künden die fränkischen Reichsannalen, erschien er an der Spitze eines Heeres zum erstenmal an der abendländischen Ostgrenze, an der Elbe, überschritt sie aber nicht. Der Zweck, der nicht erreicht wurde, war die Einschüchterung der Wilzen oder Lutizen, die allen ihren Nachbarn beiderseits der Elbe übel zu schaffen machten, hüben den Abodriten und Sorben, drüben den Sachsen. Der erste Feldzug ins Wilzenland fand daher mit abodritischer und sorbischer Unterstützung statt, 789. Keine Spur etwa von Solidarität der Heiden gegenüber den Deutschen. Eine Friesenflotte, die planmäßig elbeauf geschwommen kam, beteiligte sich. Der Ort der Vereinigung von Flotte und Landheer ist wohl vor Havelberg zu suchen, nach anderen auch bei Magdeburg. Viel Blut scheint nicht geflossen zu sein. Die Wilzen waren schlau und unterwarfen sich. Nur weiß man nicht, ob das Ziel dieser bewaffneten Exkursion Demmin war oder, weil näherliegend, die Hevellerfeste Brandenburg.

808 war ein neuer Feldzug nötig, denn die Wilzen gaben keinen Frieden. 809 begaben sich die Abodriten gemeinsam mit den Sachsen auf den Kriegspfad ins Land der wilzischen Smeldingen nach Havelberg. 810 holten die Wilzen zum Gegenschlag aus. 811 und 812 ging es Zug um Zug so weiter, und erst, als die Wilzen hatten Geiseln stellen müssen, trat Ruhe ein. Das Erscheinen zweier wilzischer Häuptlingssöhne oder Gauprinzen vor Ludwig dem Frommen

auf dem Frankfurter Reichstag haben wir im Band IV Seite 133 erwähnt. Der Kaiser wurde doch offenbar schon als verbindliche Rechtsinstanz angesehen und angerufen, innerwilzische Erbstreitigkeiten zu entscheiden. Die Domestizierung der Ostelbier schien also Fortschritte gemacht zu haben. Doch ging der mehr oder minder heftige Grenzkrieg das ganze 9. Jahrhundert über weiter, und was die fränkischen Könige östlich der Elbe erobert zu haben glaubten, ging am Ende doch alles wieder verloren.

Daß die heidnischen Ostelbier keine unbehilflichen Wilden etwa waren, ist unter anderem an ihrem politischen Taktieren über weite Bereiche hin abzulesen. In der Zeit, als die Ungarn mit ihren Einfällen das junge Abendland in Schrecken setzten, machten die Wilzen flankierend mit den magyarischen Reiterheeren gemeinsame Sache. Das nun war allen Ernstes gefährlich. Um Christianisierung ging es offenbar noch nicht, es ging dem Reich um sein Fortbestehen und den Wilzenvölkern oder -verbänden auf Biegen und Brechen um politische Unabhängigkeit. Nur beschränkten diese sich zu deren Wahrung keineswegs etwa auf bloße Verteidigung. So ist Heinrichs des Voglers Winterfeldzug von 928 auf 929 gegen die Feste Brandenburg doch auch als Präventivmaßnahme oder als Vorwärtsverteidigung zu verstehen und nicht bloß nach beliebtem Schema als typisch deutscher Akt des aggressiven Imperialismus. Von den Ungarn hatte sich der König einen recht kostspieligen Waffenstillstand erkauft. Es wäre ganz verantwortungslos gewesen, wenn nun die Waffenruhe nicht genutzt worden wäre, um jenseits der Elbgrenze die unruhigen Bundesgenossen des Reichsfeindes Nr. 1 zu dämpfen.

Harter Frost kam dem deutschen Unternehmen zu Hilfe oder war in gewisser Weise eingeplant. Winterfeldzüge waren ja nicht gerade das Übliche. Aber wenn die Inselfeste Brandenburg überhaupt einzunehmen sein sollte, dann war sie's, wenn rings um sie her alles zugefroren war; und die dortigen Gewässer, das muß man sich hinzudenken, waren vor 1000 Jahren um vieles mächtiger als heute. Gelegentlich dieser Eroberung – *„fame, ferro, frigore"*, wie Widukind von Corvey es formuliert, durch „Hunger, Schwert, Frost" – stieg jedenfalls die hevellische Wasserburg für uns aus dem Nebelgrau der Sage in das Morgenrot der hiesigen Geschichte, um fortan noch viel von sich reden zu machen: Als *Brennaburg* bei Widukind von Corvey, *Brendanburg* in einer Urkunde Ottos I., *Brandeburg* bei Thietmar, *Brandenburg* bei Adam von Bremen, *Brandinaburg* in der Erzählung vom Jarl Iron der eddischen Thidrek-Saga und als die Stadt, die dem schwergeprüften Land, von dem hier berichtet wird, den Namen gegeben hat.

\*

Die dem Thidrek gewidmete Sagensammlung – Thidrek = Dietrich von Bern – hat drei Abschnitte, die sich mit den *Willtinamenn* befassen, mit unsern Wilzen. Was erzählt wird und womit die nordischen Spielleute ihre Zuhörer unterhielten, ist freilich sagenhaft, auch bloß märchenhaft. Dem Heros eponymos aller Wilzen, König Wilkinus, gebiert eine Meerfrau einen riesenmäßigen Sohn, Wade, der als Wate auch in unseren Hilde- und Gudrunliedern auftritt, und dieses Berserkers Sohn ist Welent oder Wieland der Schmied, des Wilkinus Enkel (dazu Band IV Seite 38). Dennoch aber spürt man, ohne es freilich mit erwiesenen Fakten in Deckung bringen zu können, deutlich genug die große geschichtliche Szenerie, in der sich die Könige, Jarle und Recken tummeln, wenn auch von den zugehörigen Völkern wenig die Rede ist: unbestritten historisch Dietrich von Bern zum Beispiel und der Hunnenkönig Attila; kaum oder schwer mehr zu identifizieren der Wilzenkönig Osantrix; endlich auch ganz erdichtete oder aus anderen Sagenkreisen erborgte Gestalten.

Daß die westfälische Stadt Susat = Soest einen Handlungsort hergibt, geht auf eine niederdeutsche Quelle zurück, die der Skalde in dichterischer Freiheit unter vielen sonstigen benutzte. Aber Holmgard = Nowgorod und eben Brandenburg stecken den Handlungsrahmen genauer ab: es ist die nord- und osteuropäische Welt von der Völkerwanderung und vom südrussischen Gotenreich bis zur wikingisch-normannisch-warägerischen Expansion, *Myrgingaland* oder *Sclavenien* zwischen Donau, Elbe, Ostsee und ohne Grenze gegen Osten.

Die Sage schildert das Wilzenreich als sehr weit ausgedehnt, und auch darin steckt etwas. Ein König der Thidrek-Saga, Milias von Hunnenland, könnte mit einem Wilzenfürsten identisch sein, dem einen der streitenden Wilzenerben nämlich vor dem Frankfurter Reichstag, mit Milegast, und erwähnter Wilzenfürst Osantrix identisch mit Oserich-Popiel. Könnte, wohlgemerkt! (Der sagenhafte Osantrix wird Schwiegersohn jenes Königs Milias, und der mehr oder weniger historische Oserich-Popiel wird Anfang des 9. Jahrhunderts der Schwiegersohn jenes Milegast. Eine der Frauen des Osantrix soll Juliana geheißen haben, die Mutter des Oserich aber Julia.)

Oserich-Popiel mit polnischem Namen und dem Zunamen *Chościsco* (= Fremdling) gehört der sagenvernebelten Vorgeschichte des Piastenreichs an und scheint die nachmals großpolnischen Stämme aus dem mächtigen Wilzenbund herausgelöst zu haben.

Wie immer aber, der weitgespannte Bogen des Sagenberichts, den man *prima facie* für phantastisch halten könnte, entspricht doch ganz und gar den wikingisch-warägischen Beziehungen und adeligen Sippenverflechtungen quer über Europa hin; wobei es auffallen muß, daß von Slawen in dem Sinn, wie er heute verstanden wird, nirgends die Rede ist, wenn sich diese, wie man ja weiß, hier auch längst schon seßhaft gemacht hatten. Es scheint fast die Regel gewesen zu sein, daß sich die einzelnen Wikingerjarle, von denen die Sage Kunde gibt, zu Herren der anwachsenden und nachrückenden Slawengruppen und Slawenstämme aufwarfen, es aber, weil selbst ohne nordischen Nachschub, um sich in ihren Positionen zu halten, im Lauf der Zeit nötig hatten, sich slawische Vornamen zu geben und sich überhaupt zu slawisieren. So in Rußland, so in Polen, so bei den Abodriten, deren Herrscherhaus von Haithabys schwedischen Jarlen herzuleiten sein könnte, und nicht anders, wie freilich nur in „Parallelität" zu unterstellen, im Brandenburgischen. Dem Brottufius nach soll die Gemahlin des letzten Hevellerfürsten, Petrissa, eine norwegische Königstochter gewesen sein; weiß nicht, wo der Chronist es her hat, ins Bild würde es passen.

Betrachtet man Sagenwelt und verbriefte Historie jener bewegten Epoche des abendländischen Beginns, so ist nicht zu bestreiten, daß die frühen Slawen, wie reich auch an Göttern und Dämonen, nirgendwo Persönlichkeiten von solcher Nachwirkung hervorgebracht haben, wie sie Erhöhung in den Rang der Sagenhaftigkeit zur Folge hat (Dyter Bernat war nur übernommen: Dietrich von Bern, siehe auch Band I, 31). So mochten die wikingischen Conquistadores leichtes Spiel haben. Andrerseits könnten unter den Jarlen des eddischen Berichts gewiß auch slawenblütige Herren gewesen sein; rassistische Unterscheidungen waren jener Zeit ganz fremd.

Und es hat slawischen Adel gegeben, hier (lt. Adriaan v. Müller) die Britzkes auf Britz oder (lt. Hans Jänichen) in Mecklenburg die Natzmers, wenngleich auch da wikingische Ahnen nicht auszuschließen seien. Aber viel weiß man diesbezüglich offenbar nicht. Hierzulande konnte noch nichts aufgeschrieben werden, weil dieser Kunst noch niemand mächtig war, und die eddischen Berichte sind aus zweiter und dritter Hand und schriftlich erst um 1250 fixiert worden, als die gemeinten oder behaupteten Ereignisse schon einige Jahrhunderte zurücklagen. Auch gebrach es den teils sogar isländischen Verfassern an geographischen Kenntnissen, deren Mitteilung für den dichterischen Zweck ja auch nur ein „medienfremder" Ballast gewesen wäre. Das alles jedoch steht der Annahme keineswegs entgegen, man werde im westelbischen Sachsenland wesentlich mehr von den betreffenden Personen und Vorgängen als jene fernen Skalden gewußt und einander erzählt haben und nicht etwa weniger oder nichts.

Von germanischen Volksresten melden die Sagen ebensowenig wie von den slawischen Ankömmlingen, Resten, deren Überdauern früher strittig war, heute aber archäologisch erwiesen ist. In Rußland haben Waräger und überdauernde Goten Beziehungen aufgenommen oder diese waren nie völlig abgerissen; es wäre möglich. Doch solche Bindungen hat es zwischen Sueben- oder Semnonen-Überbleibseln und dem Norden nicht gegeben, oder sie lagen so weit zurück, daß sie schon vergessen waren. Auch könnte die Verschmelzung der hiesigen Germanenreste mit den polabischen Slawen gegen 800, als die ersten Nordmänner hier auftraten, schon so fortgeschritten und dicht gewesen sein, daß die germanische Verwandtschaft nicht mehr ins Gewicht fiel. Wer weiß?

Anders steht es aber um die ebenfalls nicht gerade durchschaubare Rolle der Heruler, die hier nicht unerwähnt bleiben dürfen, weil es in der Stadt Brandenburg den Harlungerberg gibt und auch ein Dorf Harlungate gegeben zu haben scheint oder doch einen Priester namens Walter von Harlungate gegeben hat. Die Harlungen, das sagenhafte Neffenpaar des Gotenkönigs Ermanerich, der diese Nepoten henken läßt, des historischen Gotenkönigs Airmanareiks am Schwarzen Meer, sind, da Sagen zu wandern pflegen – übrigens auch über völkische und rassische Grenzen hinweg – sozusagen gesamtdeutsch, aber irgendein Zusammenhang muß gerade mit *der* Brandenburg bestehen, wenn es Lokalisierungen der Harlungen-Sage und Harlungerberge auch noch woanders gibt. Heruler gab es dort aber in keinem der Fälle, das ist das Entscheidende.

Die Heruli, wie auch immer, waren neben den Amali ein Königsgeschlecht der Heruler, daher in deutscher Variation: Amelungen und Harlungen. Über die Amaler, die göttliche Abkunft für sich geltend machten, waren die Heruler mit den Goten verwandt. Ermanerich zum Beispiel soll dem Hause der Amaler entsprossen sein und im übrigen der Sage nach – doch die lokalisiert hier falsch oder affektiv – auf unserm Harlungerberg seinen Sitz gehabt haben. Gleichviel aber, wenn auch die Sagen nur raunen und stammeln, ein historischer Zusammenhang liegt da zugrunde. Adam von Bremen, der 1075 starb, und Helmhold, der Pfarrer von Bosau, der rund hundert Jahre später das Zeitliche segnete, beide Chronisten haben die Heveller, die Havelländer, mit den Herulern gleichgesetzt, und die Vita Wiperti der Pegauer Annalen leitet das Geschlecht der Grafen von Groitzsch von brandenburgischen Herulern ab. Eine solche zeitgenössische Mitteilung kann man doch nicht ein knappes Jahrtausend später einfach in den Bereich der Fabel verweisen. Der schreibende Mönch, dessen Chronistenwerk doch für wenigstens einige Leser seiner Lebzeiten bestimmt war, kann diesen doch nicht Besiedlungsverhältnisse aufgetischt haben, die nicht vorhanden waren, mochte das Genealogische auch ein wenig geschönt sein. Etwas Abträgliches sollte ja die herulische Abkunft des Grafen, der das Pegauer Kloster gestiftet hatte, gewiß nicht bedeuten. Im Gegenteil.

Milde gesagt, es gehört schon eine ganz hübsche Portion Slawophilie und besserwisserische Anmaßung dazu, sich über dieses dreifache Zeugnis von Zeitgenossen hinwegzusetzen. Denn besagte Heruler, ich kann's nicht ändern, sind nun einmal Germanen gewesen, vielleicht weniger ein nordischer Stamm, sondern, wie vermutet worden ist, eher ein Verband abenteuerlüsterner Jarle verschiedenster Herkunft, der sich als letzter in den Strom der Völkerwanderung gestürzt hat, um in Resten, nach unsäglichen Unternehmungen und heroischen Untergängen, selbst übrigens von verwegener Brutalität, wieder nach Norden zu kehren, wobei offenbar einzelne Gruppen hier hängengeblieben sind. In Sclavenien.

Gewiß, Adam und Helmhold haben sie den ‚Sclavi' zugezählt. Doch dieses ‚Sclavi' der frühen Geschichtsschreiber, eine Kurzform für ‚Sclaveni', sollte gar nicht Slawen in heutigem Verstande bedeuten; das haben nur die Historiker des 19. Jahrhunderts angenommen, im Banne romantischer Vorstellungen seit Herders Wirken sowohl wie im Zeichen der preußisch-russischen Allianz seit Napoleons Zeit und schließlich mit auch unter dem Einfluß des aufkommenden Panslawismus. ‚Sclaveni', lese ich, kommen zum erstenmal bei Jornandes im 6. nachchristlichen Jahrhundert vor; er meint einen der vielen Vandalenstämme. Jornandes war Gote und konnte es wissen.

Wo dieser Stamm geblieben ist, weiß man nicht, aber sein Name ist bei späteren, ebenfalls lateinisch schreibenden Chronisten zum Sammelbegriff geworden, was ja wohl vorkommt (siehe französisch ‚Allemand' von Alemannen für Deutsche überhaupt), zum unterschiedslosen Sammelbegriff für alle Ostelbier, die noch Heiden waren. Die deutsche Entsprechung für ‚Sclaveni' und ‚Sclavi' sei ‚Wenden' gewesen, was wiederum mit den Vandalen in Zusammenhang stehe. Entscheidendes Kriterium in der Sicht von Kirche und Reich war à la longue dann einzig und allein das Heidentum, ob nun Slawen, Germanen oder sonstwer sich der Taufe verweigerten. Insofern mag dem einsamen Streiter Walther Steller Recht zu geben sein, wenn er auch im Eifer des wissenschaftlichen Gefechts den Verdacht auf sich gelenkt hat, ihm passe am Ende das Vorhandensein von Slawen überhaupt nicht so recht.

Ich bin nicht vom Fach, prüfen kann ich's nicht, meine aber bescheidentlich, es müßte sich anhand und aufgrund der jeweils ältesten Handschriften doch feststellen lassen, ob darin, wie Steller steif und fest behauptet hat, die Schreibweise mit dem ‚c' zwischen ‚S' und ‚l', oder, wie später, die ohne ‚c' praktiziert worden ist. Das müßte doch in Zusammenarbeit der gesamten Fachwelt spätestens binnen einem Jahr zu klären sein. So viele frühe Chroniken gibt es doch gar nicht. Und dann Schluß damit! Die Slawen selbst, die ja auch ein Wörtchen mitzureden haben und gerade keinen geringen Teil der weißen Rasse ausmachen, leiten ihre Selbstbezeichnung von ‚slawa' = Ruhm ab und ganz bestimmt nicht von ‚Sklaven'! Aber in den nachgerade überholten panslawistischen Kram dürfte es wie gerufen gepaßt haben, wenn doch selbst die böse deutsche Wissenschaft aus allen nur auffindbaren ‚Sclavi' der Einfachheit halber ‚Slawen' machte. Welch ein Gebietszuwachs im nachhinein!

Man kommt ja bei Polen und Tschechen zum Glück allmählich davon ab, wie hier gelegentlich schon berührt wurde; die archäologischen Erkenntnisse gestatten die Annahme einer slawischen Urbevölkerung weder in den hier betrachteten Gebieten noch in Polen oder Böhmen länger. Und zuletzt wird es nur noch die DDR sein, in der man aus Liebedienerei an der größten aller Slawennationen die „Slawentheorie" weiter betet, als hinge die Seligkeit daran.

Da in den Texten der Heimatmuseen (siehe dazu auch Band IV im 3. Kapitel) allerorten so pslamodiert wird – Havelberg: „... revolutionäre Erhebung der Slawen gegen die deutschen Feudalherren" = der große „Wendenaufstand" von 983; was schon insofern Blödsinn ist, als die Wilzen ja eigene Feudalherren hatten, wie die vielen Burgwälle beweisen, die allemal auch Herrensitze waren oder sich zu solchen entwickelt hatten. – Neuruppin: „Im 12. Jahrhundert lebten die Raubzüge deutscher Feudalherren gegen die Slawen östlich der Elbe verstärkt auf. Der Feudaladel erkannte die günstige

Gelegenheit, im Osten Land für den Ausbau selbständiger Territorialherrschaften zu erobern." Das ist zwar nicht falsch, aber tendenziös unvollständig, wenn man die vielen militärischen Unternehmungen der Polen und insbesondere die des Boleslaw Chrobry (siehe Band IV das 3. Kapitel) gegen die Wilzen, Sorben und Pommern einfach unerwähnt läßt – kurzum, wenn solchermaßen die Gebetsmühlen gedreht werden, wäre es nur folgerichtig, wenn man als arger Deutscher, der den hilflosen Slawen hier in kolonialistischer Anmaßung einst sein altangestammtes Land geraubt hat, sich betreten davonmachte und *dem* Slawen endlich wiedergäbe, was sein war. Das beträfe dann allerdings alle Deutschen der DDR, da diese just auf jenem geraubten Slawenland gründet.

Da die Texter dieses Dilemma spüren, werden für jene Eindeutschung nur die Feudalherren schuldig gesprochen und somit der ganze Vorgang in ein Pêle-mêle aus Klassenkampf und Rassenkampf umgedeutet. Diese verflixten Feudalherren kamen aber doch nicht allein, sondern an der Spitze etlichen Volks, will sagen vieler Mitschuldiger, und hätten sich ohne diese auch nicht länger und besser als die wikingischen Einzelgänger halten können, die sich, wie gesagt, früher oder später slawisieren mußten. Ob der Oberste Sowjet zu Moskau derartige Geschichtsdarstellungen tatsächlich empfohlen oder befohlen hat? Ach, das Sowjet-Imperium hat es doch nicht nötig, seine faktische Macht mit ungegründeten Wissenschaften zu untermauern!

\*

Ja, Myrgingaland! Hier liegt alles von der Völkerwanderung an bis zu jener ersten deutschen Eroberung der Brandenburg in kaum durchdringlichem Nebel oder in völliger Finsternis, erhellt nur dann und wann von irrwischigem Sagenlicht. Als Teile der zerschlagenen Heruler (512 n. Chr.) sich aus der Gegend von Belgrad wieder heim nach Norden wandten – sie hatten die Verbindungen zum Land ihrer Herkunft niemals abreißen lassen, wenn es sie auch wer weiß wie weit verschlagen hatte –, mußten sie (laut Müllenhoff nach Prokop) *„zuerst alle Völker der Sclavenen der reihe nach"* passieren, *„dann viel ödes land"* durchwandern, bis sie zu den Warnen und den Dänen und von dort in die skandinavische Heimat gelangten. Es ist überliefert, daß sich bei diesen wüsten Spätheimkehrern *„viele von königlichem blut befanden"*. Mit diesen also dürfte die Harlungen-Sage bis nach Brandenburg gewandert sein. Doch hätte sie sich dort nicht dauerhaft einnisten können, hätte nicht auch eine herulische Gruppe daselbst Fuß gefaßt. Jenes öde Land, das sie zu durchziehen hatten, wäre demnach zwischen den Karpathen, den Sudeten und der Ostsee zu suchen, also auch einschließlich des Brandenburgischen *in spe*.

Adam von Bremen (gest. 1075) weiß, daß *„Sclavania amplissima Germaniae provintia"* gewesen ist *„Germaniens größte Provinz"*, wobei er, sehr bezeichnend, mit *„Germania"* das unbekehrte Ostelbien meint, weiß, daß dort unter anderen Winuler angesessen waren, die vordem Vandalen geheißen haben, und schreibt seinem Vernehmen nach, daß dieses Gebiet *„zehnmal größer sein soll als unser Sachsen, zumal wenn man Böhmen und die Länder Polens jenseits der Oder, deren Bewohner weder durch ihr Äußeres noch durch ihre Sprache von den anderen abweichen, zu Sclavanien zählt – in partem adieceris Sclavaniae"*.

Ebenso weiß Wincenty Kadlubek (1160–1223) – oder behauptet es doch –, daß die alten Polen Nachkommen der Goten und Vandalen gewesen seien. Er war Pole und Bischof von Krakau.

Mehr Licht, scheint mir, ist mit Hilfe schriftlicher Dokumente in das herrschende Dunkel nicht hineinzutragen: das hiesige Land war nach der Völkerwanderung nur dünn besiedelt, Raum ohne Volk, da und dort restliche Germanenhöfe, daneben, oft geradezu Seite an Seite, Niederlassungen slawischer Zuwanderer, wie geschaffen, um auf gut Glück abenteuerliche Wikingerherrschaften zu errichten, wenn es denn zu Reichsgründungen wie im volkreichen Rußland oder in Unteritalien nicht langte. Aber das wußte man auch bei den Angeln und Sachsen drüben auf den britischen Inseln und wußte man bei den Langobarden in Oberitalien noch, wie dieses riesige weiland übervölkerte Land in den Zeiten vor und während der großen Völkerreise von drängenden unruhigen Menschen nur so gewimmelt hatte wie ein Ameisenhaufen. Ein Spottname: Ameisenland – Myrgingaland (zu niederdeutsch ‚Miere', angelsächs. ‚Myra' usw. = die Ameise). Ist ja auch gerade keine ganz gewöhnliche Sache, eine Völkerwanderung, die rauschhafte unwiderstehliche kollektive Unruhe, die ganze Völkerscharen packt und durcheinanderquirlt und -wirbelt. Der Anspruch aber auf den Besitz des Myrgingalandes, schreibt Müllenhoff, doch sage ich's mit meinen Worten, ist von den Abgewanderten *nie* aufgegeben worden, hätte aber aufgegeben werden müssen, füge ich hinzu, hätten sich inzwischen starke Eroberer der brachen Länderbeute bemächtigt. Stärkere und fremdere, als Polaben, Sorben, Wilzen, Heruler und die Handvoll Wikinger es waren.

Myrgingaland, Sclavenien tausend Jahre später. Viele gepanzerte Divisionen stark, gebieten die Russen über ganz Sclavenien (= Ostblock) und sagen, wie's dort zu halten ist und gemacht werden soll ... Vormaleinst, da trat Rußland nur in Gestalt von Händlern auf dem Prager Markt auf. Das läßt Ibrahim ibn Ja'qub wissen: *„Türken, Russen, Slawen und Juden"*; was übrigens zwischen Russen und Slawen einerseits und den Slawen und den Pragern andrerseits differenziert. Doch muß es ja wohl den Verhältnissen gegen Ende des 10. Jahrhunderts entsprochen haben, man wolle dies beachten! Oder Ibrahim hat schwedische Händler vom Stamme der Rus gemeint; ich kann nicht arabisch.

Rußland trat auch gelegentlich in der Wohlgestalt warägischer Prinzessinnen in Erscheinung, in der der Eupraxia zum Beispiel – das war ihr Taufname nach griechischem Ritus. Sie hieß Adelheid, heiratete einen Stader Markgrafen, wurde Witwe und wurde als solche die zweite Gemahlin König Heinrichs IV., des unglücklichen Canossa-Gängers, der auch sie ins Unglück stürzte und zu seiner Feindin machte. Das war so gegen 1100 ...

Myrgingaland. Über eine Million Menschen verdrückte sich irgendwie aus dem untergehenden oder aus dem zerstörten Groß-Berlin, darunter die Masse der Nazis. 12,5 Millionen Menschen wurden aus den Gebieten jenseits der Oder-Neiße-Linie vertrieben. Eine gute Million vertriebener Ostpreußen, Pommern, Schlesier und Sudetendeutscher blieb in der DDR. Über drei Millionen Menschen haben die DDR seit ihrer Gründung gen Westen verlassen. Das sind alles in allem in drei Jahrzehnten weit mehr Menschen, als der große Drang der klassischen Völkerwanderung in Jahrhunderten auf die Beine gebracht hat. Polen und Russen rückten nach.

Polen erscheinen oderüber als Touristen, Gastarbeiter und frohgemute Hamsterer in Rudeln ... Vormaleinst, da gründeten sie auf wilzischem Boden das Bistum Lebus überm linken Oderufer, dessen Diözese bis nach Fürstenwalde an der Spree reichte. Vormaleinst setzten sie auch sonst mancherlei ins Werk, meißnisches, lausitzisches, brandenburgisches und sonst ostelbisches Land zu vereinnahmen. Skandinavier kommen nicht mehr mit dem Wikingerschwert und einem Beutel voll Hacksilber, sondern mit pop-farbenen Ruck- und Schlafsäcken. Auf der Durchreise nach Nepal, so wie sie aussehen. In Ost-Berlin hört man die Zungen aller Kontinente.

In einer Gastwirtschaft in Eichwalde saß mir ein kleiner, nachdenklich gestimmter Neger gegenüber, wahrscheinlich ein Student, sah in sein Bierglas mit der lauwarmen Neige und schüttelte von Zeit zu Zeit seinen Ebenholzkopf mit den bläulich schimmernden Glanzlichtern darauf, als könne er irgend etwas nicht fassen. In Eichwalde. Junge hastig lärmende Araber in nicht geringer Zahl und undurchschaubaren Gewerbes lungern im Bahnhof Friedrichstraße und schwingen sich kaum kontrolliert in die S-Bahnzüge nach West-Berlin, wo schon ihresgleichen welche stehen, die sie erwarten. Gar nicht kontrolliert. Die Palästinenser unterhalten eine diplomatische Residenz in der Ost-Stadt. Vormaleinst, da erschienen hier jener Ibrahim ibn Ja'qub und andere Orientalen, denen man wichtige Reiseberichte verdankt, erschienen allerdings als Sklavenhändler; denn die Wilzen verkauften, wen sie erwischten, kriegsgefangene Dänen zum Beispiel oder Abodriten, Sorben, Frauen und Kinder.

Sklaven, nicht Slawen! Verdun war das eine Zentrum des Sklavenhandels, Prag das andere. Die Ware wurde in Sclavenien aufgetrieben, das in seiner staatenlosen Aufsplitterung und streckenweise herrenlos als ein weites heidnisches Niemandsland dalag, Sclavenien, vordem wimmelndes Myrgingaland. Wurden die lebenden Handelsobjekte beim dazumal größten Abnehmer, in Byzanz, angeboten, nannte man sie dort ihres Herkunftslandes wegen ganz richtig „*esklabenoi*", auszusprechen wie ‚Sclaveni', und fragte nicht groß, aus welchem speziellen Stamm einer stammte. „Schlawiner" eben, daher kommt ja das Schimpfwort. Da sich nun aber zumal auch der südliche Raum des unübersichtlichen unumrissenen Sclaveniens nach und nach mit Slowaken, Slawonen, Slowenen und vielen anderen Slawenvölkern auffüllte und entsprechend mehr und mehr auch echte, irgendwo kriegsgefangene oder sonstwie aufgebrachte Slawen auf den Markt geworfen wurden, dürfte sich die Sammelbezeichnung Sclaveni volksetymologisch vom Meistangebot auf die betreffenden Völker selbst übertragen haben, die man nach und nach kennenlernte. So wird ein Schuh draus, so sollte man die Sache ansehen.

Ob in soviel Internationalität ein Segen steckt? Habe zum Beispiel noch keinen Westberliner Touristen von seinen Vorurteilen geheilt aus fremden Ländern wiederkehren sehen, ich weiß ja nicht. Was machen Franzosenkinder in Baumschulenweg? „On descend!" kommandierte die Leiterin, und schubsend entstieg das Grüppchen Jugendlicher aus dem schönen Frankreich der S-Bahn und war weder an salopper Kleidung noch schlechtem Benehmen von unsern oder anderen Gleichaltrigen zu unterscheiden, dies sei nun begrüßenswert oder nicht. Ich bin eigentlich mehr für die Unterschiede und überhaupt für die Farbigkeit der Welt und nicht fürs Unisono.

Und ob es mit der Internationalität schon so richtig klappt? Gut also, die Sachsen, Mann und Weib, rücken nordwärts in die Mark, als gelte es nachzuholen, was dem Hause Wettin als Stoß nach Norden einst verwehrt wurde, als die Askanier ihm so gegen 1180 in die Parade fuhren (siehe dazu Band II Seite 55). Zwischen den Sachsen und den Hiesigen schwelt alte Verärgerung, und unter Alkoholeinfluß entladen sich märkische Aggressionen. „Mer is es schon gewohnt", hatte gottergeben der sächsische Kellner in Zeuthen gesagt, „mer gennt's schon bald nich anders". Irgendwelche angetrunkenen Einheimischen hatten ihn ob seines Sachsentums angezapft.

Kamen fünf ausländische Männer an meinen Tisch, machten einen Kratzfuß und bestellten je Nase zwei große Biere und waren guter Dinge, sprachen aber so gedämpft, daß ich zwar die slawische Zunge heraushören konnte, aber nicht welche. Polnisch oder Tschechisch schien es mir nicht zu sein. Was aber dann?

Sie blieben nicht länger als auf einen mannhaften Schluck für das erste Glas, das sie somit leerten, und zwei oder drei tüchtige für das zweite. Die Methode ist zeitsparend. Als sie gegangen waren, fragte ich den Kellner: „Waren das Russen? Russen in Zivil?"

Der Gottergebene zuckte, Kummer gewohnt, die Achseln: „Gönnte sein, hab nich so hingehört."

„Vielleicht waren es irgendwelche Facharbeiter?"

„Meeglich is alles ... Oder Bulgaren oder irgendsowas."

\*

Nicht auszuschließen, daß man mir vorwerfen wird, ich habe oben zu weit ausgeholt und zu tief ins Aschgraue der Geschichte gegriffen. Es geschah nicht ohne Absicht. Dieses erste Kapitel soll auch eine Antwort auf den Einwurf einer Leserin sein, der zeigt, daß den angeschnittenen Fragen mehr Brisanz innewohnt, als es dem Fernerstehenden erscheinen mag. Mabel E. N. schrieb unter dem 7. April 1976 folgendes: „. . . Ein bißchen bekümmert war ich, an einigen Stellen zu erkennen, daß Sie sich nicht von der so ganz und gar falschen ‚Slawentheorie' lösen können. Sie haben doch den Steller Band I und hoffentlich auch gelesen?! Glauben Sie ihm nicht? Warum sollte es beispielsweise die Havel zu einem ‚slawischen' Namen bringen? Die Sclavi sind nie, nie, nie das gewesen, was man heute unter ‚Slawen' versteht, ich zitiere den alten Chronisten Helmold von Bosau ‚et alii Scalvorum populi qui inter Oderam et Albiam degunt', darunter ‚Heruli *vel* Heveldi' an der Havel (lat. Habola). Auch sind die Wenden Wandalen; später nannte man die

Wenden vom Osten und dessen absichtsvoller Propaganda her Sorben und phantasierte viel vom Sorbischen als Sprache, was auch nicht stimmt. Die Sorben sind die Soraben, die so germanisch sind wie alle anderen Stämme. Steller läßt sich doch des längeren und breiteren darüber aus. Entstanden ist diese Verwirrung erst zu Beginn des vorigen Jahrhunderts. In seinem Nachlaßband beweist Steller das ganz unwiderleglich ..."

Die eifernde Briefstellerin kann nicht wissen, daß ich schon, bevor ich mit Stellers Schriften Bekanntschaft machte, Zweifel an der Slawentheorie geltend gemacht habe.

Dann nähert sich die Zuschriftlerin dem politischen Kern des Problems: „... Ich weiß gar nicht, warum diese Bereiche zwischen Elbe und Oder partout als ehemals slawisch erklärt werden sollen, und das noch mit unbegreiflichem Eifer durch deutsche Historiker. Hat man uns denn noch nicht genug weggenommen? Durchdenkt man diese merkwürdige ethnologische Verteilung einmal mit unerbittlicher Logik, dann hat es bis zur vollständigen Christianisierung der Germanenvölker nur sclavi, d.h. nach der ‚Slawentheorie' nur slavi = Slawen gegeben, und die Gebiete, die sie bewohnten, sind ‚slawisch' gewesen, ergo war Deutschland vom Rhein bis zur Oder ‚slawisch'!! Was nach dieser These ehemals ‚slawisch' war, kann gut und gern nach heutigen ‚Slawen'-Begriffen wieder so werden, man braucht es nur hartnäckig genug immer wieder zu betonen und zu fordern. *So sieht das doch aus!* Just wie die Polen ihr ‚uraltes polnisch-slawisches' Gebiet gefordert und nunmehr annektiert haben."

Was freilich unbestrittene Tatsache ist. Ein einschlägiges Zitat nur für viele, Prof. Kostrzewski, ein polnischer Archäologe anno 1928: *„Polen hat nicht nur nichts, was es den Deutschen abgeben könnte, sondern muß ihnen noch beträchtliche Gebiete rein polnischen Landes abnehmen!"* Doch im weiteren hat die Zuschriftlerin entschieden Unrecht: „Slawische Kietze hat es in dem von Ihnen durchwanderten Bereich überhaupt nicht gegeben, und die ‚vordeutschen Burgwälle' waren germanische Burgwälle." Was nicht hindert, daß sie als verlassen von den einsickernden Slawen okkupiert und also slawische Burgwälle wurden. Im übrigen waren auch die germanischen Burgwälle oft schon vor den Germanen aufgeworfen worden.

Ach, das ist ein leidig Lied! Aber wie den Engagierten des einen oder anderen Lagers klar machen, daß das Richtige so etwa in der Mitte liege?

II
# Triglaw hinterm Hauptaltar

*Berlin, im August 1976*
Brandenburg. Der Eroberung von 929 folgte wenig später die Domgründung. Deren 1000-Jahr-Feier fiel ins magere Jahr 1948, in das der Berliner Blockade unseligen Gedenkens. Die Havelbrücke, die Altstadt und Neustadt Brandenburg im Zuge der Hauptstraße immer schon verband, heißt mit Recht jetzt Jahrtausend-Brücke.

Die Eroberung der Brandenburg beleuchtet die schon vordeutsche Bedeutung dieses festen Riegels am Eingang zum Havelland. Denn gestützt auf solchen Rückhalt, konnten die Deutschen alsbald die sorbischen Daleminzier unterwerfen (Gründung der Burg Meißen) und sogar, bis nach Prag stoßend, Böhmen tributpflichtig machen. Die Abodriten beflissen sich freiwilliger Tributzahlungen. Aber im gleichen Jahr 929 holte man wilzischerseits schon wieder zum Gegenschlag aus und drang bis in die Gegend von Stendal ins Reich hinein. Antwortete selbigen Jahres noch die berühmte Schlacht bei Lenzen (unterhalb Wittenberge im Elbtal, Lunkini, Lunzini bei den Chronisten), die sich für die Wilzen zur Katastrophe auswuchs. Das wirkte nachhaltiger. Vier Jahre später konnte Heinrich die Ungarn schlagen, ohne daß diesen von Ostelbien her Sukkurs geleistet worden wäre. Übrigens sind auch die Ungarn gelegentlich bis in die Altmark gedrungen.

Widukind von Corvey schildert die wilzischen Gegner so: *„Sie ziehen den Krieg dem Frieden vor, indem sie Elend der geliebten Freiheit gegenüber gering achten."* Dem Dresdner Codex nach schreibt Widukind, ‚sclavi'. Doch Reichshoheit und Christianisierung, die nun abermals sichergestellt zu sein schienen, währten, von zahlreichen kaum mehr als örtlichen Emeuten abgesehen, nur bis zum großen „Wendenaufstand" von 983, auf den man deutscherseits offenbar gar nicht gefaßt gewesen war und im Zuge dessen Havelberg und gleich darauf auch die Brandenburg wieder in der Vorbesitzer Hände fielen. Womit das blutige Spiel noch einmal von vorn beginnen sollte (dazu Band IV Seite 26). Der schlagartige Einsatz auf der ganzen Havel-Linie hatte elbüber bis zur Tanger und rechtselbisch bis Hamburg geführt, das niedergebrannt wurde, und läßt auf eine vorzügliche Vorbereitung und Organisation schließen. Doch all das wechselvolle Hin und Wider, die Schläge und Gegenschläge alle zu schildern, überschreitet das Konzept dieser Bücher, die Historisches absichtlich nur stückweise bieten wollen und nicht chronologisch und in continuo.

Aufstand? Das sagt sich so. Diese gewaltigste Aktion, die das Reich bis in die Grundfesten erbeben ließ, ist nur eine Episode in einem leidenschaftlichen, Jahrhunderte währenden Freiheitskrieg der wilzischen Völker gewesen, bis deren Widerstandskraft vor der Übermacht des Reichs erlahmen mußte. Daß dabei aber auch, was man westlichen Kulturdruck nennen könnte, nicht nur eine gewichtige, sondern ausschlaggebende Rolle gespielt hat, darf nicht außer acht gelassen werden. Es ist dies eine zwingende Gewalt, die sich gleich einer Schwerkraft im Kulturgefälle von West nach Ost von selbst auswirkte, ohne daß die Waffen hätten sprechen müssen; wir berührten das schon auf Seite 23 des Bandes II.

1145 erschienen „slawische Fürsten" – ob nur wilzische, weiß ich nicht – auf dem Reichstag zu Magdeburg, was aber das Zustandekommen des sogenannten Wendenkreuzzuges von 1147 nicht gehindert hat, an dem sich (siehe Band II Seite 60) Deutsche, Dänen und Polen gleichermaßen beteiligten und dessen sich nur die Pommern enthielten, weil ihre Erbitterung gegen die Polen zu groß war. Sie hatten wahrlich Grund dazu, und ich wiederhole hier ganz geflissentlich, was in Band IV Seite 32 nur eingeklammert zu lesen ist: Boleslaw III. von Polen hatte zu Stettin im Winter 1121 anläßlich ihrer Bekehrung oder Zwangsbekehrung 18 000 Pommern, die nicht Christen werden wollten, hinrichten lassen wie Karl einst die Sachsen.

Unter den zu Magdeburg sich einstellenden Fürsten könnte sich schon Pribislaw von Brandenburg befunden haben, ein Landesherr mit Königsrang nach Meinung einiger, nicht aller älterer Historiker. Pribislaw war 1127 seinem Vorgänger Meinfried als Erbe auf den Hevellerthron gefolgt. Von diesem weiß man nur, daß er mit Pribislaw verwandt war und ein gewaltsames Ende gefunden hat, wahrscheinlich das eines christlichen Märtyrers von der Hand seiner heidnischen Untertanen. Auch Pribislaw war, möglicherweise, um die Heimsuchungen des bevorstehenden Wendenkreuzzuges von seinem Havelland fernzuhalten, bereits Christ geworden und hatte den Namen Heinrich erhalten. Christin war auch seine nordische Gemahlin Petrussa oder Petrissa, deren Heidennamen wir nicht wissen.

Schon in vordeutscher Zeit gab es auf der Brandenburg eine Kapelle, die kleine Petrikirche auf der Dominsel. Sie ist zur Zeit eingezäunt und nicht betretbar, doch wird sich das bei der löblichen Rührigkeit der dortigen Denkmalspfleger noch ändern. Dies Kirchlein – nicht in seiner jetzigen Gestalt, die durch eine Zaunlücke betrachtet, spätestens noch dem frühen 15. Jahrhundert angehören könnte –, es dürfte bald nach Pribislaw-Heinrichs Regierungsantritt erbaut worden sein. Schon 1136 wird es urkundlich erwähnt. Doch warum eigentlich sollte das kleine Gotteshaus nicht schon auf Meinfried zurückgehen, falls dieser bereits Christ gewesen ist? Diese urkundlichen *ersten Erwähnungen*, sie sind ja sehr zu begrüßen, scheinen aber Historiker wie Allgemeinheit nicht selten zu der Annahme zu verleiten, die erste Erwähnung käme auf die Gründung hinaus, die aber doch viel, viel früher liegen kann. Da zum Beispiel der Ortsname Brandenburg aus germanischer Zeit überkommen ist, wäre es ganz unangemessen, wollte man das Alter dieses Platzes auf seine erste schriftliche Erwähnung ansetzen.

In vordeutscher, doch unter diesen Voraussetzungen für den Platz Brandenburg schon christlicher Zeit besann man sich des Bistums von 948 wieder; der Anspruch darauf war seither nicht aufgegeben und der Bischofstitel die ganze Zeit über (ab 983) immer wieder „*in partibus*", wie es heißt, vergeben worden, als habe der große Wendenaufstand nur einen vorübergehenden Zustand herbeigeführt; so optimistisch war man. Von Leitzkau aus ließen sich, von Pribislaw berufen, acht Prämonstratenser um 1140 etwa in dem Suburbium Parduin (auf der Altstadtseite) nieder, und es scheint, daß die altehrwürdige St.Gotthardskirche ebendort eigens für sie als für ein provisorisches Domkapitel erbaut worden ist. Pribislaw-Heinrich aber und Petrissa, zum Beweis ihres christlichen Eifers, zerstörten auf jenem Harlungerberg oben ein Triglaw-Heiligtum, das da immer noch stand, und erbauten an dessen Stelle eine erste Marienkirche. Daß dabei auch das dortige Triglawbild beseitigt wurde, wird vielfach angenommen, doch kann das nicht stimmen.

23

„*Über seine Gestalt streiten sich die Gelehrten*", schreibt (auf Latein) G. L. W. Frobenius (1723), ein Ansbachischer Kompilator, den ich gerade zur Hand habe, „*einige nämlich stellen ihn mit drei Köpfen vor, andere meinen, das Kultbild habe nur ein Haupt gehabt, dieses jedoch drei Gesichter . . .*" (Eine solche Formgebung, angeblich christlichen Ursprungs, „*Christus mit zwei Propheten*" (?), findet sich z. B. zu Athen im Byzantinischen Museum, das mittlere Angesicht so, daß sein linkes Auge zugleich das rechte des rechten Anlitzes ist, das rechte Auge zugleich das linke des linken Gesichts, dergestalt, daß die drei Gesichter zusammen nur vier Augen haben.) Mein Gewährsmann fährt fort: „*Strittig ist nur, ob es* (das Idolum) *männlich oder weiblich gewesen ist; im allgemeinen wurde es für weiblichen Geschlechts gehalten.*"

Viel gelehrtes Kopfzerbrechen hat das alte Götterbild den Geschichtsschreibern verursacht. So hatten sie ‚Triglaw' (= ‚Dreihaupt'), nicht etwa in Unkenntnis slawischer Idiome, mit (griech.) ‚trigla' (= ‚Seebarbe', ‚Scholle') gleichgesetzt, einem Mysterienzeichen der Hekate und der Artemis von so hohem Alter, daß seine Bedeutung selbst dem Altertum schon nicht mehr offenlag. Allerdings ist Hekate bei den Alten dreileibig, dreiköpfig oder auch dreigesichtig dargestellt worden und stand überhaupt für heidnische Dreispältigkeit, Dreifältigkeit, etwa als Weggeleiterin an numinos besetzten Dreiwegen, stand für die Dreifaltigkeit Himmel, Erde, Meer, stand auch in Beziehungen zum Mond, dem nächtlichen Wanderer. Und in der Tat sollen auch die Triglawbilder eine Mondsichel in Händen gehalten haben.

Unser Gewährsmann zitiert aus des Albini Meißnischer Landeschronik, daß man um 1526 das Idolum an einem verborgenen Ort des Brandenburger Gotteshauses auf dem Harlungerberg abgestellt habe; woraus zu schließen wäre, daß entweder Pribislaw-Heinrich das Bild nicht hat vernichten lassen oder, wenn doch, daß die Heiden ein letztes Gastspiel auf dem Berg oben benutzt haben, den zerstörten Triglaw durch einen neuen zu ersetzen, den man dann allerdings bis 1526 aufzubewahren genötigt gewesen wäre, und zwar auch noch in der späteren viertürmigen Marienkirche, die anstelle ihrer kleineren Vorgängerin in der Mitte des 13. Jahrhunderts erbaut worden ist.

Die Sache ist doch höchst merkwürdig, scheint mir. So ließe sich denken, daß die Auslegung des Kultbildes als Göttin samt ihrer Mondsichel, die doch auch Mariensymbol ist, die Möglichkeit geboten hat, die Aufbewahrung eines so alten Gegenstandes auch erpichtesten Christen als eine Anspielung auf die heilige Dreifaltigkeit und als Vorform etwa des Marienbildes schmackhaft oder doch tolerabel zu machen. 1526 ist aber ein Bildersturmjahr. Damals rottete man ja sogar auch die christlichen „Ölgötzen" mit aller Gewalt aus! Übrigens führt *der* Triglaw, wie wir zu sagen gewohnt sind, unsere Vorstellung auf die falsche Fährte. In den slawischen Sprachen ist (russ.) ‚golowa', (obersorb.) ‚hlowa' = ‚Kopf' weiblichen Geschlechts.

Albinus sagt ferner: „*Man hat im Lande zu Meissen auch / wie ich berichtet bin / an etlichen Orten / alte Bilder / in Stein gehauen / mit 3 Angesichten gefunden / und sonderlich zu Grimmen* (Grimma) *auf der Brucken eines dergleichen zu finden gewesen / daran drey Angesicht unter einem Hütlein: dannehero denn zu achten / daß die Sorben diesen Abgott / wie ihre Nachbarn / auch geehret.*" Dabei, verehrter und geneigter Leser, wollen Sie bitte nachstehend den Unterschied beachten, den der Chronist zwischen Sorben und Wenden macht; die Frage hat, wie Leserzuschriften bewiesen haben, schon so manchen beschäftigt. Der Chronist fährt nämlich fort: „*Wie denn vermuthlich / daß die Wenden ins gemein etliche Abgötter gehabt / so bey ihren unterschiedenen Völckern / bey einem sehrer / als dem andern verehret worden.*" Die Wenden erscheinen also als Nachbarn der Sorben, welchletztere hauptsächlich in der Meißnischen Mark saßen, und sind nicht dasselbe wie die Sorben! Oder, auch so wäre die Stelle auszulegen, die Wenden sind als Dachbegriff zu verstehen, unter welchen auch die Sorben fallen. (Nebenbei: das ‚cidaris' im Originaltext ist mit ‚Hütlein' dumm übersetzt und sollte besser Kopfschmuck heißen.)

Georg Sabinus, weiland berühmter Sohn Brandenburgs und Schwiergersohn Melanchthons, muß wohl, was den Harlungerberg betrifft, am besten wissen: „*In eo fano stabat triceps idolum Trigla dictum, quod olim Vandali summa Veneratione coluerunt. Id Dianae fuit simulachrum.*" Übersetzung nach allem Gesagten beinahe überflüssig: Sabinus setzt für ‚Wenden' klar und deutlich ‚Vandalen'. „*Das war ein Abbild der Diana*", schreibt er (Diana = Artemis). Und man erfährt endlich: „*Dazumal hat König Christiernus den Wendischen Abgott Triglam von Brandenburg mit sich hinweg geführet.*"

Diesen absurden Herrn kennen wir schon und haben sein Bild im 9. Kapitel unseres vierten Bandes zu entwerfen versucht: Christian der Böse, zuzeiten König der drei skandinavischen Staaten. Nach 1520 verlor er alle drei Kronen, irrte voller Ränke durch die Lande und lag seinem Schwager Joachim I. von Brandenburg so schwer wie ruchlos auf der Tasche. Ein Mann mit eindeutig paranoischen Zügen, die sich nicht dadurch etwa erklären lassen, daß er als Wikkelkind einst von einem Affen aufs Schloßdach entführt worden war und nur mit Mühe von dort und aus den Pfoten des Tieres hatte gerettet werden können.

Eigentümlich, daß ein neuerer Historiker wie Otto Tschirsch in seiner umfassenden Arbeit „Geschichte der Chur- und Hauptstadt Brandenburg (Havel)" 1941 die Triglawfrage kaum anschneidet und des Dreikronenträgers gar nicht erwähnt, als wäre an der ganzen Sache etwas Peinliches. Aber warum sollten Sabinus, Jahrgang 1508, und ihm nach auch Struthiomontanus (1561–1598) – der übrigens ebenfalls aus Brandenburg stammte – nicht zuverlässig sein und irgend etwas dazumal Zeitgeschichtliches haben erfinden können? Der Erwerb des Götzenbildes durch den nordischen König ohne Land fiel ja in des Sabinus erste Studienjahre, und sein Vater war zu Brandenburg ein Bürgermeister. Sabinus brachte sein „Brandenburgensis Hodoeporikon", worin er auf den alten Kultgegenstand zu sprechen kommt, bereits 1535 heraus, als die Überlassung der Götzin an den König erst neun Jahre zurücklag.

Dem Werk eines Zeitgenossen entnimmt Sabinus folgende, für dieses Kapitel belangvolle Deutung: „*D. David Chytraeus in Prooemio Metropolis helts dafür / daß die Wenden von etlichen jhren Landßleuten / so in Italia und Affrica gekrieget / etwas von der heiligen Dreyfaltigkeit gehöret / vnd daher dieselbe in diesem Abgott haben abbilden wollen.*"

Auf diese Stelle bezieht sich auch Friedrich der Große in „Aberglaube und Religion" oder genauer auf den, von dem schon Chytraeus seine Weisheit bezogen hatte: „*Es gab keine Gegend, die nicht ihren Lokalgott hatte. Die Vandalen verehrten einen Gott Triglaw. Einen anderen gab es auf dem Harlunger Berg bei Brandenburg . . .*" Des Chytraeus Quelle war Valentinus von Eickstäd, der Arbeiten über die frühe pommersche Geschichte geschrieben hat, allerdings nicht als Zeitgenosse, sondern als Gelehrter des 16. Jahrhunderts. Doch warum soll es nicht wahr sein, daß auch Stettin seinen oder seine Triglaw gehabt hat? Der „Apostel der Pommern" war der Bischof von Bamberg, der nachmals heiliggesprochene Otto. Als dieser im Auftrag Boleslaws III. von Polen sein Bekehrungswerk vollzogen hatte, so berichtet die Vita S. Ottonis, erhielt er von den Getauften das Stettiner Triglawbild zum Zeichen der neuen Gottergebenheit als Geschenk und dedizierte es „*postea Romam pro argumento conversionis illorum"* dem Papst. Das war Honorius II.

Wo all die Triglawstatuen nur hingekommen sind? Weder von der Stettiner Trophäe, die nach Rom gelangte, noch von dem Brandenburger Exemplar des bösen Christian, weder von dem steinernen auf der Grimmaschen Brücke noch von sonst einem weiß man etwas über den Verbleib, geschweige daß man eines noch besäße. Oder irre ich mich?

Anzunehmen, daß sie christlichem Fanatismus zum Opfer gefallen sind. Denn respektable Kunstwerke scheinen es gewesen zu sein und, soweit aus Holz, reich in Silber und Gold gefaßt. Eine Stettiner Statue ist allerdings vom Heiligen Otto auf der Stelle zerbrochen worden, wobei das Gold abgenommen und zur Loskaufung von Kriegsgefangenen verwendet worden ist. Aber all die andern Bilder? Auf Wollin, in Prenzlau und überall? Ferner erfährt man aus der Historia Anonymi (der script. rer. Bamberg), daß die Tempel ausgesprochen schön waren – *„mirabili cultura et artificio constructa"* – und innen sowohl wie außen reichen geschnitzten Figurenschmuck aufwiesen, der Götter und Göttinnen darstellte. Entsprechendes wissen auch Thietmar von Merseburg, Helmold und andere. Dieser beschreibt das Bild des Radegast zu Rethra als von Gold und widmet der Größe seines dortigen Tempels ein paar Worte.

Wo man dies zentrale Heiligtum der Wilzenvölker übrigens suchen soll, weiß man nicht so recht. Archäologisch ist da noch nichts geschehen. Am meisten überzeugt die Annahme des Johannes Schultze, auf den wir uns in diesen Büchern schon mehrmals als hervorragenden Kenner berufen haben. Schultze möchte es auf der Remusinsel im Rheinsberger See geortet wissen. Dann läge es also im Herzen der Mark.

\*

Vertracktes Thema, vertracktes Kapitel, fast so diffizil wie in Band IV das vierte, das als Vorwarnung für den Liebhaber bloßer Unterhaltung den stachlichten Titel „Morgen-Teuffelin Aurora – keine einfache Sache" mit auf den Weg bekommen hat. Wozu ich dergleichen zusammenklaube und die Geduld des Lesers abermals auf die Probe stelle? Ich schmeichle mir nicht, den so arg verworrenen Stoff entwirrt und klargelegt zu haben. Doch es geht um folgendes: Wie es mir dort, wenigstens bilde ich mir's ein, gelungen ist, die Zerstörung des Jüterboger Sonnentempelchens am Tanzberg „mit an Sicherheit grenzender Wahrscheinlichkeit" in die 60er Jahre des Reformations-Jahrhunderts zu datieren (indes die heidnischen Tanzbräuche noch fröhlich bis ins vorige Jahrhundert im Schwange blieben), so kommt es mir jetzt auf den überdauernden Verbleib des Triglawbildes bis 1526 in jener christlichen Kirche an. Hatte man's einfach vergessen? Doch wohl nicht. Denn wie hätte der Dänenkönig oder Exkönig dann Kunde davon bekommen können? Und wie etwas vom Domkapitel einhandeln wollen, von dem dieses nichts gewußt hätte? Der Entthronte hatte Sinn für Kunst, der seltsame Gegenstand interessierte ihn, und das Domkapitel mag heilsfroh gewesen sein, das alte Ärgernis auf so elegante Weise loszuwerden. Hat man nie den Mut gefunden, es, wenn nicht öffentlich, dann eben heimlich zu zerstören? Welche Folgen fürchtete man, die das Bekanntwerden der Götzenvernichtung hätte nach sich ziehen können? Oh, die alte Kirche war klug beraten und wußte, wie zäh verwurzelt das Heidentum hier noch in den störrischen Köpfen saß. Und wie lange hat es da noch gesessen?

Wichtig erscheint mir ferner, der Vorstellung zu begegnen, hier habe man der christlichen Missionierung und des Einschreitens der Deutschen notwendig bedurft, um aus der obwaltenden, aussichtslosen, barbarischen Unterentwicklung überhaupt herauszukommen. Hier war der Ansatz zu einem „Reich", das nicht das deutsche, nicht das polnische, sondern das wilzische gewesen wäre, und es war Kultur vorhanden – in welchem Grade auch immer, freilich eine Kultur aus wilder Wurzel, von der sich kein auch nur ungefähres Bild mehr machen läßt und die aber gegenüber einer technischen Zivilisation und reicheren Geisteswelt keine Überlebenschancen hatte, wie sie da im mächtigen Kulturstrom von den Hochkulturen des Alten Orients und des antiken Mittelmeeres her gleich einer Flutwelle über dieses Land kam. Was uns mitgeteilt worden ist, haben Männer der Kirche mitgeteilt, die keine Wilzen oder Lutizen und demgemäß ganz gewiß Partei waren. Dafür fällt aber das Bild, das sie von diesen so hartnäckigen Gegnern entwerfen, gar nicht so unvorteilhaft aus, ja manchmal schimmert so etwas wie Hochachtung durch.

Und ein Drittes: ich möchte der Unbedenklichkeit und erst recht der Unverfrorenheit entgegentreten, mit der ungesicherte, im Lauf der Jahrtausende sinnverlustige oder sinnverwandelte Begriffe wie konstante Trümpfe ausgespielt oder gar auf den grünen Tisch staatspolitischer Verhandlungen geworfen werden. Sicher wird die slawische Bevölkerungskomponente Ostelbiens slawischerseits überschätzt und übertrieben, doch sollten wir uns hüten, ins Gegenteil zu verfallen, und lieber sagen, wir wissen es nicht. Begriffe wie Sclaveni und Sclavanien, wie Sclavi und Slawen, wie Heveller und Heruler, wie Wenden und Vandalen, Wenden und Veneter und ähnliches mehr stehen allesamt nicht genau fest, bedürfen neuer Definitionen und sollten in der politischen Argumentation nur mit äußerster Zurückhaltung oder gar nicht angewendet werden.

Manchmal ist mangels stechender Trümpfe da glattweg mit gezinkten Karten gespielt worden. Es gab so etwas wie ein slawisches Trauma, das man mit phantastisch ausschweifenden Ansichten über ein Urslawentum und dessen weite Verbreitung zu kompensieren gesucht hat. Da schien jedes Mittel recht zu sein. Da gibt es die Chronik eines Bischofs von Posen, Boguphals II., welcher Gottesmann in der Mitte des 13. Jahrhunderts gestorben ist. Dessen Aufzeichnungen wurden von einem Gnesener Domherrn fortgesetzt, Baczko mit Namen, der am Ende nämlichen Jahrhunderts von dieser Welt schied. Doch hat beider Werk auch später noch etliche Überarbeitung und, aus wessen Feder immer, auch Polonisierung erfahren. Da heißt es *„Sgorzelcia, welches jetzt Brandenburg genannt wird"* und an anderer Stelle *„Marchio de Brandenburg alias Sgorzelicz"*, ein Polonisierungskollektiv hat die vermeintlich ‚Feuerbrand' bedeutende erste Silbe in sein Polnisch übertragen, ‚gorz' = ‚Brand', zum Beweise, daß der alte slawische Name erst von den eingedrungenen Deutschen in ihre Zunge übertragen worden sei und seitdem erst Brandenburg hieße. Das war ein Aufräumen, die kühnlichen Erfinder von Sgorzelicz ließen Meydborg (= Magdeburg) aus der Urform ‚Miedzyborzye' entstanden sein, und Lüneburg sollte von slawisch ‚luna' = Feuerschein, Schleswigs erste Silbe von sledž = Hering, Bardowieks letzte von ‚wies' = Dorf herzuleiten sein, und selbst bis ins fernwestliche Bremen seien des *Bauern* Piast vigilante Söhne geeilt, auch diesen Namen noch, ich weiß nicht wie, als polnisch auszuweisen. Ach, es sind keine zufälligen Kleinigkeiten, es sind Symptome.

Pułkawa von Hradenin, Karls IV. Chronist (siehe IV, 166), hat voller Absicht den Namen Lehnins, des Klosterortes, mit einem tschechischen Wort für Hirschkuh in Verbindung gebracht und sich dazu eine rührselige Fabel aus dem Federkiel gesaugt. Tatsächlich aber ist dieser Ortsname auf einen Personennamen zu beziehen. Doch muß das auf so altbesiedelter Stätte darum eo ipso schon ein slawischer Name sein? In größeren Zusammenhang gestellt, leuchtet Pułkawas Absicht zwischen den Zeilen hervor.

Wir hatten (IV, 180f.) zu der Vermutung Anlaß, daß es der Prager Jesuit Bohuslaus Balbinus gewesen sei, der unsern emigrierten Konvertiten Andreas Fromm zu seinen „Lehninischen Weissagungen", diesem antibrandenburgischen Falsum, angeregt habe. Denn Balbinus war es auch, der 1677 die Behauptung aufgestellt hat, in slawischer Sprache habe es einen Ort ‚Branny Bor' ( = Waldwache) gegeben, woraus im Deutschen dann Brandenburg geworden sei.

Beiseite die hybriden Anspruchserhebungen des Panslawismus, denen man auf den Konferenzen von Teheran und Jalta blindlings stattgegeben hat. Die Oder-Neiße-Linie war Churchills Idee als Kompromiß zwischen Russen und Polen. Doch soll man's glauben, daß es auch dann noch, 1946, Unersättliche gab. In Yves Brancions „Die Oder-Neiße-Linie" (1969) steht: „F. Stojanowski verlangt eine polnische Westgrenze entlang der Elbe, quer durch Mitteldeutschland hindurch. Und wünscht sich auch noch Brückenköpfe westlich der Elbe hinzu, und zwar in Hamburg, Magdeburg und Dresden. Die polnische – oder zum mindesten die kommunistische – Absicht von 1946 ist, Schleswig-Holstein, Mecklenburg und den Nordteil der Mark Brandenburg in zwei Staaten, „Elbe" und „Lausitz", zusammenzufassen, die Teil eines „Großpolen" sein sollen."

So ähnlich hat sich das Boleslaw Chrobry vor 950 Jahren auch schon gedacht! Der unverdächtige Autor, ein Franzose, irrt aber, abgesehen von seinem Irrtum über die Lage Hamburgs, wenn er derartige Entwürfe für lediglich kommunistisch hält, sie spuken seit alters periodisch in slawischen und zumal polnischen Gemütern. Man schelte mich nicht einen Revanchisten. Ich tadele nicht den Sieger, der seinen Sieg ausnutzt, und will um des lieben Friedens willen keine einzige der jetzigen Grenzen angetastet wissen. Grenzen werden durch die Macht gezogen, und wer keine Macht hat, der schicke sich drein, wie uns Deutschen wohl ansteht. Und Macht soll Macht bleiben. Aber unsinnige Forderungen müssen unsinnige Forderungen genannt werden dürfen. Basta! Schon der brandenburgische Kurprinz Friedrich (II.), der im Anfang des 15. Jahrhunderts lange Zeit in Polen und am polnischen Hof verbracht hatte (II, 61), hat es gewußt: „... *als dy Poln sere danach sten, so wolden sy dy ganz Mark haben, auch Oesterreich* ..."

\*

Selbstverständlich wären auch germanomanische Hirngespinste, wo immer sie sich finden, in den Bereich des Unsinns zu verweisen. So gehört es ganz entschieden zum Roll- und Knorpelwerk der

Geschichtsschreiber der mittleren Zeiten, wenn Sabinus die Altstadt Brandenburg von einem gewissen Brennus gegründet sein läßt, *„unter dessen Führung die gallischen Senonen Rom 416 v. Chr. plünderten"*, und wenn er die Neustadt Brandenburg von einem Frankenherzog Brandus um 270 gegründet sein lassen wollte. Das ist pure Gaukelei und nur so viel dazu zu sagen, daß die zwei genannten Städte ursprünglich keine Einheit gebildet, ähnlich wie Berlin und Cölln, ja einander zuweilen sogar befehdet hatten und die Neustadt zum Kreis Zauche, die Altstadt zum Havelland gehörte; weshalb Sabinus sich um möglichst verschiedene Gründungsgegebenheiten bemüht hat. Den Apartheiden seiner Mitbürger zuliebe.

Melanchthon, des Sabinus Schwiegervater, hat die Slawenfrage als solche wohl schon gesehen, doch noch nicht so benannt. Er schrieb seine *„Epistola de origine gentis Henetae, Polonicae seu Sarmatice"*, über „den Ursprung des Volks der Wenden, Polen und Sarmaten", mit welchletzteren die Russen gemeint sein werden. *„Ich billige den Vorschlag"*, läßt er einen Prager Bekannten wissen, *„die henetische Sprache zu erlernen, deren Kenntnis ich lieber hätte als die der gallischen . . ."*

Althergebracht war die Gleichsetzung von Vandalen und Wenden; wir haben oben davon schon Beispiele gegeben. Die Hansestädte hatten ihre riesige Organisation in sogenannte Quartiere geteilt, eins davon, gerade das „Wendische", bildete den Kern und umfaßte Lüneburg, Hamburg, Lübeck, Wismar, Rostock und Stralsund; was den Polen Vorwand und Anlaß wurde, all diese Städte fürs Slawische zu beanspruchen. Rostock zum Beispiel wurde seinerzeit als *„urbs Vandalica Hanseatica"* apostrophiert. Wurde eine lateinisch abgefaßte Chronik aber ins Deutsche übersetzt, so wurde auch im 17. Jahrhundert allemal noch ein vorkommendes „Vandali" mit „Wenden" verdeutscht.

Die Könige von Schweden behaupten unter anderen noch heute den Titel „König der Wenden und Cassuben", den bekanntlich auch die preußischen Könige geführt haben. Waren das bloß leere Worte? Als Kurfürst Friedrich III. von Brandenburg gegen Ende des 17. Jahrhunderts Anstrengungen machte, sich zum König von Preußen zu erhöhen – erblicher Herzog von Preußen war er de iure und de facto bereits –, erhoben sich in Wien am kaiserlichen Hof allerlei Bedenken, und der Kaiser wollte nicht, daß an der Ostsee ein neuer, zweiter und ebenfalls protestantischer *„‚König der Wenden"* entstehe. Doch gelang es dem Brandenburger endlich nach langem Unterhandeln, seine Königsträume zu realisieren. So steht es in des

31

Pauli „Allgemeiner Preußischer Staatsgeschichte" von 1767. Und Friedrich der Große (Denkwürdigkeiten zur Geschichte des Hauses Brandenburg) schreibt: *„In den Archiven findet man eine ausführliche Denkschrift, die dem Jesuitenpater Vota zugeschrieben wird. Sie dreht sich um die Wahl der Titel König der Vandalen oder König von Preußen . . ."* Man einigte sich mit Rücksicht auf die Krone Polen, der immer noch Westpreußen gehörte, während jenes Herzogtum sich bloß auf Ostpreußen beschränkte, schließlich auf den Titel *„König in Preußen"*, dessen „in" erst 1773, glaube ich, in das „von" umgewandelt wurde.

Bei den diversen Überlegungen zur Titelfrage war auch die nach der Königswürde Pribislaw-Heinrichs erörtert und verneint worden, wohl hauptsächlich deshalb, weil ein Kurfürst von Brandenburg sein Land als ein Reichslehen innehatte und darin nicht mit Kronen liebäugeln und jonglieren durfte. Im alten Ordensland Ostpreußen aber war der dortige Herzog kein Lehnsmann des Reichs mehr und auch keiner mehr des Königs von Polen. Wenn ebendamals Kurfürsten des Reichs Throne bestiegen haben, so der von Sachsen den Königsthron Polens, der von Hannover den Englands, so waren auch sie in dieser Eigenschaft nicht dem Reich untertan. Nach der preußischen Königskrönung am 18. Januar 1701 aber scheint sich der dunkle Begriff „Vandalen", ohne daß ein Grund zu ersehen wäre, verflüchtigt zu haben, indessen der korrespondierende, aber ebenso vage Begriff der „Wenden" frei verfügbar übrigblieb und ohne lateinisches Pendant zum Spielball slavophiler und panslavistischer Utopien werden konnte.

Und ein Paradox zum Beschluß dieses verzwickten Kapitels: ganz aus dem Rahmen imperialistisch gewaltsamen Vorgehens der Deutschen gegen das hiesige vordeutsche Völkergemisch fällt der Übergang des Havellandes, der Zauche und anderer märkischer Landesteile in die Hände Albrechts des Bären, der Pribislaw-Heinrichs Lande völlig legitim als seit langem eingesetzter Erbe und ohne einen Schwertstreich vereinnahmen durfte. Zwar hatte des Hevellerfürsten christlicher Neffe, Jacza von Köpenick, dieses Testament mit Waffengewalt angefochten und sich der Brandenburg bemächtigt (II, 61 und 62 Zitat). Doch hatte er damit nur die Anwendung der Gegengewalt heraufbeschworen, der er weichen mußte. Geschehen am 11. Juni 1157 und somit Brandenburg-Preußens, des militanten Erbsünders, so halbwegs friedsamer Beginn.

Kutzigsee im April

Kolberger Trabergestüt nebst Schloß

III
# „Stahl aus Brandenburg"

*Berlin, im September 1976*
Genug der problematischen Kapitel zumindest für diesen unsern fünften Band. Zu vermeiden ist Problematisches nicht. Das ganze Deutsche Reich von einst war, weil mehr Idee als handfeste Wirklichkeit, allezeit ein problematisch Ding, wie sollte es mit der Reichsmitte, Brandenburg, anders sein!

Als „Branibor" oder „Brennabor" ging jenes proto-panslawistische Prager Falsifikat in die deutsche Geschichtsschreibung des 19. Jahrhunderts ein, und wenn „Brennabor" mit bemerkenswerter Selbstverständlichkeit in der Welt draußen Aufnahme fand, so haben auch die berühmten „Brennabor-Werke" der Gebrüder Reichstein, die ihrer drei seit den 70er Jahren des vorigen Jahrhunderts Kinderwagen und Fahrräder und später Autos unter dieser Firmierung herstellten, unbeabsichtigt das Ihre dazugetan. Folglich findet sich „Brennabor" als Brandenburgs angeblich slawischer Ortsname sogar noch in der Encyclopaedia Britannica von 1962! Aber auch im Meyer von 1937! Im Nazi-Meyer. Indessen gereicht es der DDR zur Ehre, daß sie den alten Unsinn weder in einem Stadtplan von 1964 noch in ihrem DDR-Reiseführer von 1973 aufwärmt.

Was ist das: Brandenburg an der Havel? Eine quirlige, eigentümlich erregt wirkende Stadt, die der Krieg übel mitgenommen hat und in der, so scheint es, bisher noch keine rechte Ruhe wieder eingetreten ist. Zentrum eines Ballungsgebietes im Begriff erst, zu sich selbst zu finden. Wachsende Industriestadt. Zum zweiten Male wachsend. Freilich nun ohne die „Brennabor-Werke". Auf deren Werkgelände arbeitet heute eine Traktorenfabrik unter Nutzung vorhandener Einrichtungen. Das erste Werk, das nach 1945 wieder beginnen konnte.

Jener Reiseführer lehrt: „Mit dem Bau des Stahl- und Walzwerkes wurde 1950 als dem ersten Werk dieser Art begonnen." Das stimmt so nicht und ist Schmuck mit fremden Federn. Da weiß es die Legende auf der Rückseite erwähnten Stadtplans doch besser: „Dominierend ist das Stahl- und Walzwerk mit 11 Siemens-Martin-Öfen auf dem Gelände des nach 1945 demonstrierten Flick'schen Stahlwerks." Richtig! Das waren, aus den 20er Jahren, die „Mitteldeutschen Stahlwerke". Aber wenn in den Plan nun auch die Lage dieses und wichtiger Werke sonst eingezeichnet worden wäre! Nichts davon. Welch eine affektierte Vorsicht! Man sieht sie doch im Vorbeifahren mit der Eisenbahn, die strenge Riege der elf Schornsteine am südlichen Ufer des Silokanals vor dessen Einmündung in den Quenzsee. Und wenn einer, ein „Klassenfeind" gar, die Straßenbahn der Linie 2 besteigt und bis zu deren Endstation an der Quenzbrücke hinausfährt, so befindet er sich genau vor dem Haupteingang zum Werk. Was also soll das Versteckspiel?

Als ich dort am 3. Juli 76 der Straßenbahn entstieg, fiel mir ein Transparent mit dem stolzen Schlagwort „Stahl aus Brandenburg" ins Auge. Man befindet sich da im Westen der Altstadt. (Der Name Silokanal hat übrigens nichts mit Silos etwa zu tun, sondern bewahrt den Namen eines Dorfes Silow auf, das, gleich anderen Dörfern wie Parduin als allerältestem oder wie Luckenberg, in die Stadt Brandenburg beizeiten eingemeindet worden ist.) Der 3. Juli war ein Sonnabend, doch ein Stahlwerk kennt keine Feiertage und arbeitet in drei Schichten.

Zuweilen glutete es feuerrot in den Hallen auf. Ein Schornstein stieß rostbraunen Qualm in die heiße Sommerluft, die anderen wolkengrauen. Lange Güterzüge mit Schrott warteten auf den Verschiebegleisen zwischen Stahlwerk und Hauptbahnhof. Wie beim Hüttenwerk Henningsdorf oben im Norden Berlins tragen die sanften Havelwasser Lastkähne an die Kais zu Füßen der Werkhallen. Die Industrielandschaft ist komplett und eindrucksvoll. Die Mark rund um Berlin als Industrieland mit Schwerpunkten wie den genannten, mit Wildau im Südosten – VEB Schwermaschinenbau ‚Heinrich Rau', vormals „L. Schwartzkopff" – und in Nowawes im Südwesten – „Orenstein & Koppel", Lokomotiven, heute „Karl-Marx-Werke" – kann sich sehen lassen und verdiente ein eigenes Kapitel, das ich mir vielleicht eines Tages noch abringe und das der glücklichere Fontane nicht zu schreiben brauchte. Wer Brandenburg von früher kennt, weiß zudem, daß hier die Opel-Werke Lkw-Bau betrieben und die Arado-Flugzeugwerke eine Zweigniederlassung hatten.

Dieser hauptsächlich galten die Luftangriffe im letzten Kriegssommer.

Brandenburg hat zwei Bahnhöfe, den Hauptbahnhof südlich der Neustadt, den Bahnhof Brandenburg-Altstadt und hat die Stationen Kirchmöser – dortselbst ein großes Reichsbahn-Ausbesserungswerk –, sodann nach Nordwesten hinaus Görden und ganz im Wald draußen den Haltepunkt Bohnenland an der Strecke nach Rathenow. Die separaten Stationen der Brandenburgischen Städtebahn, die seit 1904 Treuenbrietzen, Belzig, Brandenburg, Rathenow, Neustadt/Dosse und Neuruppin verband, existieren nicht mehr. Die Strecke ist der Reichsbahn eingegliedert worden. Stillgelegt, soweit ich sehe, sind die Westhavelländischen Kreisbahnen, doch stößt man da und dort auf ihre Gleise, die wohl dem Güterverkehr noch dienen.

\*

Am Hauptbahnhof eine graue Marmortafel zum Gedächtnis erschossener französischer Bahnarbeiter. Wann wohl erschossen und von wem? In der Domkrypta unten eine „Gedächtnisstätte für die Blutopfer des Kirchenkampfes". Wer veranlaßte das Martyrium? Am Steintor der alte Turm der Stadtbefestigung von 1400 und: ein großes sowjetisches Ehrenmal in aufwendiger Friedhofsanlage. Die vier bronzenen Krieger – um einen Obelisken ohne pyramidale Spitze – leiden allerdings darunter, daß ihr Bildhauer zwar gelernt, man müsse relativ hoch aufzustellenden Figuren etwas übergroße Köpfe geben, damit sie, von unten betrachtet, normal proportioniert wirken, doch diese seine Kenntnis hier falsch an seine Männer gebracht hat, weil sie gar nicht hoch, sondern mit ihren Füßen unter Straßenniveau stehen. Möglicherweise sind seine demgemäß klobigen und ungeschlachten Kriegsmänner für ganz andere Gegebenheiten gemacht worden, und ich tue dem „Skulptor" unrecht.

Vornan ohne Rangordnung liegen die gefallenen Offiziere, doch geschieden von den Unteroffizieren und Mannschaftsgraden, deren Gräber dahinter liegen, teils mit, teils ohne Namen, immer elf oder zwölf beisammen: *Serschant Iwanow E. I.* . . . Ob *Starschina* wohl Feldwebel heißt oder etwas wie Stabsgefreiter? Mein Lexikon gibt dafür nur ‚der Älteste' her. Gefreiter schreibt sich kyrillisch „*Efreitor*", wobei das anlautende ‚E' wie ‚Je' auszusprechen ist. Ein anlautendes ‚G' zu sprechen liegt der russischen Zunge nicht, es hört sich dann eher wie ‚H' oder wie ein Mittellaut zwischen ‚G' und ‚H' an, den übrigens auch das Ostpreußische kannte. *Njeiswestnich* muß wohl ‚Unbekannt' heißen oder ‚Namenlos'. Als ich das erste Mal auf diesem Friedhof war, am 11. September 74, gingen zwei Gärtnerinnen still der Pflege der Beete und Ziersträucher nach. Ich habe aber schon sowjetische Kriegerfriedhöfe gesehen, die sich solcher Pflege durchaus nicht erfreuten.

Die Steintorbrücke gleich neben dem Friedhof – daher das vergleichsweise hohe Straßenniveau – wurde laut angebrachter Tafel „im April 1945 durch verzweifelten Vernichtungstrieb gesprengt". Diesem Aburteil zu widersprechen erforderte viel Widerspruchsgeist. Die Brandenburg eroberten, gehörten zur 4. Garde-Panzer-Armee der Russen und, die es ohne Chance verteidigten, gehörten zu unserm AOK 12. Nicht unwahrscheinlich, daß sich hier die Panzer-Jagd-Brigade „Hermann Göring" ein letztes Mal noch ins Zeug gelegt hat. Die Umfassung Berlins ging mit so unwiderstehlicher Wucht und Geschwindigkeit vor sich, daß die Russen schon am 23. April 45 Lehnin passiert und am 24. April das Vorfeld Brandenburgs erreicht hatten. Die Stadt müßte dann endgültig am 1. Mai in die Siegerhände gefallen sein, nachdem sie unter Straßenkämpfen schwer hatte leiden müssen. „Verzweifelter Vernichtungstrieb" klingt fast wie eine psychiatrische Exkulpation.

Ein VVN-Mahnmal für die Opfer der nationalsozialistischen Blutsäuferorgie im Brandenburger Zuchthaus Görden befindet sich nicht dort, sondern am Nordhang des Harlunger- oder Marienberges und trägt die Inschrift „Ihr starbt nicht umsonst!" Was den Ermordeten ein postumer Trost nur dann wäre, wäre ihr Ziel und Streben unter anderem zum Beispiel auch die Teilung Deutschlands gewesen. Aber war es das? Ein anderes Mahnmal steht am Puschkinplatz. Von dort führt eine Ausfallstraße nach Westen hinaus und an Görden direkt vorbei. Das hochberüchtigte Zuchthaus steht noch, wo es stand, und ist noch in Betrieb, wenn man das so ausdrükken darf. Doch jener Stadtplan zeigt zwar das dort gelegene „Bezirkskrankenhaus für Neurologie und Psychiatrie" an, verrät aber vom Nachbargrundstück und, was sich darauf befindet, nichts. Dabei führt die Linie 1 der Straßenbahn dran vorbei. Es ist doch keines Staates Schande, Zuchthäuser zu haben, nur wie er sie füllt und leert, könnte schändlich sein.

Die Gördener Opfer? Waren es viele? An die 2000 oder mehr. So genau weiß das niemand mehr. Die Hinrichtungen ab 1944 jeden Montag. Anfangs noch mit Armsünderglöckchen und geistlichem Zuspruch. 1944 wurde dann auch der alte Brauch der Henkersmahlzeit abgeschafft. Nur keine Umstände. Die Henker hatten hohe Zeit. Alle sechs Minuten etwa eine Vollstreckung. 28- bis 35mal am Tag. Das Blut der Opfer wurde zu Blutkonserven verarbeitet. Daher allemal noch kurz vor dem Ende eine Blutgruppenfeststellung. Der Betroffene wußte dann Bescheid. Die Leichname anfangs in die Berliner Anatomie, bis diese so überreicher Zufuhr nicht mehr Herr werden konnte.

Die Opfer: alt und jung. Greise und blutjunge Soldaten, die fahnenflüchtig geworden waren. Deutsche und Ausländer. Ein geringer Teil echt Krimineller, nur 8,1 Prozent. Die meisten echte „Politische", zu denen man die vielen Deserteure aber nicht allesamt zu zählen haben wird. Arbeiter und Akademiker. Geistliche und Offiziere. Der unselige Generaloberst Fromm, Befehlshaber des Ersatzheeres, wegen „Feigheit". Eine der gräßlichsten Geschichten: Fromm war in die Umsturzpläne der Männer vom 20. Juli eingeweiht gewesen, schwenkte aber, nachdem er zur Kenntnis genommen, daß des Grafen Stauffenberg Attentat auf Hitler fehlgeschlagen war, um und ließ, um seine Mitwisserschaft nicht kund werden zu lassen, Stauffenberg und drei andere Verschwörer im Hof des OKW-Gebäudes in der Bendlerstraße erschießen. Genutzt hat ihm diese Verruchtheit nichts, er wurde in Görden festgesetzt und am 12. März 1945 ebendort hingerichtet. Am 27. April 1945 rollten die ersten Sowjetpanzer in den Hof des Gördener Zuchthauskomplexes, der in der Weimarer Zeit einst als Stätte humanen Strafvollzugs errichtet worden war.

Die Opfer: Dr. Max Metzger, Mitbegründer der Una Sancta. Ärzte, Adelige, Diplomaten. Der Sportler Werner Seelenbinder. Der Pressechef der „Terra-Film" Erich Knauf. Von ihm stammte der Text des Liedes „Heimat, deine Sterne ..." Die ganze kommunistische Widerstandsgruppe in Stärke von hundert Mann um Anton Saefkow; die Straße vor der Zuchthausfront heißt jetzt nach ihm. Die ganze Gruppe um Dr. Josef Römer, den Annabergstürmer, ebenfalls hundert Mann. Davongekommen sind u. a. Erich Honekker und Robert Havemann, die über der gemeinsamen Haft Freunde wurden ...

\*

Ein Inhaftierter, der das Ende dieser Schreckensherrschaft noch hätte erleben können, aber die Nerven verlor und sich selbst ein Ende setzte, war Erich Ohser, unter dem Namen E. O. Plauen als der

Zeichner von „Vater und Sohn" wahrhaftig weltbekannt. Freilich vollendete sich Ohsers Lebensbahn in Moabit, doch hätte es einem Henker oblegen, diese „tragische Geschichte eines heiteren Zeichners" zu beenden, so wäre dies in Brandenburg-Görden geschehen, wo Ohsers Jugendfreund Knauf sein Leben lassen mußte.

Ohser und Knauf hatten gemeinsam ein Bombenausweichquartier in Kaulsdorf im Osten der untergangsgeweihten Reichshauptstadt bezogen. Dort teilten sie eine verlassene Villa mit einem gleichfalls obdachlosen Ehepaar namens Schultz. Während der Alarme freundete man sich an oder teilte doch Freud und Leid der schon mehr und mehr chaotischen Kriegsläufte. Ohsers unvergleichlich witziges, hier aber am falschen Platze ungezügeltes Mundwerk ging wie eine Mühle, und auch Knauf konnte den Mund nicht halten.

Vielleicht war das Ehepaar beauftragt, es sieht fast so aus. Jedenfalls notierte Herr Hauptmann d.R. Schultz und seine Gemahlin Margarete nach den Entwarnungen alles säuberlich auf, was gesagt worden war: zynische, böse, entsetzlich richtige, aber unbedingt verderbliche Bemerkungen über Goebbels und Hitler, über den bereits verlorenen Krieg und daß man die Waffen strecken solle, daß ein deutscher Sieg unter Hitler das größte Unglück sei und so fort. Die Notizen schwollen zu einem schwer belastenden Bündel an und wurden, indem sich das Ehepaar unterschriftlich für deren Richtigkeit verbürgte, der Gestapo vorgelegt. Diese leitete sie dem Volksgerichtshof zu.

Goebbels, wiewohl von den Angeklagten schwer beschimpft, doch nicht ohne weiteres bereit, den besten Karikaturisten seiner Wochenzeitung „Das Reich" preiszugeben, schaltete sich ein: *„... Der Herr Minister möchte ferner, da es um seine Person geht, bevor das Urteil gesprochen wird, von Freisler angerufen werden, um das Urteil evtl. abzumildern ..."*

Roland Freisler, dieser Großinquisitor und Erzprofoß des Dritten Reichs, mied absichtlich dem Minister zu begegnen, und Ohser hatte offenbar keine Ahnung davon gehabt, daß sich sein von ihm so geschmähter Brotherr Goebbels für ihn verwenden wolle, der wahrscheinlich wünschte, man solle Ohser zwar gefangenhalten, aber hinter Gittern weiter fürs „Reich" zeichnen lassen, der Karikaturist hätte sonst wohl nicht Hand an sich gelegt, wer weiß.

Der Urteilstenor gegen Knauf, den Aufrechten, endet mit den Worten: *„Als Verräter für immer ehrlos, hat er damit unter uns die Zersetzungspropaganda unserer Kriegsfeinde betrieben und vor allem unsere Kraft zu mannhafter Wehr in unserem Lebenskampf an-*

*gegriffen. Dafür wird er mit dem Tode bestraft . . ."* Und die Urteilsbegründung schließt: *„Weil Knauf verurteilt ist, muß er die Kosten tragen".* Unterschrift: *Freisler.*

Das Urteil an Knauf wurde am 2. Mai 1944 in Görden vollstreckt: *„Der Verurteilte, der ruhig und gefaßt war, ließ sich ohne Widerstreben auf das Fallbeilgerät legen, worauf der Scharfrichter die Enthauptung ausführte . . . Die Vollstreckung dauerte von der Vorführung bis zur Vollzugsmeldung 7 Sekunden . . . 120 Mark Sondervergütungskosten für Scharfrichter und Gehilfen, 36 Mark Fahrkosten und 2 Mark 15 Verpflegungskosten, insgesamt 158 Mark 15 Pfennige sind für die Vollstreckung aufgewendet worden . . ."* Ich habe Knauf nicht gekannt, aber seine Witwe hat mir, als ich 1964 an einem Fernseh-Dokumentarfilm über „e. o. plauen" arbeitete, Einsicht in die Aktenreste gegeben, die man ihr nach dem Ende des Dritten Reichs zugespielt hatte. Ohser kannte ich gut, er gehörte wie ich zu dem vielberedeten Stammtisch im Romanischen Café, an dem einst Orlik und Slevogt hofgehalten hatten, oder richtiger zu den Resten dieses Stammtischs, auf den ich, wenn der Platz es erlaubt, in Zusammenhang mit Kremmen noch zu sprechen kommen werde.

\*

Die Aspekte der Stadt Brandenburg sind kontrastreicher als die wohl aller märkischen Städte. Vom Dom und der Petruskapelle war schon die Rede. Die beiden in der Frühzeit ganz separaten Gemeinden Altstadt und Neustadt sind 1715 zu einer einzigen Stadt zusammengefaßt worden. Hingegen war die Domgemeinde noch bis 1930 selbständig, die Bürgerschaft also auf jener uralten Burginsel, die in den Tagen Albrechts des Bären zur Hälfte Königsgut, zur Hälfte Eigentum des Domkapitels geworden war, nicht aber Eigentum der Markgrafen. Deswegen ist zwar Brandenburg namentlich markgräfliche und kurfürstliche Residenz gewesen, aber nur in der frühen Markgrafenzeit stand in der Neustadt (wo sich jetzt das St.-Pauli-Kloster befindet) etwas wie Regierungsgebäude der Landesherren, später aber keins mehr weder innerhalb noch außerhalb der Mauern. (Wir werden dies im Band VI zu berühren haben, wenn unsere Reise- und Schreibelust uns nach Tangermünde führt; ich war jetzt dreimal dort, weil meine Fahrten ja dem Schreiben immer um eine Jahreslänge voraus sein müssen.) Ob das sogenannte Kurfürsten- oder Fürstenhaus in der Steinstraße der Neustadt je als Residenz gedient hat, ist ganz fraglich. Der ansehnliche Bau mit seinem schönen Staffelgiebel ist den Bomben zum Opfer gefallen. Später hatten die Markgrafen und wohl auch die Kurfürsten im Domkloster einige Räume für den Fall, daß sie in Brandenburg abstiegen.

Nicht nur ihrer Lage wegen ist die Dominsel auch heute noch spürbar eine Sache für sich. Der St. Peter und Paul geweihte Dom steht inmitten niederer oder einstöckiger Häuser wohl aus dem 18. Jahrhundert, die einen geräumigen und auch idyllischen Hof um das alte Gotteshaus bilden. In dem unschönen Schulneubau aus dem späten 19. Jahrhundert, im Zuge des klösterlichen Westflügels von ehedem, befand sich bis 1918 die Ritterakademie, die dann 1937 aufgelöst werden sollte. Heute dient der Bau einer Schule. Im Dom findet sich eine Gefallenentafel von 14/18, die alle Namen derer, die, Lehrer wie Schüler jener Akademie, ihr Leben „für Kaiser und Reich" gelassen haben, nicht rein alphabetisch aufführt. Gestatten Sie, daß ich dieses feldgraue Totenheer Revue passieren lasse: Voran die Lehrer *„Olt. Paul Hildebrand. Olt. Erich Klein, Olt. Dr. Bruno Preßler, Gymnasiallehrer Hermann Reinecke".*

Dann die Schüler, Adelige zumeist, aber auch Bürgerliche in einer Anzahl, die vermuten läßt, daß man sie nicht bloß als demokratische Komparserie oder „Konzessionsschulzen", wie man sagte, zugelassen hat: *„Busso v. Alvensleben, Erich Barsikow, Friedrich v. Bethmann-Hollweg, Fritz v. Boehn, Eduard v. Bonnin, Günther v. Borcke, Karl v. Bredow, Heinrich v. Buch, Werner v. Bülow, Hermann v. Caemerer, Helmut v. Claer, Max Cramer, Otto Cramer, Rudolf v. Davier, Kurt v. Dechend, Siegfried v. Dechend, Johann Dietz, Arthur Engel, Hermann Flaminius, Erich Beese, Walter Beese, Eberhard Graf Finck v. Finckenstein, Alvo Joachim v. Alvensleben, Georg Friedrich v. Hopfgarten, Erich Flöter, Hans v. Flottwell, Wolf v. Griesheim, Gustav Güllher, Richard Güntherberg, Hans Rochus v. Gundlach, Georg v. dem Hagen, Hans Hamann, Karl Egon v. Heinz, Ernst Günther v. Heynitz, Karl Hiller, Lothar v. Holleufer, Ernst Waldemar v. Jena, Ernst v. Karstadt, Franz v. Kassenbrock, Archibald Botho Graf v. Keyserlingk, Gerd v. Klitzing, Werner v. Klitzing, Wolfgang v. dem Knesebek, Jobst Freiherr Knigge, Hans Peter v. Rotze, Ludolf v. Krosigk, Fritz Krüger, Anton Victor v. L'Estocq, Olof Henning v. Lindequist, Paul Liese, Max v. Pieschel, Fritz v. Voß."*

*„Friedrich v. Massow, Gebhard v. d. Marwitz, Bernhard v. d. Marwitz, Oskar v. d. Marwitz, Walther Möller, Hans Müller, Oldwig v. Natzmer, Franz Oldenburg, Hans Sigismund v. Oppen, Eri-*

mar v. d. Osten-Jannewitz, Gustav Osterroth, Heinrich v. Pfuel, Wilhelm v. Plessen, Arnold Pohle, Achim v. Quast, Wolf Christoph v. Quast, Wilhelm Graf v. Redern, Albert Freiherr v. Rheinbaben, Karl Henning v. Ribbeck, Fritz v. Rochow, Werner Rohdewald, Horst Freiherr v. Rosenberg, Werner v. Rundstedt, Walter Scharpf, Werner Matthes, Kurt Bodenstedt, Roderich v. Parpart, Joachim v. Parpart, Wilhelm v. Buttlar, Erdmann v. Prittwitz und Gaffron, Max Graf v. Schmettow, Gottfried Schrader, Heinrich Synold v. Schüz, Friedrich Wilhelm v. Seydlitz, Meinhard Freiherr v. Seckendorff, Bernhard Stollbroch, Bernhard v. Storch, Hugo v. Stubenrauch, Guy Bernhard Le Tanneux v. Saint-Paul, Johann Trapp, Hans Georg Treichel, Hans v. Tschirschky und Bögendorff, Walter v. Ulrici, Otto Voigt, Friedrich v. Voß, Friedrich v. Wachter, Klaus Wilhelm v. Wätjen, Botho Graf v. Wedel, Joachim v. Winterfeld, Hans Henning v. Winterfeld, Horst v. Witte, Paul Witte, Friedrich v. Ysselstein, Walter Zeeden, Ernst v. Zieten, Rudolf Zimmermann, Christian Graf zu Rantzau, Conrad Graf v. Kanitz, Joachim v. Petersdorff, Bernhard Graf v. Schwerin."

Unliterarisch lange Aufzählung, gewiß, doch all diese Jungen repräsentieren an ihrem kleinen Teil ein Stück märkischer Geschichte. Die zugehörigen Familiengeschichten erzählen wollen – und die meisten ließen sich noch erzählen –, hieße schon ein Gutteil der Historia Brandenburgensis überhaupt wiedergeben. Deshalb wird sich der ältere Leser, dem so manch einer dieser 116 Namen noch in den verschiedensten Zusammenhängen in Ohr und Gedächtnis ist, nicht wundern, sie hier aufgezählt zu finden, mag der jüngere auch denken: schön dämlich.

Schön dämlich? In meinem Besitz befindet sich eine Postkarte, die, mit dem Poststempel „Brandenburg, 3. 8. 14.", der älteste Bruder meiner Mutter an diese adressierte: „. . . *Eingedenk der Worte, die unser hoher Chef an sein Regiment heute zu richten die Gnade hatte: ,Vorwärts meine treuen Füsiliere, vorwärts mit Gott für König und Vaterland!' ziehen wir heute Abend fort. Nach Westen! Lebt alle wohl! Dein treuer Bruder Paul. – Adresse Kommandeur des III./35. Brandenburg. 6. Division 3. Corps."* Das war der Major Paul Rauschning, ein Vetter übrigens von dem Danziger Dr. Hermann Rauschning.

Er fiel vier Wochen später an der Spitze seines Bataillons, wie man dazumal sagte, im Beginn der Marne-Schlacht bei Villers-Cotterets südwestlich Soissons. Niemand zucke die Achseln und zweifle an dem Ernst jenes Postkartentextes. Ich habe nur einen Grund, ihn hier einzurücken: den Gesinnungswandel binnen etwas mehr als sechzig Jahren, den Zeitensturz, den wolle man daran ablesen. Die Umwertung der Werte. Und außerdem ist es ja eine unbezweifelbare ‚Brandenburgensie', denn die „35er" waren wohl das populärste Regiment der Brandenburger Garnison. Seit 1863 dortselbst stationiert, holten sich die 35er ihre Lorbeeren bei der Erstürmung der Düppeler Schanzen anno 64, bei Königgrätz anno 66 sowie bei Vionville am 16. August 1870. Die Tradition dieses Regiments reichte bis ins 18. Jahrhundert, wo es unter dem Kommando des Prinzen Heinrich von Preußen gestanden hatte. Die Kaserne lag, wenn ich's noch recht erinnere, an der damaligen Magdeburger Straße, der heutigen Straße der Aktivisten. Mein Bruder jedenfalls, der dort, bevor er 1939 in den Krieg zog, seiner Wehrpflicht zu genügen hatte, hat in irgendeinem Kasinoraum noch ein vergilbtes Gruppenfoto der Offiziere des III. Bataillons der 35er gesehen, den Onkel Paul inmitten. Anzunehmen, daß das Bild jetzt nicht mehr dort hängt, wenn auch die Kasernen noch stehen. Von Russen behaust. Die Gründung der Ritterschule auf der Burg aber ist ins Jahr 1705 zu datieren und soll einer Anregung des großen Leibniz zu verdanken sein. 1937 wurde sie, wie gesagt, aufgelöst.

\*

Herr Ph., ein Brandenburger in West-Berlin, schreibt: „. . . Brandenburg war ja eine ausgesprochene Garnisonstadt . . . Das 35. Infanterieregiment wurde im Volksmund ‚Ludenregiment' bezeichnet, denn hier erhielten die frechen Berliner ihren besonderen Schliff. Ich . . . habe meine Kindheit in allen Ferien auf dem Görden verlebt, außerdem die späteren Jugendjahre bis 1934. Vor dem Ersten Weltkrieg fanden im Musikpavillon des Kaffeehauses große Militärkonzerte an Sonntagen statt, später musizierte die Brandenburger Stadtkapelle unter ihrem Obermusikmeister Thiele. An Wochentagen aber marschierten die Militärkompanien zu den Schießständen hinter der Kolonie Görden, da, wo es nach Bohnenland geht. Nach den Schießübungen überfielen die Soldaten dann das Kaffeehaus, ihren Durst zu löschen. Ich erinnere mich noch an die Zeit, als die Straßenbahn zur Landesanstalt Görden und nach Plaue gebaut wurde. Von der Brücke des Silokanals waren nur Felder ohne jedes bebaute Grundstück . . ." Und also auch das Zuchthaus noch nicht.

IV

# Nur 79 m hoch, aber ...

*Berlin, Anfang Oktober 1976*
Das Domkapitel – seit 1165 im Weißen Kloster auf der „Burg", so die kapitelübliche Bezeichnung der Dominsel – wurde in der Frühzeit von den ritterbürtigen Praemonstratensern gestellt. Über der weißen Kutte trugen die Chorherren den blauen Mantel, lasen im Hochchor des Doms Messe und Horen und gingen gottwohlgefälligen, missionarischen und karitativen Pflichten nach. Namentlich um diese erfüllen zu können, mußte das Kapitel mit Einkünften oder Pfründen ausgestattet sein. Und im übrigen gehören dauernde Rechtsstreitigkeiten des Kapitels mit den beiden Städten – ähnlich denen der Havelberger Domherren mit der Stadtgemeinde zu ihren Füßen – zur mittelalterlichen Geschichte Brandenburgs.
Bei weitem die meisten der anfänglich reichsunmittelbaren 36 Brandenburger Bischöfe waren adeligen Geblüts, der Bischof der Lutherzeit, Hieronymus Scultetus oder Schultz, war es nicht. Zeichensetzend für den Beginn einer neuen Zeit: der Zusammenprall zweier Söhne des Volkes in höchsten Positionen, Luther der Bergmannssohn, wie er gemeinhin bezeichnet wird, dessen Vater man aber viel richtiger – und weniger sentimental – als frühindustriellen Unternehmer zu klassifizieren hätte, und der Bischof Schultz, ein Niederschlesier aus bäuerlichen Verhältnissen. Er hatte seine außergewöhnliche Laufbahn seinen Geistesgaben zu verdanken. Schultz nun war Luthers Diözesan, denn Wittenberg gehörte zum Bistum Brandenburg, und residierte für gewöhnlich in Ziesar, um dem ständigen Ärger mit den Stadtgemeinden sowohl wie dem mit dem Domkapitel enthoben zu sein; später, als er den Havelberger Krummstab zu führen hatte, zog er es aus den gleichen Gründen vor,

wie seine Vorgänger im Amt, sein dortiges Bistum von Wittstock oder von der Plattenburg aus zu regieren. (Darauf kommen wir im sechsten Band.)

Nach Ziesar nun war eine Synode einberufen worden, und Luther, in Gehorsam gegen die hierarchische Ordnung aufgewachsen, versäumte nicht, dem Bischof Scultetus die Schrift „*Omne quod natum est ex Deo*" vorzulegen, darin er in zurückhaltender Form seine Reformationsgedanken bereits voll entwickelt hatte. Scultetus' Scharfsinn entging die Gefährlichkeit dessen, was sich aufgrund solcher reformträchtiger Ideen gebären könne, nicht und, wie er seinen Kurfürsten, Joachim I., immer wieder klug beraten und diesen beim alten Glauben bestärkt hat, so entsandte er jetzt den Nächsthöchsten im Rang nach ihm, den Lehniner Abt Valentin, mit dem Auftrag nach Wittenberg, dem Mönch und Professor das Versprechen zu künftiger Mäßigung und zur Unterdrückung weiterer sprengkräftiger Schriften, von deren Vorbereitung der Bischof wußte, abzunehmen. Luther leistete dies auch, hat sich aber sehr bald schon nicht mehr daran gehalten. Und die „*Tragodia in Germania*" nahm ihren Anfang. (Wir haben in Band IV im 7. Kapitel uns des längeren über diese Dinge ausgelassen. Der Vorgang gehört auch in die Reihe der sächsisch-brandenburgischen Kollisionen, die uns in diesen Büchern schon so oft beschäftigt haben.)

1541, zwei Jahre also nach der offiziellen Reformation der Mark, die Schultz nicht mehr erlebt hat, wurden die Pfarrkirchen beider Städte Brandenburg des domstiftlichen Patronats entledigt und lutherisch. Reformationsbischof war Matthias v. Jagow (1540). Er sträubte sich nicht, während seine Amtsbrüder zu Havelberg und zu Lebus sich dem Neuen hartnäckig widersetzten. Immerhin aber ward dem Domkapitel noch die uralte Marienkirche auf dem Harlungerberg und das dortige Praemonstratenserkloster zur Betreuung zugewiesen. Denn das Kloster war fast schon ohne mönchische Bewohner; räuberisches Gesindel hatte sich in den einst so heiligen Mauern eingenistet, und die viertürmige Wallfahrtskirche – wir werden unten noch näher auf sie eingehen – zeigte erste Zeichen baulichen Verfalls, dem entgegenzuarbeiten Kräfte und Mittel fehlten.

Der letzte Bischof – es ist ja recht eigentlich ein Skandal und spottet an Unverschämtheit seinesgleichen – war zu Lebus (siehe auch Band I Seite 10), war zu Havelberg und war zu Brandenburg der Enkel Joachims II., nämlich der Kurprinz, das Churprintzlein Joachim Friedrich, das ganze sieben Jahre zählte, als es den Havelberger, neun Jahre zählte, als es den Lebuser, und vierzehn Jahre zählte, als es den Brandenburger Episkopat einnehmen durfte. So wurde es gemacht, und so schnell wird ein einst doch hochwürdiges Amt zur Farce degradiert. Ob Luther diesen Handel gutgeheißen hätte, ist kaum anzunehmen, aber der war tief verbittert in dem selben Jahr vom irdischen Jammertal abgeschieden, in welchem Joachim Friedrich es betrat.

Das Domkapitel, seit 1557, wenn auch ohne Zwang für Altgläubige, selbst zu Luthers Lehre sich bekennend, hat auch nach dem 30jährigen Krieg noch bestanden, empfing 1643 auf der „Burg" den Großen Kurfürsten, als dieser die ganz heruntergekommenen Havelstädte inspizierte, bestand auch im 18. Jahrhundert als eine offenbar immer noch einigermaßen vermögende Institution und scheint – aber ich weiß es nicht genau – als etwas wie eine „Öffentlich-rechtliche Stiftung" sogar 1948 zur Jahrtausendfeier noch am Leben gewesen zu sein und müßte folglich noch existieren. Das Kapitel zu Havelberg ist meines Wissens bereits 1819 aufgelöst worden, das zu Lebus aber schon 1563.

Um dem Brandenburger Domkapitel angehören zu können – es bestand aus 16 Mitgliedern, nach der Reformation aus Ersparnisgründen aus sieben –, mußte man 16, später sogar 32 adelige Ahnen nachweisen können, während im Mittelalter auch Männer bürgerlicher Abkunft als Chorherren zugelassen gewesen waren. Doch hat man seit 1826 von so exklusiven Bedingungen Abstand genommen. Wie alle mittelalterlichen Dinge war die Stellenbesetzung für unsere Begriffe eine überaus komplizierte Sache. Denn in periodischem Wechsel hatte bald dem Papst, zu gewissen Fristen aber auch dem Kaiser, dann wieder dem Landesherrn und zwischendurch auch dem Kapitel selbst die Berufung zugestanden.

Die Herren lagen aber keineswegs bloß auf der zwar frommen, aber faulen Haut, sondern wußten sich nützlich zu machen. So haben sie aus dem Kapitelvermögen wesentlich zur Gründung der Universität zu Frankfurt beigetragen (dazu vieles in unserm Band II), und sie waren es auch, die jene Ritterakademie im Domareal ins Leben riefen, in ihren Patronatsdörfern Schulen einrichteten und Schulaufsichten ausübten. Doch ist nicht zu leugnen, daß die Chorherrenstellen vom märkischen Adel nachgerade auch als Posten angesehen wurden, die zur Versorgung jüngerer mittelloser Sprößlinge recht wohl geeignet waren. Und da die Kurfürsten nach und nach viele bischöfliche Rechte an sich gezogen hatten und sich, einer Resolution von 1629 zufolge, ausdrücklich als *summi episcopi* auffaßten, so wurde aus der sinnvollen Einrichtung mehr und mehr eine „Staatsdienerbelohnungsanstalt". Doch lange Zeit über hatten die Anwärter des Domkapitels ein dreijähriges Studium nachweisen müssen. Ungebildet etwa war man nicht gewesen. Kurios anzumerken, daß in der Weimarer Zeit der Reichspräsident v. Hindenburg sowie der Feldmarschall v. Mackensen diesem Domkapitel angehört haben.

Im Dom unten im nördlichen Querschiff fand ich unter allerlei Gerümpel eine große gemalte Tafel mit folgenden sieben Namen: *„Friedrich Wilhelm v. Grumbkow, Decanus – Friedrich v. Görne, Decanus – Ewald Bogislaff v. Schlabrendorff, Senior – Ludolff Ernst v. Strantz, Subsenior – Christoph Friedrich v. Ribbeck, Canonicus – Hermann Graf v. Wartensleben, Canonicus – Hans Georg v. Ribbeck, Canonicus – 1723."* (Diese Notiz kann Flüchtigkeitsfehler enthalten. Sie stammt vom 30. April 74, einem gewittrigen Tag, und ich war wieder einmal vollständig naß geregnet. Der Küster hatte uns den gewichtigen Domschlüssel überlassen, aber zu Eile verpflichtet, und kalt war es drinnen zum Schlottern.)

\*

An einem etwas verwahrlosten Haus im Domhof, in dem jetzt Altrentner domizilieren, eine Gedenktafel für einen Freund Friedrichs des Großen, der diesen redlichen Genossen der Rheinsberger Jugend- und Kronprinzenzeit für seine alten Tage mit einer solchen Domherrenstelle versorgt hatte. Das war der Baron de la Motte Fouqué, der Großvater des romantischen Dichters. Dieser, Jahrgang 1777, war übrigens ein Sohn Brandenburgs, der jedoch schon 1783 mit seinen Eltern nach Sakrow bei Potsdam verzogen ist. Der Großvater, Jahrgang 1689, war zu Rheinsberg einst Großmeister eines halb spaßhaften, halb auch ernst gemeinten Ritter-Ordens vom Bayard gewesen, in dem jeder einen Ordensnamen erteilt bekam, der Kronprinz zum Beispiel *„le Constant"*, der Beständige, Fouqué *„le Chaste"*, der Züchtige.

In seinen Kleinen Prosaischen Schriften schreibt der Dichter über den Großvater: *„... Diese Eigenschaften zusammengenommen mochten den König Friedrich Wilhelm den Ersten dahin bringen, dem damaligen Hauptmann de la Motte Fouqué den Zutritt zu dem in Küstrin gefangenen Kronprinzen zu vergönnen, in der Zeit, als dieser das Haupt seines jungen edlen Freundes, des Herrn von Katte, vor seinen Augen hatte fallen sehen, und niemand von den Rheinsberger Freunden daran denken durfte, sich dem schwerbedrängten Prinzen zu nahen. Fouqué bekam also Einlaß ..."*

Der Dichter erzählt, wie Fouqué dem gefangenen und reichlich streng gehaltenen Prinzen Erleichterungen verschaffte, erzählt von den militärischen Verdiensten des Großvaters, der bis zum General avancierte, sich in seiner unerbittlichen Ehrenhaftigkeit mit Friedrich, der auf Ohrenbläser gehört hatte, entzweite, infolge davon in österreichische Gefangenschaft geriet, sich aber am Ende aller Kriege mit seinem König wieder versöhnen konnte, da dieser eingesehen hatte, daß er dem alten Freund Unrecht getan.

„*Fouqué wohnte als Domprobst des dasigen Kapitels in Brandenburg, eine Stelle, die er, wie alle äußeren Güter, der Gnade des Königs verdankte. Aus der Nähe von Potsdam und Sanssouci herüber sorgte nun Friedrich für seinen Freund wie ein zärtlicher Sohn für seinen Vater. Nicht allein, daß er ihm den Verlust des Vermögens*" – in der Gefangenschaft nämlich, und von Maria Theresia hatte er die Rückerstattung des Verlorenen nicht annehmen wollen, Le Chaste eben – „*mit königlicher Großmuth ersetzte; er ging mit zarter Sorgfalt in die kleinsten Bedürfnisse des täglichen Lebens ein. Von dem ersten und schönsten Obst der königlichen Gärten mußte der alte Freund seinen Theil haben, so auch von den gelungensten Kunstwerken der neugegründeten Porzellanfabrik, und um so reichlicher hierin, je freimüthiger in früherer Zeit Fouqué seine Zweifel an dem Gelingen dieses Instituts, so nahe bei der berühmten Meißner Anstalt, offenbart hatte . . . Bequeme Rollstühle wurden verfertigt, die ältesten und edelsten Weine in den königlichen Kellern aufgesucht, ein Hörrohr über das andere für den taub werdenden Greis verfertigt, Flaschen mekkanischen Balsams aus Konstantinopel verschrieben; was aber dem langsam ins Grab sinkenden Helden mehr als alles galt, waren die Zeiten, die er in Sanssouci als Gast seines Königs verlebte, oder auch die Mittage, wo Friedrich auf der Durchreise nach oder von Magdeburg der Gast seines Freundes ward, und nach Fouqués eig'nem Ausdruck sich's gefallen ließ: de partager le pot au feu d'un refugié . . .*"

Anläßlich eines solchen Besuchs sagte der König: „*Fouqué lebe zu einsiedlerisch; er müsse täglich Gesellschaft sehen, seine Fenster mit Blumen schmücken, und kleine Hündchen zu seinem Ergötzen um sich her springen lassen. Fouqué wollte von Hunden nichts wissen; sie seyen ihm zu unreinlich. ‚Aber sonst', sprach der König, ‚sonst hatten Sie sie doch gern. Erinnern Sie sich nicht mehr des guten Melampo, der uns in Rheinsberg so oft Spaß gemacht hat? . . .*"

Der gute Melampo! Da noch jedermann, wenn er nur alt genug ist, weiß, wer Biche gewesen ist, und jeder Besucher zur Linken oben auf der Terrasse von Sanssouci deren kleines Windhundegrab, aber unter anderem auch Grabplatten besichtigen kann, unter denen Reitpferde des Königs liegen, ist es wohl nebenher erlaubt, dem minder populären, aber guten Hund Melampo mit Vorstehendem ein kleines Denkmal zu setzen.

\*

Wie kontrastreich gerade Brandenburg ist, läßt sich am Harlungerberg und alldem erkennen, was da oben alles gewesen, errichtet und wieder abgerissen worden oder noch vorhanden ist. Die kollektive Affektbeziehung zum ‚Berg' schlechthin wird höchst augenfällig. Du liebes Bißchen, unsere märkischen Berge! Hoch sind sie ja wahrhaftig nicht, aber wo nur Seen, Flußläufe, Sümpfe, Luche und flaches Land sich breiten, kommt diesen Erhebungen eine beherrschende akzentuierende und attraktive Kraft zu, die in älteren Zeiten sehr stark gewesen sein muß.

Daß sich auf dem Harlungerberg, ob er auch nur 79 m hoch ist, eine germanische Kultstätte befunden hat, wird allgemein angenommen und ist wahrscheinlich, wenn auch archäologische Belege dafür nicht vorliegen. Daß dort oben ein Triglaw-Heiligtum gestanden hat, bestätigen die Chronisten. Dieses Templum ist abgerissen worden. An seiner Statt erbauten Petrussa und Pribislaw-Heinrich eine Marienkapelle, davon oben schon die Rede war. Dieser vermutlich nicht eben umfangreiche Bau hatte einem Gebäude von allererster Bedeutung zu weichen, der bereits erwähnten Marienkirche mit ihren vier Türmen.

Nun ist für meine Laienbegriffe nichts trockener und unanschaulicher als Architekturbeschreibung. Denn mit den einschlägigen Fachausdrücken vorgetragen, setzt sie deren Kenntnis beim Leser voraus, ohne sie gerät sie ins Stümpern oder ins Schwärmen oder in beides. Und nun gar Beschreibung eines längst nicht mehr vorhandenen Bauwerks! Musik wird, wo sie nicht aufgeführt wird und nicht gerade erklingt, am besten mit Noten beschrieben, die aber dem nichts sagen, dem ihre Wertigkeit nichts besagen kann. Architektur stellt sich, wo nicht durch sich selbst, am klarsten durch Risse dar, Grundrisse, Aufrisse, Querschnitte und so weiter; das ist die Notenschrift der Bauleute. Zum Glück kann man, wie das einzigartige Gotteshaus ausgesehen hat, noch sehen. Man begebe sich in das Heimatmuseum in der Altstadt. In der Hauptstraße. Im sogenannten Freyhaus. Dort ist einmal ein hinreichend großes Holzmodell zu besichtigen, das ein Liebhaber nach alten Abbildungen rekonstruiert hat, dem man aber leicht mißtrauen könnte, erschiene das Bild der Marienkirche nicht auf einem dort gezeigten Gemälde.

Es handelt sich um eine Panoramaansicht von Brandenburg, die etwa 1680 abgeschildert worden ist. Der sie gemalt hat, war offenbar ein Niederländer oder ein niederländisch geschulter Maler. Das Gemälde hat wie ein Seestück ein sehr langes Querformat, das hier höchst zweckmäßig war. Denn die doch recht weit auseinanderliegenden Alt- und Neustadt waren in keinem anderen Format unterzubringen. Point de vue war so etwa die alte Magdeburger Landstraße beim heutigen Bahnhof Altstadt mit Blick nach Osten. Folglich liegt der Harlungerberg ganz links im Bilde, aber obenauf erhebt sich – mit oder ohne Beschönigung dargestellt – gleich einem strahlenden Wunder die Marienkirche, dem Museumstext nach ein Bau von 1170, laut Tschirch recht eigentlich erst von 1222, als ein hochverdienter Bischof „Gernand mit seinem Gönner, dem Erzbischof Albrecht von Magdeburg, in Italien am päpstlichen Hof weilt . . . und Honorius III. einen reichen Ablaß von 20 Tagen allen denen verkündet, die am Tage Mariae Geburt zum Harlunger Berge wallfahren und den Bau der Marienkirche durch Gaben fördern".

So wurde die Kirche auf dem Berg ein weit und breit im Reich angestrebtes Wallfahrtsziel. Und nun wohl oder übel die unumgänglichsten architektonischen Anmerkungen: den ungewöhnlichen Grundriß bildete ein „griechisches" Kreuz, eins mit vier etwa gleichlangen Schenkeln also, und über der Vierung wölbte sich im Innern eine flache Kuppel. Die einander querenden Schiffe wurden an ihren nach den vier Himmelsrichtungen weisenden Enden durch vier Apsiden abgeschlossen. In den vier rechten Winkeln zwischen den Kreuzbalken oder Schiffen erhoben sich die vier erwähnten, vergleichsweise schlanken Türme, ihrerseits von annähernd quadratischem Grundriß. Sie waren dreigeschossig, jede Turmhelmspitze trug eine goldene Kugel. Der Innenraum der Türme aber war ins ganze Innere einbezogen, so daß die Vierung von einem größeren Rechteck, das die vier Turmräume zusammen bildeten, gleichsam umfangen war. (Aber ich glaube, jetzt bin ich schon undeutlich genug, daher umseitiges Schema.) Sicher, daß dieses Gotteshaus, dessen Baugedanke wahrscheinlich mit den Kreuzzügen hierher gelangt war, seiner Berglage wegen bis in alle Lande hinaus zu sehen war und den vertrotzten Heiden, die da noch allerorten hausten, eine eindringliche Predigt über die überlegene Herrlichkeit der Christlehre gehalten hat.

Schwanenritter-Kapelle

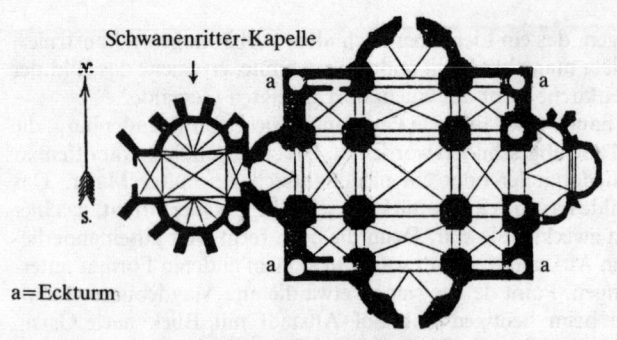

a=Eckturm

Grundriß der Marienkirche

Doch im Lauf der Zeit machten die gottesdienstliche und die bauliche Betreuung der Bergkirche Umstände, und der stolze Bau fiel, namentlich seit Wilsnack im 14. Jahrhundert der geradezu leidenschaftlichst besuchte Wallfahrtsort der Mark geworden war (siehe unten unser Kapitel 14), einer gewissen Vernachlässigung anheim. Dem schob der erste Hohenzoller, Kurfürst Friedrich I., einen Riegel vor, indem er (1435) zunächst einmal erwähntes Kloster auf den Berg neben die Kirche setzen ließ und die Praemonstratensermönche mit der Ewigen Andacht und der allseitigen Fürsorge für das Marienheiligtum beauftragte. Und 1440/43 gründete sein Nachfolger, Friedrich II., einen christlich-moralischen Ritterorden, der rings im Reich Anklang und Zulauf fand, den Schwanenorden, und ließ der westlichen Apsis des rein romanischen Baus eine hochgotische Kapelle angliedern, die als Sitz des Ordenskapitels gedacht war. Von dieser Kapelle kann sich ein Bild machen, wer die Ansbacher Gumbertuskirche und die darangefügte Georgskapelle betritt, denn ihr Innenraum ist eine Architektur eben jenes Schwanenordens; Ansbach war ja ein Hohenzollernsches Land.

Kirche, Kloster und Ordenskapelle krönten den Berg noch spät im 16. Jahrhundert. Die Hänge waren über und über mit Weinstökken bepflanzt; so schildert es eine aquarellierte Zeichnung von 1582, die leider nicht zu den beträchtlichen Schätzen des Heimatmuseums gehört. Und noch hundert Jahre später weiß „Der getreue Reiß-Gefert durch Ober- und Nieder-Teutschland" von den vielen Brandenburger Kirchen nur eine zu nennen: *„Beyde Städte zieret nichts so als unser Frauen Kirche . . ."* Doch was jenes Aquarell nicht zeigen kann und der „Reisegefährte" unberücksichtigt läßt, ist der Umstand, daß die Reformation alle drei Gebäude ihrer Aufgabe und ihres Inhalts beraubt hatte. Die Kirche begann endgültig zu verrotten. Das Kloster war ein Amtshof geworden, und der oberdeutsche Schwanenorden war 1528, der hiesige unter Joachim II. erloschen, nachdem der letzte Schwanenritter die Augen geschlossen hatte. Unter dem Bild der Lieben Frauen hatte die Ordenskette einen Schwan gezeigt: *„weil der Schwan seinen Tod zuvor weiß, wir aber die Stunde unsres Todes nicht wissen, und also mit Reue und Buße umso sorgfältiger seien"*.

Entgegen sehr angelegentlichen Eingaben des Domkapitels und submissesten Petitionen der Bürger, die sich am liebsten mit Händen und Füßen gesträubt hätten, wenn sie's gedurft, ist die Liebfrauenkirche auf dem Harlungerberg, nachdem sie länger als ein halbes Jahrtausend das Stadtbild hatte profilieren helfen, samt Kloster und Kapelle und allem, was sich da sonst noch an Nebengebäuden angesiedelt hatte, um 1723 abgerissen worden. Der dazu inspiriert hatte, war ein Oberst Pini, der die Banausentat befohlen hatte, der Soldatenkönig, Friedrich Wilhelm I. Der Schaden, den er dem Ansehen der Mark Brandenburg als Kulturlandschaft somit zugefügt hat, ist nicht zu ermessen. Die Mark, ruiniert schon durch den 30jährigen Krieg, ist in den Ruf der Kulturlosigkeit derart geraten, daß man von ihren immer noch ansehnlichen Reichtümern wie der Plattenburg bei Wilsnack, wie der Klosterkirche zu Jerichow, wie der Spandauer Zitadelle, um nur diese zu nennen, draußen wenig oder gar keine Notiz nimmt . . . weil nicht sein kann, was nicht sein darf. Vorurteile zu haben und beizubehalten ist viel bequemer, als sich zum Urteil durchzudenken, zum möglichst richtigen.

Das Abrißmaterial wurde nützlichen Zwecken zugeleitet: es diente zum Bau des Militärwaisenhauses in Potsdam, und ein Teil wurde dem Regimentskommandeur der Langen Kerls zugeführt, von denen dazumal ein Bataillon in Brandenburg kantonierte. Das war der Nachfolger jenes Obristen Pini, der Oberst v. Massow, und das Haus, das er sich aus den sozusagen geweihten Ziegeln bauen durfte, ist paradoxerweise besagtes Freyhaus in der damaligen Ritterstraße, das Haus des heutigen Heimatmuseums.

Dann stand der Berg lange Zeit leer.

1813 wurde er mit Schanzen versehen für den Fall, daß man sich gegen die Franzosen zu verteidigen haben würde. Der Fall trat jedoch trotz der Nähe von Dennewitz und Hagelberg, wo die Waffen sprachen, nicht ein. Und wieviel auch Brandenburg in allen Kriegen, die die Mark betrafen, hatte leiden müssen, diesmal blieb es verschont.

1831 in den Morgenstunden des technischen Zeitalters zierte den alten Tempelberg das Relais eines optischen Telegraphen. Es war dies eine Einrichtung, die von der Berliner Sternwarte hinter der Dorotheenstraße über den Turm der Dahlemer Dorfkirche und über den Schäferberg mittels vieler Relaisstationen Preußens Hauptstadt mit Bonn am Rhein verband. Zwei Jahrzehnte hindurch taten die Signalarme ihren Dienst, von dem sie erst durch die Drahtleitungen der elektrischen Telegraphen entbunden wurden. Das Brandenburger Relais ragte aber noch bis 1862 gen Himmel. Zwischendurch hatte sich Friedrich Wilhelm IV. mit dem für ihn sehr bezeichnenden Gedanken getragen, die Marienkirche wieder aufzubauen. Doch wird man wohl nicht zu beklagen haben, wenn es zur Verwirklichung dieses Baugedankens nicht gekommen ist.

1880 wurde ein Denkmal der vaterländischen Geschichte auf dem Berg oben eingeweiht, das zugleich Kriegerdenkmal und Aussichtsturm war. 1908 gesellte sich das unvermeidliche Bismarckdenkmal dazu. Seit 1901 okkupierte den Abhang zur Altstadt hinunter ein städtisches Krankenhaus, das heute noch, verschiedentlich erweitert, in Funktion ist. Die höchste Kuppe haben irgendwann die städtischen Wasserwerke mit Beschlag belegt und unzugänglich gemacht, die Stelle also von Triglawtempel und Marienkirche, so daß nicht nur die beste Aussicht, sondern auch die Möglichkeit zu archäologischen Forschungen ein für alle Male verbaut ist. Am Hang erhebt sich jetzt ein neuer Aussichtsturm – ich glaube wenigstens, daß es einer ist, hatte aber noch niemals so viel Zeit, dem nachzugehen –, ein schickes Ding mit Aluminiumverkleidung rundum. Vom Denkmal für die Opfer des Faschismus sprachen wir schon. In den nach Norden recht weitläufigen Parkanlagen findet man heute ein vielteiliges modernes Schwimmbad, das einen guten Eindruck macht. Im Hintergrund war seit längerer Zeit schon ein Krematorium. Doch haben der alte Aussichtsturm den Anlagen der Wasserwerke und der Bismarckturm dem Wandel der Zeiten weichen müssen. Und so mag denn vorstehende Zusammenstellung auch als Merk- und Gedenkblatt für die Unbeständigkeit der Dinge und Einrichtungen wie für die Unbeständigkeit der menschlichen Denkungsart gelesen werden. Oder: das hat man davon, wenn man weit und breit der einzige Berg ist. Eine Berg-Bebauungsordnung wäre vonnöten. Im Altmühltal war lange Zeit hoch auf einem zumindest für Radfahrer ganz und gar unzugänglichen Felsen ein Fahrrad zu sehen, das dort einer hinaufbefördert und montiert hatte. Sinnig, höchst sinnig. Aber wer wird es runterholen?

V
# Verlust der Reichsmitte

*Berlin, begonnen am 7. Oktober 1976*
Brandenburg, Stadt der Kirchen? Ja und nein. Das Stadtprofil, wenn man sich von Golzow, also so etwa von Süden her nähert, ist durch Fabrikschornsteine zerschnitten. Schlote und Kirchtürme passen nirgends gut zusammen, was noch nicht gegen Schornsteine spricht, nur sind sie Vertreter einer anderen Weltgesinnung. Sie würden hier aber weniger zur Geltung kommen, könnte der alte Harlungerberg ihnen noch sein viertürmiges Heiligtum entgegenhalten. Brandenburgs Kirchtürme? Ich weiß ja nicht. An reiner Schönheit können sie sich zum Beispiel mit den Stendaler Türmen ganz gewiß nicht messen. Der Dom, der eigentlich zwei Türme hätte haben sollen, hat es recht betrachtet nur bis zu einem gebracht, und der ist verbaut genug; wie denn überhaupt in den 30er Jahren des vorigen Jahrhunderts Renovierungsarbeiten in neugotischem Geschmack sich an Dom und Domkloster arg versündigt haben. Dieser Vorwurf kann dem Baubureau des allzuviel beanspruchten Schinkel nicht erspart werden. Der Domturmhelm ist wirklich so dürftig wie häßlich.

St. Gotthard in der Altstadt drüben und St. Katharinen in der Neustadt haben wenigstens – einander ähnelnde – „welsche Hauben" des 17. Jahrhunderts auf ihren Türmen. Doch dezidierteren Schönheitsansprüchen, Schönheitsmaßstäben wird, wenn auch im unverschuldeten Stande äußerer Vernachlässigung, nur die Katharinenkirche gerecht, „das prächtigste Werk der spätgotischen Ziegelbaukunst in Deutschland" lt. Dehio; Baumeister: Heinrich Brunsberg aus Stettin. Namentlich der Giebel der Nordkapelle sucht als ein rechtes Wunderwerk der Gotik in dunklen hartgebrannten Klinkern seinesgleichen, schreit jetzt aber nach dem Restaurator. Auch die alles beschmutzenden Tauben sollte man in Schranken halten und notfalls dezimieren. Bezeichnend, dieses reiche schöne Gebäude mit dem gewaltigen Dach überm Langhaus haben einst die Neustädter vorwiegend aus eigenen Mitteln errichtet, ihr hochfahrender Affront gegen das Domkapitel ist daran für immer ablesbar: den Dom sollte der Bürgerbau übertreffen und übertrifft ihn, ähnlich wie in Stendal die bürgerliche Pfarrkirche St. Marien den dortigen Stiftsdom hat überbieten wollen und überbietet. Zugleich sollte den Altstädtern vor Augen stehen, welche von beiden eigentlich die führende Stadt sei.

Denn die minder prosperierenden Altstädter konnten sich so viel nicht leisten und mußten sich's mit ihrer hochbetagten Pfarrkirche des heiligen Gotthard genug sein lassen. Aber steinalt allein ist ja noch nicht gleich schön. Weder ehrwürdig noch sehenswert ist gleich schön. Dafür besitzen sie in der in sich geschlossenen Baugestalt der spätromanischen Nikolauskirche im eingemeindeten Luckenberg etwas sehr Ansprechendes. Dieser wohlgeformte Ziegelbau liegt inmitten seines Gottesackers, der den Altstädtern einst als Friedhof gedient hat, aus dem aber im Lauf der Zeit ein schön schattender Park geworden ist.

Gottesdienstlichen Zwecken, glaube ich, dient dieses Haus nicht mehr, hat aber den Reformierten und den Hugenotten gedient und zuletzt, als St. Gotthard renoviert wurde, für die altstädtische Gemeinde als Ausweichkirche hergehalten, aus welchem Anlaß dieses luckenbergische Gotteshaus ebenfalls einer freilich nur notdürftigen Renovierung unterzogen werden mußte. Das war gegen die letzte Jahrhundertwende. Dabei sollen Reste alter Wandmalereien aufgedeckt worden sein. Doch an wen man sich zu wenden hätte, wenn man einen Blick in dieses Kircheninnere tun wollte, ich weiß es nicht.

Daß böse Bubenhände die Fensterscheiben vielfach eingeworfen haben, ist dort, aber leider nicht nur dort zu beobachten. Wie soll man so atavistischem Treiben vorbeugen, wie ihm abhelfen? Wo sah ich das? Daß man von außen feinmaschige Schutzgitter angebracht hat, die Steinwürfe abzufangen. War's in Wilsnack ... Hab's nicht notiert. Alles kann man nicht notieren, oder man hält's im ersten Moment für überflüssig, vermeint, es sich auch so merken zu können, und weiß es nachher nicht mehr. Habe mittlerweile auch so viele märkische Kirchen gesehen, daß ich Gefahr laufe, durcheinanderzugeraten. Da müssen dann die Leser helfen. Wie bisher.

Mit dem Blick ins Innere der Kirchen ist das überhaupt immer so eine Sache. Den zuständigen Geistlichen, träfe man ihn an, will man nicht ohne weiteres bemühen. Fünf oder zehn Mark kann ein schwaches Portemonnaie nicht jedesmal aufwenden, und eine Mark kann man dem geistlichen Herrn nicht gut in die Hand drücken. Was man gibt, tun sie in den Klingelbeutel, so daß man ihre Zeit unabsichtlich ohne Entgelt in Anspruch genommen hat. Und dabei sehen sie oft so aus, als ob ihnen eine selbst winzige Gehaltsaufbesserung nicht unwillkommen sein müßte. In Wilsnack und im Havelberger Dom gibt es regelmäßige Führungen, in Stendal betätigen sich alte Frauen als Pförtnerinnen für Stiftsdom und Marienkirche. Doch in Brandenburg scheint das nicht so zu sein.

Eine Tür zu St. Gotthard fand ich aber doch geöffnet, weil, wie sich zeigte, Handwerker damit beschäftigt waren, irgendwelche Brandschäden zu beseitigen (siehe dazu Band IV, Seite 111 das Zitat aus dem Brief des Dr. NN., dem zufolge „Volksarmisten in der Kirche Unfug getrieben und dabei ... einen Brand entfacht hätten", bei dem der schöne Orgelprospekt von Wagner [?] zerstört worden sei), und traf im Gotteshaus auch den oder einen der Geistlichen, der nachgesehen hatte, ob und was die Handwerker arbeiteten. Der Eindruck des gotisch hohen Innenraums? ... Es wurde während meines Besuchs so dunkel, weil der Himmel just über Brandenburg alle irgend verfügbaren Wolkenberge kumulierte, um jenen Gewitterguß mit aller Macht niedergehen zu lassen, von dem oben die Rede war. Dermaßen dunkel, daß ich von den offenbar reichen Kunstschätzen nur deshalb ein bißchen was gefunden und gesehen habe, weil der geduldige Pfarrer mich führte und zuweilen eine allerdings recht batterieschwache Taschenlampe zu Hilfe nahm, um dies und das wenigstens in einiges Licht zu rücken. Ein mittelalterlicher Gobelin mit einer Jagd nach dem Einhorn hätte bei besserem Licht besehen sicher etwas sein müssen. Aber es war kein Licht, und draußen begann der Regendrusch, und das Donnerkrachen hallte unheimlich durchs finstere Haus.

Der Pfarrer übrigens war mit dem Kirchenbesuch soweit zufrieden, so berichtete er, hatte aber in Cottbus, wo er vorher amtiert hatte, lebhafteren Besuch verbuchen können. Ich fragte ihn nach der Barackenkirche in Eisenhüttenstadt: das Grundstück sei vorhanden, doch die Erlaubnis für einen Massivbau nicht erteilt worden. Er lobte aber die Unterstützung der DDR-Regierung bei der Erhaltung des sakralen Baubestands, wie er sagte, erwähnte aber auch, wie mir schien, mit etwas gedämpfter Stimme – doch vielleicht donnerte es auch gerade – die Millionenbeträge der westlichen Kirche, die da zuflössen. Dann stürzten wir ins Pfarrhaus hinüber, wo er mir eine kleine Schrift über den Dom verkaufte, und dann hatte ich nur noch zehn Mark, mit denen ich den Rest des Tages bestreiten mußte ... na ja.

*

Habe seinerzeit ein Foto erwähnter Barackenkirche aus Leserkreisen zugesandt bekommen, indessen ich geglaubt und geschrieben hatte (Band II, Seite 132), es gebe gar kein Gotteshaus in Eisenhüttenstadt, und heute nun schon wieder nicht weiß, ob jene Baracke noch steht. Ich kann auch die hier beschriebenen Städte und Stätten nicht immer wieder aufsuchen, zu sehen, was sich inzwischen verändert hat. Muß erst einmal um ganz Berlin meinen Wanderungs- und Beschreibungszirkel geschlagen haben, ehe ich daran denken könnte, zum Beispiel St. Gotthard zu Brandenburg einmal bei guter Sicht zu besuchen. Das Leserfoto, kein Amateurerzeugnis, sondern ein professionelles Lichtbild aus Fürstenberg/Oder, ist handschriftlich unter dem 21. Juli 1956 datiert und handbeschriftet: „Kirche in Stalinstadt". So hieß Eisenhüttenstadt damals noch, Sie erinnern sich.

Jenen Dr. NN hat es amüsiert, daß er „wenn auch anonym – so doch immerhin – zu literarischen Ehren gekommen" sei. Er schreibt unter anderem: „... Irgendwie bekommt man, wenn man öfter drüben war, ein Gefühl dafür, wann man was zu wem sagen oder nicht sagen darf. Von daher stellt sich im Laufe der Jahre ein gewisses Einverständnis mit den Amtspersonen drüben her, sei es nun an der Kontrollstelle oder sonstwo; etwas, was ins Gefühl kommt, was man nicht auf der Universität lernen kann und was man einem westdeutschen Besucher, der zum ersten Mal nach Ost-Berlin geht und der sich lauthals über Kontrollprozeduren beschwert, bestimmt nicht klarmachen kann ..." Dem ist beizupflichten.

*

Im Dom war ich immerhin zweimal. Dort bittet man im Burgtoreingang den Küster heraus, den man mit einem geringen Obulus abfinden kann; er nimmt's nicht krumm und zieht auch noch seinen kleinen Profit aus dem Verkauf von Ansichtskarten. Der Dom, das muß man sagen, entschädigt für seine äußere Ungestalt durch ein erhabenes Inneres, das sich in tadellos hergestelltem Zustand befindet, voll und ganz. Man hat im Wandel des Geschmacks die schlichte gotische Deckenwölbung überm Mittelschiff einfach dem wuchtigen romanischen Altbau aufgesetzt, das heißt, dessen Rundbögen tragen die Dienste der Gewölberippen zwar nicht unmittelbar, sondern diese sitzen erst in größerer Höhe zwischen den Fenstern, nur wenig nach unten greifend, den Wänden auf. Diese Fenster – aus der gotischen Bauperiode – stehen auf einem Gurtgesims, mittels dessen waagerechter Durchführung über die ganze Länge des Schiffes der mögliche Stilbruch zwischen romanischem Horizontalismus und gotischem Vertikalismus wohltuend ausgeglichen wird. Aber wir wollten nicht von baulichen Details reden.

Vierung und Chor liegen hoch; so schied sich das hochnoble Domkapitel von den Laien unten und mochte sich dem Himmel näher fühlen. Unter dem Hochchor, mit sehr schönen romanischen Kapitellen, die Krypta, von der wir sprachen: ihr schlichter Ernst entspricht ohne aufwendige Zutaten ihrer jüngsten Aufgabe als antifaschistischer Gedenkstätte.

Die Innenlänge des Gotteshauses einschließlich Chor beträgt (lt. „Das christliche Denkmal", Heft 20, 1955) 57,40 m. Das wird stimmen. Offensichtlich falsch aber ist die Breite des Mittelschiffs mit 20,40 m angegeben. Solche Proportionierung gibt es nicht. Ich schätze sie auf 9 m und einiges. Falsch auch die Höhe des Mittelschiffs mit 9,40 m. Man wird sie auf wenigstens 15 m zu taxieren haben. Vielleicht handelt es sich nur um eine simple Vertauschung von Höhenmaß und Breitenmaß. Aber was kann man groß von einem Leitfaden erwarten, in dem die Altstadt als südlich der Dominsel, die Neustadt als nördlich von der Altstadt liegend beschrieben werden. Das sind schon keine läßlichen Sünden mehr. Die Altstadt liegt rechts der Havel, die dort einen südwestlichen Verlauf hat, und liegt westlich der Dominsel; die Neustadt südwestsüdlich der Dominsel und südöstlich der Altstadt; weshalb denn der Straßenzug, der beide Städte über erwähnte Jahrtausendbrücke seit alters her verbindet, die Havel im rechten Winkel zur Stromrichtung überschreitend, von Nordwesten nach Südosten verläuft, die Hauptstraße. Basta!

Nebenbei: falls die oben angegebene Binnenlänge des Doms zutrifft, so sei daran erinnert, daß Berlins Vorgängerkirche von St. Nikolai, die sicher nur zwei bis drei Jahrzehnte jünger als jener Dom des Petrus und des Paulus gewesen ist, auch schon über fünfzig Meter Länge aufzuweisen hatte, außen allerdings.

Der Hauptaltar im Hochchor stammt aus dem Kloster Lehnin,

von wo er schon 1723 herversetzt worden ist, ein von 1518 datiertes Werk, die gekrönte Muttergottes mit dem Kind, das eine Weintraube hält, dazu die beiden apostolischen Namenspatrone, Holz, farbig gefaßt, das Gesprenge vergoldet, die gemalten Flügel mit je zwei Heiligen auf der Schauseite und zwei Kirchenvätern auf der Rückseite.

Vieles Beachtliche sonst, die üppige Kanzel von 1691, Nachbildung eines entsprechenden Werks im damaligen Berliner Dom; sehr originell im rechten Seitenschiff ein dreiteiliger, wohl über drei Meter breiter, hausgestaltiger frühgotischer Schrank, ein rares Stück; dort auch der sogenannte Böhmische Altar; bemerkenswert der Taufstein aus dem 14. Jahrhundert mit einem Reigen lustiger Hasen am Sockel; der Orgelprospekt von Johann Georg Glume – mein Leitfädchen sagt: Glume, aber es gibt deren vier –; Epitaphien aller Art . . .

Bärbeißig war des Küsters Weib. Erst nach zähem Wortwechsel, um nicht zu sagen Wortgefecht, gelang es mir, ihr die Erlaubnis zu einer Kirchenbesichtigung ohne ihre Aufsicht abzuschmeicheln. Sie schloß mich murrend für eine Stunde ein, so daß ich mit keinem Kirchenraub hätte enteilen können. Aber die Küstersleute sind auch überansprucht. Eben gerade hatte die Küsterin eine ganze Omnibusladung ältlicher Touristen durch den Dom geschleust, und so geht das tagaus, tagein. Und an Sonn- und Feiertagen erst recht.

Allein im Dom? Meine Schritte hallten durchs stille hohe Haus. Doch mir war so, als raschele irgend etwas und atme. Im Hochchor saß eine junge Frau im weißen Kittel mit Farben und Pinselchen und malte am eichengeschnitzten Chorgestühl fein säuberlich die alten Wappenschilder der Herren Domkapitulare aus, die Frau des zuständigen Landes- oder des Bezirkskonservators. Da kennt die DDR nichts. Woher sie denn wisse, welche Farbe auf welches Wappen gehöre? Wappenkunde sei doch so eine Sache. Ja, antwortete sie, sie habe eine Liste, und so könne sie sich nicht vertun. Aber ob sie denn wisse, um welche Geschlechter es sich da handele? Nein, sprach sie, nur bei einzelnen.

\*

Von den bisher noch nicht erwähnten Kirchen, scheinen mir, wenn mir nicht noch irgendeine sonst entgangen ist, die ehemalige Jakobskapelle, ein kleiner Bau des 14. Jahrhunderts, St. Pauli, eine bedeutende Kriegsruine, gotisch, mit umfangreichen Dominikaner-Klostergebäuden, die wohl allesamt noch zu retten wären, zur Zeit aber augenscheinlich so keinen Zweck erfüllen könnten, und in der Altstadt drüben die Kriegsruine der Johanniskirche erwähnenswert, eine Klosterkirche der Franziskaner vorzeiten. In ihr liegt jener General de la Motte Fouqué bestattet, der Freund des Königs.

An weltlichen Gebäuden? Brandenburg hat da im letzten Krieg schwere Einbußen erlitten. Das Neustädter Rathaus ist fort, wie erwähntes Fürstenhaus schräg gegenüber. Aber wenigstens ist der Neustädter Roland erhalten geblieben. Der hat auch so seine Geschichte. Er ist der dritte Roland, soweit ich sehe. Sein Vorvorgänger mußte schon 1402 durch einen zweiten Roland ersetzt werden, der nicht mehr vorhanden ist. Der jetzige, der dritte, stammt vom Jahre 1474 und stand, wo er hingehörte, ursprünglich auf dem Markt und wurde dann erst an die Rathausecke plaziert, und zwar 1716. Seit 1556 war seine Rüstung versilbert gewesen, 1716 wurde er *„mit dauerhaftiger Aschfarbe überstrichen, und der Küraß mit Gold ausstaffiret"*. Heute steht er als ragender steingrauer Riese neben dem kleinen backsteinernen Altstädter Rathaus, das die Bomben verschonten, und sieht dort starren Auges nach dem Rechten.

Dieses Rathaus ist im Anfang des 19. Jahrhunderts mit einem ungelenken Turm versehen und verhunzt worden, wobei immerhin aber das erste Beispiel märkischer Neugotik geliefert wurde, davon wir mehr als eine Häßlichkeit überkommen haben: die sogenannte Post- und Bahnhofsgotik. Viele Rathäuser, in Berlin zum Beispiel das Schmargendorfer und das Wannseer. Geglückt ist wohl nur das Märkische Provinzialmuseum von Ludwig Hoffmann in der Berliner Innenstadt als ein Versuch neuer Gotik.

Nennenswert – es wurde oben schon genannt – das Frey-Haus mit dem Heimatmuseum; es stammt von 1723. Das Haus der Musikschule am Schleusenkanal Ecke Potsdamer Straße aus dem 18. Jahrhundert, das „Haus der jungen Pioniere" in gleichnamiger Straße, ein Bau um 1800 schätze ich, vielleicht ein Logenhaus. Ein Haus von 1772 in der Kleinen Münzenstraße Nr. 6. Ein ansprechendes Gebäude in der Kurstraße von 1790 so etwa, eins in der Gorrenstraße Nr. 14 mit einer entzückend frisch bemalten Rokokotür, tiefblau mit goldgelbem Dekor; das Schulhaus im Zopfstil hinter St. Katharinen, in dem aber ein älterer Bau steckt; Stadtmauerreste, entlang der St. Annen Promenade zum Beispiel, drei oder vier Tortürme; den Steintorturm nannten wir schon. Das müßte es so etwa sein, doch will ich keinen Anspruch auf Vollständigkeit erheben.

Aber unbedingt zu nennen ist im Gotthard-Winkel das Schulhaus von 1552, das älteste erhaltene Schulgebäude weit und breit. Doch hat es Bürgerschulen hier schon im 14. Jahrhundert gegeben. Ja, und dann – von nennenswerten Bauwerken der jüngsten Neuzeit ist mir außer erwähntem Schwimmbad auf dem Harlungerberg nichts vor Augen gekommen – das Stadtbad am Alfred-Messel-Platz, ein moderner Klinkerbau mit betonten Horizontalen. Ist er von Poelzig? Von Messel kann er nicht gut sein. Aber Otto Tschirch in seinem so umfassenden Wälzer „Geschichte der Chur- und Hauptstadt Brandenburg" von 1941 läßt diesen Bau unerwähnt. Messel wie Poelzig waren damals ganz und gar „unerwünscht".

\*

Brandenburg an der Havel. Gewiß war es die erste Hauptstadt der Mittelmark, aber ist es in voller Wirksamkeit doch nie ganz gewesen und schon gar nicht auf die Dauer. Berlin hat Brandenburg überflügelt, man sieht nicht recht wie und wann, so wie Berlin zuzeiten von seiner Tochter Frankfurt an der Oder überboten worden ist, eine ostwärts gerichtete Prävalenz, die sich freilich dann allmählich in einen Rückzug des märkischen – und des deutschen – Schwerpunktes nach Westen, nach Berlin, nach Charlottenburg und nach Potsdam umwandelte. Berlin, als man es mit deutschem Stadtrecht begabte – was, wie gesagt, kein Gründungsakt ist –, hat einst Brandenburger Recht genommen; das war Magdeburger Recht.

Aber rechtsbelehrende und rechtsprechende Instanz für die gesamte Mark ist Brandenburg von früh an und lange Zeit gewesen. Dem dortigen Schöppenstuhl, einem Kollegium, das von beiden Städten gebildet wurde, oblag die Hohe Gerichtsbarkeit, die über Leben und Tod, und die Niedere, kraft derer Verstümmelungen und Schandstrafen verhängt werden konnten. Erstmalig erwähnt wird der Schöppenstuhl 1232 – was nicht gleichbedeutend mit seiner Errichtung ist –, 1527 bestätigte Joachim I. dieses Gericht als oberstes der Mark, wobei er die Doppelstadt an der Havel ausdrücklich als „*Hauptstadt unseres Churfürstentums*" apostrophierte. Erst die Justizreform von 1746 schränkte des Schöppenstuhls Machtbefugnisse und Zuständigkeiten erheblich ein, und 1817 wurde er nach mindestens 600jährigem Bestehen aufgelöst.

Aber der Ursprung dieses Gerichtshofs reicht offenbar ins Vorgeschichtliche, ins Vordeutsche zurück. Denn nach Altväterweise – nach germanischer, wird man in diesem Fall vielleicht sagen müssen – wurde ursprünglich an gewissen, auch wohl geweihten Plätzen unter freiem Himmel Recht gesucht und gesprochen. Der hier zuständige Ort, der seine unbestimmbar alte Funktion erst um 1316 an den Schöppenstuhl abgetreten zu haben scheint, war *die Klinke*. Da ist ein Flurname auf das dort zusammentretende Gericht übertragen worden. Wo lag *die Klinke?* Genau steht das nicht mehr fest. Nur der Name, nur *die Tatsache daß* ist durch „*Richtsteig Landrechts*" von 1340 bezeugt. Manche meinen, das Landgericht dieses Namens habe seinen Sitz in einer alten slawischen Wallburg auf einer Landzunge (= Klinke) am Nordende des Riewendsees gehabt, wo der Klinkgraben einmündet. Andere neigen dazu, es in der Zauche zu suchen. Erst als die Städte vom Landrecht eximiert wurden und eine eigene Stadtgerichtsbarkeit übten, wobei sich dann auch differenziertere Rechtsbegriffe ausbilden mochten, gingen schwierigere Rechtssachen vor den Schöppenstuhl, und das Gericht zur Klinke versank nach und nach zur Bedeutungslosigkeit. Und als dem Schöppenstuhl nach einem halben Jahrtausend ein Gleiches widerfuhr, hatte das Kammergericht zu Berlin seit längerem dessen Funktion ausgeübt und hat sie schließlich ganz an sich gezogen.

\*

Brandenburg hat auch seine heiteren Aspekte. Aber sicher. Da sind die Wasseridyllen und die unzähligen Havelschwäne. Die Möwenkolonien draußen im Mittelbruch, im Staarbruch. Die Lastkähne und Motorboote. Die „Weiße Flotte", mit der man nach Paretz oder nach Plaue fahren kann, die aber – weniger heiter – am Donnerstag nicht verkehrt. Die wohltuenden Havelpromenaden und die ulkigen Sitzbänke aus buntem Kunststoff in einem Stück. Der frohgemut rasselnde Straßenverkehr zur rush hour. „Taps und Tine", das Kinderbekleidungsgeschäft an der Hauptstraße.

Beispiele des Plauer Porzellans, braune und weiße, kann man im Heimatmuseum in Augenschein nehmen. Dort in Plaue, das heute, glaube ich, zu Brandenburg eingemeindet ist – jedenfalls fährt die Linie 1 der Straßenbahn dorthin –, hat Johann Friedrich Böttcher, Jahrgang 1681 oder 82, unter der Obhut des Ministers v. Görne, der Herr auf Plaue war, die ersten Versuche zur Herstellung des Porzellans erfolgreich durchgeführt, um nicht zu sagen, das Porzellan erfunden. Und nicht erst in Meißen auf der Albrechtsburg. Eine sächsisch-preußische Kontroverse mehr. Denn Böttchers Lebensbahn ist von einem wiederholten Hin und Her zwischen Preußen und Sachsen bestimmt gewesen.

Als Lehnartz, der Photograph, und ich wieder einmal eine Tour machten, um die für die nächste Zeitungsserie benötigten Bilder zu „schießen" – am 4. September 76 –, beglückte uns das Auto-Radio mit einer DDR-Sendung aus Adlershof. Ein auf Volkstümlichkeit geschalteter Sänger gab es mit „holzgeschnitztester" Stimme zum besten oder jedenfalls zu Gehör: „. . . Fritze Bollmann wollte angeln, und da fiel de Angel rin. Fritze Bollmann wollt 'se langen, doch da fiel er selber rin . . ." In den Beetzsee nämlich, der so lang ist wie die Havelseen von Spandau bis Potsdam, und der Riewendsee verlängert ihn noch ein schönes Stück nach Norden. „. . . Fritze Bollmann kam in'n Himmel: Lieber Petrus, laß mir durch, denn ick bin ja Fritze Bollmann, der Barbier aus Brandenburch . . ." Und wirklich, Petrus nimmt die Gelegenheit wahr, sich „balbieren" zu lassen. „Komm man rin und seif mir in!", was jedoch der Bollmannschen Baderkünste wegen sehr zum Nachteil des heiligen Bartes gereicht und so weiter. Es gibt am Beetzsee ein Gehöft Bollmannsruh; vielleicht besteht da irgendein Zusammenhang. Das Lied ist schon alt und gab es schon zu meiner Kinderzeit. Es wird wohl ein Produkt des vorigen Jahrhunderts sein und hat ein wahrscheinlich noch älteres Pendant in der Treuenbrietzener Moritat vom Sabinchen:

„. . . war ein Frauenzimmer,
Gar hold und tugendhaft,
Und diente treu und redlich immer
Bei ihrer Dienstherrschaft.
Da kam aus Treuenbrietzen
Ein junger Mann daher,
Der wollte gern Sabinchen besitzen
Und war ein Schuhmacher"

Es kam dann, wie es kommen mußte, Sabinchen erwartete ein Kind, doch der Schuster wollte sich, wenn ich's noch erinnere, nicht zur Vaterschaft bekennen, was das treue und redliche Sabinchen außer sich geraten ließ:

„Sie schrie: verfluchter Schuster!
Du rabenschwarzer Hund! –
Da nahm der Kerl sein Schustermesser
Und schnitt ihr ab den Schlund . . ."

Der Klinke oder dem Schöppenstuhl dürfte in diesem Strafprozeß die Urteilsfindung nicht schwergefallen sein.

\*

Brandenburg. Das sind seine frühen Chronisten: Wusterwitz um 1410, Garcäus der Neffe um 1575. Andreas Engel oder Angelus Struthiomontanus nannten wir schon. Da ist der große Sohn der Stadt, Georg Schuler oder Sabinus, von dem oben im 2. Kapitel bereits die Rede war, Dichter, Diplomat, Gründungsrektor der Universität Königsberg in Preußen. (Dazu etwas mehr Band I, Seite 115.) Da ist das patrizische Juristengeschlecht der Carpzows, das mit den Cranachs zu Wittenberg versippt war; Benedikt Carpzow, der bedeutendste, war ein Urenkel des älteren Cranach (siehe auch Band I, Seite 129).

Da ist Christian Conrad Sprengel (1750–1816), der die Bienenbestäubung der Pflanzen entdeckte; er lebte allerdings und beschloß seine Tage in Spandau, denn die Zeit, da Brandenburg noch eine geistig führende Stadt in der Mark war, lag schon weit zurück. 1807 wurde der Zeichner, Lithograph, Illustrator und Maler Theodor Hosemann in der Havelstadt geboren, der vielseitige humorig-witzige – gelegentlich wohl auch etwas alberne – Schilderer des vor- und nachmärzlichen Berliners in unzähligen Zeichnungen und vielen vielen Gemälden kleinen Formats. Sein Vater war ein Hesse, Berufsoffizier ohne Fortune, seine Mutter eine geborene Stenge aus Nauen, Tochter eines Juristen und Bürgermeisters. Und da ist *last not least* der wohlbekannte Karikaturist Hans Kossatz aus der Kietzer Altstadt Brandenburgs, dem als einfühlsam naturbeobachtendem Maler noch nicht der Rang eingeräumt ist, der ihm gebührt. Er ist – ich zitiere mich selbst aus einer Ausstellungsrezension – „verschlossen, im stillen aber den kleinen Schönheiten dieser Welt zugewandt wie einst sein havelländischer Landsmann Schmidt von Werneuchen, der Dichter, auf den die Kübel ihres klassischen Spotts ein Goethe und ein Schiller zu entleeren sich leider nicht entblödet haben."

Brandenburg, das waren auch sein Kürassierregiment und, rotweinseligen Gedenkens, Wiesikes Weinstuben in der Plauer Straße. Davon kündet nichts mehr. Aber das Heimatmuseum kündet – und das ist ihm hoch anzurechnen – von Eberhard v. Rochow auf Reckahn.

Wer war das? Man hat ihn den „märkischen Pestalozzi" genannt, hätte diesen aber, der zwölf Jahre jünger war, den schweizerischen Rochow nennen können. Doch hält man es nicht so, man traut der Mark nichts zu und will's auch nicht, obschon doch jedermann wissen kann, daß die Mark zum Führungsschwerpunkt des Reichs berufen war, und welches Stück des vielteiligen Reichs könnte das von

sich sagen? Eberhard v. Rochow, Jahrgang 1734, war Absolvent der Ritterakademie und Domherr, allerdings Domherr zu Halberstadt. Er schrieb: *„Als in den Jahren 1771 und 72 sehr nasse Sommer einfielen, viel Heu und Getreide verdarb, Teurung entstand, auch tödliche Krankheiten unter Mensch und Vieh wüteten, da that ich nach meiner Obrigkeitspflicht mein mögliches, den Landleuten auf alle Weise mit Rat und That beizustehen. Ich nahm einen ordentlichen Arzt für die Einwohner auf meinen Gütern, der unentgeltlich von ihrer Seite sie gegen ein jährliches Gehalt von mir mit freier Medizin versehen und heilen sollte. Sie erhielten schriftliche Anweisungen und mündlichen Rat, wie durch allerlei Vorkehrungen und Mittel, wobei sie freilich auch ihrerseits thätig sein mußten, dem Fortgang der Epidemie zu steuern sei. Aber böse Vorurteile, Verwöhnung und Aberglaube nebst gänzlicher Unwissenheit im Lesen und Schreiben machten fast alle meine guten Absichten fruchtlos . . .«*
So klagte der friderizianische Offizier, der 1758 seiner Verwundungen wegen aus dem Heerdienst entlassen worden war, im Bemühen, seinen Dörflern und damit an seinem Teil dem gesamten Staatswohl aufzuhelfen, bis ihm ganz plötzlich der Gedanke kam, ein populär verständliches Schulbuch zu verfassen, das es bis dahin nicht gegeben hatte; das Lesen wurde den Kindern anhand der Bibel eingepaukt. Ostern 1772 erschien es bei Friedrich Nicolai zu Berlin unter dem Titel *„Versuch eines Schulbuchs für Kinder der Landleute oder zum Gebrauch in Dorfschulen"*. Dieses Buch machte Furore. *„Daß ein Domherr für Bauernkinder Lehrbücher schreibt, ist selbst in unserm aufgeklärten Jahrhundert eine Seltenheit, die dadurch noch einen höheren Wert erhält, daß Kühnheit und guter Erfolg bei diesem Unternehmen gleich groß sind"*, so äußerte sich der kgl. preußische Minister v. Zedlitz voller Anerkennung. Das Einvernehmen zwischen Minister und Junker hat dann die Grundlage zu allem geschaffen, was in diesem Fach nachmals geschehen ist. Sammlungen fliegender Blätter, die Rochow verfaßt und in seinen Dörfern hatte vertreiben lassen, erschienen in Buchform: *„Der Bauernfreund"* und *„Der Kinderfreund"*. Dieses Buch erlebte vier Auflagen und wurde ins Französische, Dänische, Polnische und in andere Sprachen mehr übersetzt. Leider trübte sich dieses schöne menschenfreundliche Sonnenlicht nach dem Tod Friedrichs des Großen alsbald ein. Den Minister v. Zedlitz löste unter Friedrich Wilhelm II. der fortschrittsfeindliche Minister v. Wöllner ab, der dem Reckahner Unternehmen jegliche Förderung entzog. Doch blieb Rochows Musterschule in Reckahn noch geraume Zeit das Mekka aller Pädagogen

Ein Rappe, drei Ziegen
und Bohnenstangen

Feldstück bei Klein-Eichholz

und auswärtiger Ressortminister fast bis zu des Gründers und Wohltäters Ableben im Jahre 1805, da es dann allerdings ganz still um ihn geworden war.

Dieser Wöllner übrigens ist auch eine märkische Erscheinung, eine von der lutherisch-orthodoxen Observanz und ein Karrieremacher, der sich hinaufheiratete, selbst Theologe; es war keine Seltenheit dazumal, daß ein Pastor ein adeliges Mädchen zur Frau nehmen durfte. Er nahm eine Alleinerbin. Allerdings hatte Wöllner unter Friedrich dem Großen nicht so bald hochfahren können, wie er wohl gewollt. Friedrich hatte es abgelehnt, den Ehrgeizigen zu adeln, sein Nachfolger beeilte sich, es zu tun. Wöllner – an so etwas denkt man gar nicht – ist in Döberitz, unserm Döberitz, als Sohn des dortigen Pfarrers geboren, bekam als erste eigene Pfarrstelle die in Groß-Behnitz; der Große Behnitzsee, an dem dieses Dorf liegt, bildet mit dem Kleinen Behnitzsee, dem Riewendsee und dem Beetzsee eine der charakteristischen eiszeitlichen Schmelzwasserrinnen, die uns hier schon manchmal beschäftigt haben.

Wöllner, um dieses Stück märkischer Geschichte abzurunden, verdankte man, als er es bis zum Minister unter anderem für kultische Angelegenheiten gebracht hatte, das berüchtigte Wöllnersche Religionsedikt von 1788. Doch mußte er's erleben, wie mit dem Tode Friedrich Wilhelms II. der Wind jählings umschlug. Er sah sich unverzüglich entlassen und zog sich für den Rest seiner Tage auf eins seiner Güter zurück, auf Groß-Rietz nordwestlich nicht weit von Beeskow. Dort starb er drei Jahre nach seiner Entlassung anno 1800.

Das Heimatmuseum im Frey-Haus behauptet in seinem löblichen Eifer, den Reckahner Kinderfreund zu würdigen, das gleichnamige Buch habe noch zu seines Verfassers Lebzeiten die 100 000er Auflage erreicht. Das wäre für damalige Verhältnisse unwahrscheinlich hoch, meine ich, ohne es prüfen zu können. Denn Nicolais eigener Bestseller, der Roman „Sebaldus Nothanker" zum Beispiel, hat es in vier Auflagen bis auf 12 000 verkaufte Exemplare gebracht, ein Verkaufsrekord ohnegleichen. Aber man erfährt ferner und glaubt es gern: „Rochow setzte sich für soziale und wirtschaftliche Besserstellung der Lehrer ein." Das Mindestgehalt sei 100 Taler per anno gewesen, während damals im allgemeinen nur 40 Taler gezahlt worden seien. Ja, er habe seinen Lehrern sogar 120–180 Taler gezahlt und dennoch kein Schulgeld genommen . . .

\*

Brandenburg – und dies zum Abschluß – liegt an der alten Reichsstraße 1, die der Große Kurfürst als Poststraße hatte ausbauen lassen und die dann Königsberg – über Berlin und Potsdam – mit Köln am Rhein verband. Wie lang sie war? Allein die Luftlinie beträgt über 1000 Kilometer. Dabei liegen die Residenzen Berlin und Potsdam etwas westlich der Mitte dieser ominösen Zeile, die die längste im Reich einst war: Straße der preußischen Residenzen an Spree und Havel einschließlich der alten Chur- und Hauptstadt Brandenburg, aus welcher Aufreihung eine Reichsmitte ohnegleichen hätte werden können, doch auf die Dauer nicht geworden ist. Die Deutschen selbst haben's nicht gewollt und die Welt um Deutschland her erst recht nicht.

An der Rathausrückseite liest man in der Schusterstraße:

Wenn einer kommt und saget an,
Er hab es allen recht getan,
So bitten wir diesen lieben Herrn,
Er wollt' uns solche Kunst auch lehrn.

\*

Aus dem Brief einer ehemaligen Märkerin in Mönchengladbach: „... Im Bewußtsein der süd- und westdeutschen Bevölkerung ist sowieso heute noch die Elbe die Grenze des Reichs ... Das Bismarckreich hat im Gedächtnis dieser Menschen keine Spuren hinterlassen. Kurzum: 800 Jahre Geschichte sind fast wie ausgelöscht, nicht allein durch das Diktat der Mächte, sondern auch im Bewußtsein weiter Kreise der Bevölkerung. Die Verbindung nach drüben hält nur ein begrenzter Personenkreis aufrecht. Traurig, aber wahr! ..."

Und hinreichender Grund mehr, desto nachdrücklicher erzählend in die deutsche Geschichte zu steigen, scheint mir.

\*

Nachtrag: die alte Saldernsche Schule, ein Gymnasium, habe ich vergessen zu würdigen; als Institution gehörte sie wohl noch dem 16. Jahrhundert an und fand später im alten Bischofshof bei St. Gotthard ein würdiges Gebäude. Das Gymnasium zählte vor dem Ersten Weltkrieg 400 Schüler und ist den Bomben des Zweiten zum Opfer gefallen. Sehr viel mehr weiß ich nicht. Daher kommt mir das Schreiben eines vormaligen Brandenburgers sehr gelegen: „Die ehemaligen Schüler der Saldria, des durch Bomben untergegangenen vereinigten Brandenburger Gymnasiums und Realgymnasiums, sind in der Gemeinschaft der ‚Freunde der Saldria' zusammengeschlossen und halten durch jährliche ‚Saldrianer Treffen' an wechselnden Orten der Bundesrepublik und ein jährlich 2–3mal erscheinendes Mitteilungsblatt, das an ca. 500 Freunde versandt wird, noch enge Verbindung fern unsrer geliebten Heimatstadt... aufrecht..."

Der Stifter, Herr Matthias v. Saldern – oder war er's nicht? –, hatte den alten Bischofshof käuflich erworben und seine Witwe, eine geborene v. Hake, schenkte das Grundstück der Saldria.

VI
# Das Schaf in der Retorte

*Berlin, den 26. Dezember 1975*
Urströme, Urstromtäler – wir haben deren drei, die sich im Gebiet der Unterhavel ein unentflechtbares überfließendes Stelldichein geben. Seen und Seenketten – der erwähnte Beetzsee und seine Vorfluter; der Havellauf von Tegel bis Potsdam, er bezeichnet die Nahtstelle zweier Eiszeitgletscher; wo las ich das? Brücher und Luchwälder – in den vordeutschen Idiomen, „Zootzen" genannt: „zu der Zootzen", älteste Namensform der Stadt Zossen; das Dorf Zootzen bei Templin; dito das bei Wittstock; der Zootzensee nordwestlich Zechliner Hütte; der Friesacker Zootzen, der Klessener Zootzen, Briesener und Wagenitzer Zootzen, letztere vier alle am Rhinluch. Ich glaube nicht, daß das Wort von ‚sosna', niedersorbisch = Föhre kommt, wie in Kröners Taschenbuch Nr. 311 zu lesen, sondern eher von ‚czotsen' (?) = schlammiger Bruch. Aber der Ortsname kommt auch im Westen vor: Zotzenbach und Zotzenheim. Ferner Zützen bei Luckau, Zützen, Kreis Angermünde (sorbisch = Żytceń) gehören auch dazu, möchte man meinen.

Moränen aller Art – die Potsdamer Ravensberge als ein Beispiel oder der Babelsberg sind Endmoränen. Sander und Dünen überall. Nur die Torfmoore sind meist jüngeren Datums und sogar oft erst den hoch- und spätmittelalterlichen Stauwehren, so in Spandau, Brandenburg und Rathenow, sowie der Elbeindeichung zu verdanken, die einen breiten Rückstau der Wassermassen zur Folge hatten.

Ein solches Ballungsgebiet vorhandener oder vormaliger Gewässer kann nicht ohne meteorologische Auswirkungen bleiben: extreme Spät- und Frühfröste in den Mooren, Bodenfröste bisweilen auch in den Sommermonaten – wie der West-Berliner sie vom Schmelzwassertal des Tegeler Fließes kennt –, besondere Gewitterhäufigkeit im Gebiet Potsdam–Brandenburg – der West-Berliner Wassersportler zumal kennt diese sommernachmittäglich hochwachsende Düsternis in der Wetterecke jenseits der Glienicker Brücke, kennt das ferne Wettergrollen und weiß, daß es mehr als einem Gewitter mißlingt oder schwerfällt, jene ehemalige Gletschernaht zu überschreiten, die seit germanischen Zeiten Havel heißt; womit die seenartigen Ausbuchtungen, die Häfen eben, die Haffs gemeint sind. Hat's die Havel zu keinem slawischen Namen gebracht?

Unterhalb der Seenversammlung rings um die Stadt Brandenburg nimmt sie, nach Verlassen des Plauer Sees, gewöhnlicheren Tieflandflußcharakter an, wenngleich sie dort nun wieder, zwischen Premnitz und Rathenow, sich ein aderreiches Techtelmechtel mit der Elbe nicht versagen kann – oder vor jenen Elbeindeichungen im 13. Jahrhundert wohl auch zuzeiten ein zweites Elbbett gewesen ist – und bald hinter Rathenow ein Spiel mit den Wassern des Rhinluchs und mit denen des Dossebruchs aufnimmt, ehe sie sich unterhalb Havelbergs der Elbe überantwortet.

*

Dipl.-Ing. H. aus Berlin schreibt diesbezüglich: „Mein Urgroßvater mütterlicherseits, Robert Gotzkowsky, Enkel des Berliner Manufakturgründers Joh. Ernst Gotzkowsky und Vetter des Komponisten Albert Lortzing, war 20 Jahre von 1835–1855 Pächter und Oberamtmann der königlichen Domäne Fahrland und mußte diese nach jahrelangem vergeblichem Kampf gegen Hochwasserschäden der Havel und dadurch bedingten Ernteausfällen, Viehseuchen und Verlust seines gesamten Vermögens mit 7 unmündigen Kindern verlassen..."

*

*Berlin, den 27. Dezember 1975*
Nach Rathenow gelangt der Bahnbenutzer, wenn er nicht die direkte Strecke nach Stendal benutzt, vom Brandenburger Hauptbahnhof aus, indem er sich vom Ankunftsbahnsteig zum Kopfbahngleis 5, glaube ich, begibt, von dem unter freiem Himmel die Züge der Strecke 704 abgehen. Die Bahn verläßt Brandenburg nach Nordwesten und folgt von Pritzerbe an so etwa dem Havellauf, der

da und dort mit Nebenarmen und Brackwassern aus Weidengebüsch und Röhricht ganz nah heranrückt, nur daß sich die bald asphaltierte, bald betonierte Landstraße zwischen Schiene und Wasserweg legt. Möven auf den Äckern zur Linken wie anderswo die Krähen. Lebhafter Lastwagenverkehr. Dann und wann rollen auch Autos mit Spezialanhängern und kunststoffglänzenden Motorbooten darauf dieses Weges. Zu gegebenen Zeiten viele Schulkinder und Berufsschüler in der Bahn und in Bussen. Immer stärkerer Berufsverkehr besonders im Abschnitt Premnitz–Rathenow; beide Städte könnten in absehbarer Zeit zu einem Industriekomplex zusammenwachsen. Soviel hat die Strecke 750 über Rathenow nach Stendal an Eindrücken nicht zu bieten. (Pritzerbe übrigens, dies trage ich hier nach, war zuzeiten auch ein Sitz der Brandenburger Bischöfe, ein Ausweichquartier wie oben erwähntes Ziesar; wie dieses war auch Pritzerbe ein Burgwardium.)

Besagte Straße ist als Chaussee von Premnitz nach Pritzerbe noch keine achtzig Jahre alt und war als solche anfänglich mit Klinkern gepflastert. Ich erinnere mich noch an andere mit Klinkern gepflasterte Straßen im Havelland, weiß aber nicht mehr, wo und ob es heute noch welche gibt. Diese Ziegel hier hatte die Premnitzer Ziegelei geliefert, ein Unternehmen von 1835, das die industrielle Verwandlung des Bauern- und Fischerdörfchens von 25 Ackerwirtschaften in eine moderne Industriestadt eingeleitet hat.

Denn: der Krieg ist der Vater aller Dinge, dieser Lehrsatz Heraklits trifft auf das nach Natur und Lage ganz unkriegerische Premnitz dennoch uneingeschränkt zu – zu Beginn des Ersten Weltkriegs war die inzwischen als „Märkische Ziegelei und Tonwarenfabrik Premnitz" firmierende Aktiengesellschaft in Schwierigkeiten geraten und verkaufte an die „Köln-Rottweiler-Pulverfabrik", die das sehr ausgeweitete Gelände des erledigten Ziegelwesens, das 400 Menschen beschäftigt hatte, für ihre Zwecke einrichtete und ausbaute, um gegen Kriegsende mit 5000 Arbeitern täglich 60 000 kg Schießbaumwolle ausstoßen zu können.

Damit hatte es freilich 1918 ein Ende: Das Werk, wie sich denken läßt, eins der größten unter den Sprengstofferzeugern im Reich, war laut Versailler Vertrag zu demontieren und wurde 1919 gutteils weggesprengt, was mit werkseigenen Mitteln wird bewerkstelligt worden sein, ein Paradox. Der Witz aber war der: in Premnitz hatte man von vornherein mangels Naturbaumwolle, die sonst den erforderlichen Zellstoff zu liefern gehabt hätte, aber kriegsbedingt nicht mehr hatte importiert werden können, Zellulose aus märkischem

Kiefernholz gewonnen. Das war es! Und als man 1920 den großen Schaden besah und – in der sich kritisch gebenden Diktion des Schriftstellers Franz Fabian („Land an der Havel" VEB. F. A. Brockhaus Verlag, Leipzig 1974) – „die Konzernherren ... beschlossen, das Werk von nun an für andere profitable Zwecke zu nutzen und seine Produktion umzustellen", zeigte sich, daß den Chemiefasern, in deren Herstellung ja örtliche Vorerfahrung genug vorhanden war, die Zukunft gehören werde.

Die Kunstfaser, die man seit 1921 in Premnitz erzeugte, hieß VISTRA, ein Zauberwort – ältere Leser werden es im Ohr haben –, und war eins der ersten Produkte dieser Art im Reich und darüber hinaus. Nebenbei, ich sehe gar nicht, was an jenen Konzernherren, zu denen später auch noch die IG-Farben gestoßen war, so tadelig wäre? Hätten sie ihre Arbeiter sitzen- und alles liegenlassen sollen, wie die Sprengungen es umgelegt hatten? Und hätte ihnen das dann nicht auch wieder ähnlich gesehen? ... Gleichviel, im Zeichen von Kunstseide und Zellwolle erblühte Premnitz jedenfalls aufs neue. Der Havelarm hinter den Gärten mochte getrost verlanden. 1936 gab es schon wieder 3215 Beschäftigte. Doch der Zweite Weltkrieg stand alsbald ins Haus, und sein katastrophales Ende ließ nur sechs Jahre auf sich warten, während derer die Premnitzer Produktion jedoch noch andauernd steigen konnte und wohl oder übel mußte. Bis zu 45 t Kunstfasern am Tag.

Dann aber – Fabian konstatiert es mit Betonung – war es mit der Konzernherrlichkeit ein für alle Male vorbei, „nun gehörte das Werk der Arbeiterklasse". Schlichter ausgedrückt: es wurde 1959 zum Volkseigenen Betrieb mit dem nicht gerade seltenen Namen „Friedrich Engels" erklärt. Die Produkte dieses VEB mit dem Signet „Das Schaf in der Retorte" heißen – zu Wortgebilden dieser Art hatte ja auch VISTRA schon gehört –: DEDERON, worin vorn DDR steckt, PREMANA, vorn das ‚Prem' von Premnitz, das ‚ana' hinten von lat. ‚lana' = Wolle, WOLPRYLA aus „Wolfen-Premnitz-Polykrylnitratlana", GRISUTEN, aus was weiß ich; welche gleichwohl unentbehrlichen Benamsungen auf den Mißstand weisen – selbstverständlich nicht nur auf einen in Premnitz an der Havel –, daß uns die stürmische Entwicklung unserer Chemie ganz einfach die Sprache verschlagen hat. Oder können aus diesen Retortenwörtern eines Tages noch richtige Vokabeln werden? VISTRA ohne Versalien, also „Vistra" steht bereits im Duden, hab's eben nachgeschlagen.

Premnitz – ich gestehe, ich kenn' es nur nach mehrfachem Passieren von der Bahn aus, die dort auf drei entsprechenden Stationen mitten im Ort allerdings ausgiebig Station macht, weil der Gegenzug nicht kommt; die Strecke ist eingleisig –, Premnitz ist seit 1962 mit beinahe 12 000 Einwohnern Stadt und dürfte damit die jüngste Stadt im deutschen Bereich sein (Wolfsburg 1951, Salzgitter 1951, Eisenhüttenstadt etwa gleich alt), und wer weiß, ob noch jemals wieder eine deutsche Stadt gegründet werden wird. Vielleicht, daß Lubmin – den Namen werden Sie kaum kennen –, Lubmin bei Greifswald, Seebad und Standort des größten Kernkraftwerks der DDR, diese Statuserhöhung noch erreicht.

Das Werkgelände des VEB „Friedrich Engels" breitet sich vor ansteigendem Kiefernhintergrund über leuchtenden Dünensandboden auf der havelabgewandten Seite des Bahnkörpers hell mit der solchen Anlagen eigenen Schönheit aus. Offenbar können die heutigen Architekten im Industriebau ihr Eigentliches leisten. Ältere Bauten und Schornsteine aus der IG-Farben-Zeit sind leicht von den neueren zu unterscheiden, die heute der Zahl nach überwiegen. Aber ein bißchen Hinterlassenschaft der Konzernherren ist es eben doch. Warum auch so viel affektierter Undank? Der Erbe darf lachen, schmähen sollte er nicht auch noch. Es ist ja nicht die deutsche Arbeiterklasse, die sich da einen Triumph über ihre Ausbeuter errungen hätte, sondern die Rote Armee. Von heute sind die schön gemessenen langgestreckten Glasfronten der Hallen. In der Sonne gleißen voluminöse Tanks. Güterwagen auf verzweigten Gleisen. Auf Werkstraßen, die erst noch werden sollen, zielstrebig daherschwankende Baufahrzeuge. Baukräne. Materialstapel. Viele Laternenmasten, das Gelände gehörig auszuleuchten.

Vor fünf Jahren, lehrt Fabian, „waren bereits 6500 Bauarbeiter im Chemiefaserwerk beschäftigt". Das will man gern glauben. Im Werkportal ein Kommen und Gehen. Die entsprechenden Wohnblocks sind zumeist auf der havelwärtigen Seite der Bahn entstanden. Ohne merkliche Originalität, aber jung, und jung ist hübsch. Die nur einstöckigen Wohnblöcke aus der Konzernherrenzeit – denn auch damals mußte der Arbeiter nicht bei Mutter Grün kampieren – südlich der Straße nach Brandenburg läßt Fabian seiner problementhobenen Schlüssigkeit halber unerwähnt und hat auch für das freundliche Kirchtürmchen aus dörflichen Zeiten keine Silbe übrig. Es stammt von 1828, entnehme ich einer heimatkundlichen Beilage zur Rathenower Zeitung von 1935. Der Gründer der Ziegelei, argloser Ahnherr späterer Konzerndespotie, hieß Bode, entnehme ich. Ihm folgte ein Holzhändler namens Witte.

Korrektur eines Herrn K. aus Berlin: „. . . . muß ich Sie leider berichtigen, denn nach meinem Wissen ist Leinefelde" (östlich Kassel in der DDR) „die jüngste Stadt im deutschen Bereich. Gegen 1960 . . . wurde dort eine Textilfabrik ‚Die Spinne' gebaut und auch bald in Betrieb genommen. Die zum Teil notwendigen Facharbeiter holt man sich aus der Gegend Karl-Marx-Stadt. (Auch aus einem anderen Grunde.) Jetzt sollen dort an die 4000 Leute beschäftigt sein. Noch im Bau ist das Zementwerk ‚Deuna', etwa 10 km von Leinefelde in östlicher Richtung. Auch diese Arbeiter wohnen in Leinefelde und werden per Bus hin und her gefahren. Leinefelde soll jetzt auch schon an die 10000 Einwohner haben, was nach meiner in Augenscheinnahme (November 1975) durchaus möglich ist . . ."
Und Kurt Pomplun, der Berolinist, der sich hier schon mehr als einmal eingeschaltet hat, teilte mir mit, daß auch das Teltow-Dorf Ludwigsfelde mittlerweile Stadt geworden sei. Dort ist eine wichtige Lastkraftwagen-Fabrik das Agens der Stadtwerdung.

\*

*Rathenow, den 15. Mai 1975*
Mögelin linkerhand. Kupfergrüner Kirchturmhelm mit nadelscharfer Spitze. Rechterhand bei der Station Heidehof ein russisches Kasernement, das zur Bahn einmal nicht den üblichen Bretterzaun vorschützt. Rekruten üben im flockigen Kiefernschatten das, was bei unsrer verflossenen Wehrmacht „Vorbeigehen in grader Haltung" hieß, anödenden Gedenkens. Ganz gemütlich soweit.

\*

Feldpostnummer 25004. Der Schirrmeister der zweiten Kompanie, in der ich zu dienen hatte, ein gesunder brandenburgisch rotblonder Mann mit der kurzen brandenburgischen Nase und hellbraunen Augen, hieß Möller. Berufssoldat. Stammte aus Rathenow, dem Standort meines Regiments, wo auch unser Ersatztruppenteil lag. Draußen an der Semliner Chaussee. Möller, hörte ich bald nach Kriegsende, verlor in Rußland irgendwo beide Augen und wurde hilflos in seine fürchterlich zerstörte Heimatstadt entlassen. Dort und so hat ihn das Rathenower Mädchen, mit dem er verlobt war, geheiratet.

Die nächste Station heißt Rathenow-Süd, eine ebenerdige Haltestelle eigentlich nur. Die Straße wechselt zweimal die Seite. Verkehrsstauung an den Schranken. Wartende und Zuginsassen winken einander zu. Man kennt sich. Die Lokomotive überqualmt die Szene graubraun. Dann kommt nach Durchquerung vieler alter zusammengestümperter, Baluschek-mäßiger Werkgelände und Fabrikanlagen aus einer Zeit, als den Architekten der Industriebau noch nicht angelegen war – Schrottplätze, die Gasanstalt, schüchterner Flieder –, Rathenow selbst.

Das Bahnhofsgebäude ähnelt in Grundriß und Größe dem von Brandenburg. Der Bahnhofsvorplatz ist zwar repräsentativer mit einheitlicher Baukonzeption, allerdings einer aus dem Dritten Reich, soweit ich sehe, ist aber weniger belebt. Freilich beträgt Rathenows Einwohnerschaft mit rund 31 000 Häuptern auch nur ein Drittel derjenigen Brandenburgs, die sich, wie gesagt, der 100 000 nähert. Hier markiert nur ein Damenfrisörladen das Städtische, und vor dem Bahnhof befindet sich ein Verkaufskiosk für Erfrischungen, das ist aber alles. Im übrigen sei dem Hungrigen die MITROPA-Bahnhofswirtschaft empfohlen, die ebenso gutes wie wohlfeiles Essen verabreicht. Das Angebot an sonstigen Gaststätten ist nicht groß oder vielmehr wie überall viel zu klein. Vor allem scheinen sie mir schwer auffindbar zu sein oder haben Ruhetag, den die Wartesaalwirtschaft nicht kennt.

Auf dem Bahnhofsplatz lassen sich noch Gleisreste der verflossenen Westhavelländischen Kreisbahn finden, die dort mehr in Art einer Straßenbahn parallel mit den Gleisen der Reichsbahn vorbeigezuckelt sein muß. Doch kann ich mich nicht erinnern, sie je gesehen zu haben. Das Bähnchen begann ebendort in Rathenow, und bis Nauen hießen seine Stationen: Stechow – Ferchesar – Kotzen – Kriele – Haage – Senzke – Pessin – Selbelang – Ribbeck – Berge – Lietzow; wobei sich ab Senzke ein weiteres Schmalspurgleis über Wagenitz – Prädikow – nach Paulinenaue abzweigte. Das Rathenower Stationsgebäude dieser Kleinbahn steht noch und dient vermutlich Eisenbahnern als Wohnung. Auf dem einstigen Bahngelände unter anderem ein Kinderspielplatz, in dessen Mitte aus bunt angestrichenen Bahnschwellen ein Blockhaus, beschriftet „Butzelmannhütte".

\*

Beim Überqueren des Vorplatz-Halbrunds wird der unwillkürliche Schritt auf ein Denkmal zugelenkt, auf dem zu lesen steht:
Prediger Joh. Heinrich Aug.
Duncker
Begründer der optischen Industrie
in Rathenow
1767–1843
(Irre ich nicht, ist die Büste von Calandrelli, hat aber früher woanders gestanden.)
Da es Stadtpläne auch nur der primitivsten Art in der DDR so gut wie nirgends und also auch in Rathenow nicht gibt – das bißchen örtliche Initiative ist offenbar nicht aufzubringen –, wird man guttun, die gemalte Stadtplantafel nahebei zu studieren und sich die Lage der Sehenswürdigkeiten einzuprägen. Dabei würde doch etwas Hektographiertes schon genügen, das ein Erdkunde-, Heimatkunde- oder Zeichenlehrer leicht herstellen und, das Blatt zu 30 Pfennigen, vertreiben könnte. Darf das etwa nicht sein? Man sehe sich also die Schautafel eingehend an. Auf etwaige Erinnerungsbilder aus der Vorkriegszeit ist kein Verlaß, dazu haben die Bomben zu gründlich gewütet. Verändert sind viele Straßennamen.

Der Werdegang von einer Kreis- und Ackerbürgerstadt zur Industriestadt muß nicht wie in Premnitz im Unternehmertum, im Banausischen griechisch gesagt, er kann auch im Geistigen seinen Ursprung haben. So im Falle Rathenow. Das Pfarrhaus steht noch oder es steht ein altes Pfarrhaus anstelle des noch älteren, in dem am 14. Januar 1767 als Sohn des amtierenden Pfarrers und nachmaligen Archidiakonus jener denkmalgewürdigte Duncker geboren wurde. Rathenows Stern- und Schicksalsstunde. Ach, es waren so oft gerade die evangelischen Pfarrhäuser, die in ihren Söhnen das Land mit Talenten versorgten.

Der Jüngling ward zum Studium der Theologie nach Halle geschickt und dort in der Franckeschen Stiftung untergebracht. August Hermann Francke selig war als Theologe Pietist, als Pädagoge einer Art „Ganzheitsmethode" zugewandt. So wurden an seinen vielen Anstalten zur Erfrischung der Schüler und Studenten Handwerke gelehrt, Drechseln zum Beispiel und Glasschleifen. Noch standen, als Duncker junior als fertiger Theologe nach Rathenow heimkehrte, geschliffene Gläser nicht schon im allgemeinen Dienst der Sehschwachen; selbst das ingeniöse Nürnberg konnte nur mit formgegossenen Augengläsern aufwarten: eine Marktlücke. Unser Duncker nun wurde zwar neben seinem Vater, der altershalber taub geworden war, als zweiter Pfarrer bestallt. Doch stand dafür offenbar nur ein einziges Gehalt zur Verfügung. 400 Thaler per anno für beide (man vergleiche die am Ende des 5. Kapitels genannten Dorfschulmeistergehälter). Die pekuniäre Knappheit machte den jungen Geistlichen erfinderisch und, ohnehin mit den Problemen der Optik befaßt und bereits im Besitz selbstgebauter Geräte, Fernrohr, Mikroskop, Schleifmaschine, beschloß er, seine Kenntnisse praktisch auszuwerten. Er konstruierte eine, alsbald auch patentierte Handmaschine, mittels derer viele Gläser zugleich bearbeitet werden konnten, und installierte sie auf dem Pfarrhausboden. Das Privileg für dieses sein Unternehmen, zumal ein Geistlicher rechtens kein Gewerbe treiben durfte, erhielt er unter dem Beding, daß er Waisenkinder und Militärinvaliden beschäftigen müsse. Doch bekam seine „Kgl. privilegierte optische Industrieanstalt" eine staatliche Anlaufsubvention. Und die Sache lief an! Datum: der 10. März 1801. Neunzehn Jahre später erkrankte Duncker.

Daher folgte 1824 Dunckers Sohn Eduard. Diesem folgte 1845 sein Neffe Emil Busch, der bald schon 50 Arbeiter in Brot und Lohn setzen konnte. 1850 machte sich ein Angestellter der Busch'schen Fabrik selbständig und gründete ein konkurrierendes Werk. Ja, was soll man sagen: um 1900 gab es in Rathenow nicht weniger als 100 verschiedene optische Firmen mit einem täglichen Ausstoß bis zu 1500 Dutzend „verglaster Brillen und Fassungen", die von Rathenow aus in alle Welt gingen. Feldstecher, Linsensysteme für Schiffslaternen und Scheinwerfer, Lupen, Stereoskope, Mikroskope und so weiter: jährlicher Ausstoß von 20 000 diversen Apparaten und Instrumenten der optischen Sparte.

Bis zur Zerstörung im April und in den ersten Maitagen des Jahres 1945 war mit 1500 Beschäftigten die Firma Nitsche & Günther die größte am Platze, doch blühte auch die Dunckersche Gründung, Aktiengesellschaft seit 1872, fort, und zu nennen wären hinsichtlich ihrer Kapazität wohl auch die „Gebrüder Picht & Comp.". Zu Beginn unserer 30er Jahre schlossen sich sowohl Nitsche & Günther wie auch die Busch AG dem Zeiss-Konzern an.

VII
# „Das befreite Ratenau"

*Berlin, den 17. Oktober 1976*
Als das vorige Kapitel, ein Gutteil kürzer, am 23. März 1976 in der Zeitung erschienen war – die ersten fünf werden hier zum erstenmal veröffentlicht –, meldete sich eine Nachfolgefirma, ich glaube, der Busch AG aus der Bundesrepublik einigermaßen geharnischt und ersuchte um Ergänzungen oder gar Richtigstellungen. Der Antwortbrief, den der Serienseiten-Redakteur verfaßt hat, ist mir nicht zur Hand – hab' ihn nie gesehen –, scheint aber, da keine Wortmeldung aus dem Harnisch mehr erfolgte, besänftigt und zufriedengestellt zu haben. Es ist doch so, daß die meisten oder wenigstens die größeren der heutigen Volkseigenen Betriebe (VEB), soweit sie aus vorhandenen Werken hervorgegangen sind, Nachfolgebetriebe im Westen haben; es hat ja auch langwierige Prozesse um Firmennamen und -rechte und dergleichen genug gegeben. Doch kann, über derlei zu schreiben, nicht das Thema dieser Bücher sein.

Etwas anderes aber ist der Vergessenheit zu entreißen und, damit Rathenow nicht nur in dem Licht erscheine, das man prosaisch zu nennen pflegt, hier nachzutragen: ein Sohn der havelumflossenen Stadt war Joachim Christian Blum, ein schöngeistiger Schriftsteller, an den, soweit ich gesehen habe, dort nichts mehr erinnert, weder Denkmal noch Tafel noch Straßenname; ich will mich aber gern geirrt haben. Er hat von 1723 bis 1790, von Schul- und Studienzeiten abgesehen, in seiner Vaterstadt gelebt. Ich suchte ihn unter meinen Büchern ohne Erfolg, aber meine Frau fand sie auf Anhieb, seine *„Spatziergänge", in der Franz- und Großischen Buchhandlung, Stendal 1785.* Mehr als diesen einen Band besitze ich allerdings nicht, und in meinen vielen Anthologien und Taschenkalendern scheint er auch nicht vorzukommen.

In vierzig Kapiteln oder „*Spatziergängen*" wird allerlei Betrachtendes, Gesellschaftskritisches und aufgeklärt Moralisierendes vorgebracht; der Autor ist auf der Höhe seiner Zeit. Das Buch erschien erstmalig anno 1774. Der „*ein und dreyzigste Spatziergang*" bietet eine regelrechte, zwar zeitgemäß sentimentale Novelle, die sich aber recht gut liest. Die eingestreuten Aphorismen gelangen freilich nicht bis zu sonderlicher Tiefe. Blum war der Sohn eines offenbar vermögenden Kaufmanns, der seinem Filius wohl so viel hinterließ, daß er es seiner Tage nicht nötig hatte, einem Broterwerb nachzugehen. Er soll von schwächlicher Konstitution gewesen sein, war aber gebildet, nachdem er die Saldria zu Brandenburg, das Joachimsthalsche Gymnasium zu Berlin und die Viadrina zu Frankfurt an der Oder besucht hatte.

Hier eine Kostprobe aus dem sechsten „*Spatziergang*" oder Rathenow musisch:

„*Ich hörte den Fußtritt eines Wanderers, und bald genug stand ein kleines männliches Wesen, in einem grauen Überrocke, von einem Hund begleitet, in der Hand einen Dornenstock, unter dem Arm eine Bibel, mir zur Seite. Magister Serenus war es, der vom Filiale kommend, nach seinem Pfarrdorfe zurückging, wo er an diesem Sonntage die zweyte Predigt zu halten hatte.*

,*Sie sind es, Herr Magister?*'

,*Das hätt' ich Sie fragen sollen, mein theuerster Herr B\*! Denn daß ich es bin, ist so ganz was gewöhnliches; aber sie, sie müssen verirrt seyn, oder auf Abentheuer ausgehen, sonst . . .*'

,*Allerdings verirrt, auf eine doppelte Weise verirrt! Ich bin froh, daß ich sie habe: sie werden mich auf den rechten Weg helfen müssen.*'

,*Mein Weg geht nach Hause. Begleiten sie mich dahin, und wenn ihnen unser ländlicher Gottesdienst nicht zu verächtlich scheint . . .*'

,*Herr Magister! ihr Wenn ist ein wenig beleidigend. Kein Gottesdienst, der ein einiges höchstes Wesen zum Gegenstande hat, ist mir verächtlich; und wär' es der Gottesdienst des Muhamedaners . . .*'"

\*

*Berlin, den 2. Januar 1976*
Während meines Aufenthalts beim dortigen Ersatztruppenteil Anfang Mai 44 hörten die Rathenower nicht wenig betroffen von einem ersten größeren Bombenangriff auf die Arado-Flugzeugwerke in Brandenburg, wo freilich früher oder später die Fülle

kriegswichtiger Industrie die gegnerischen Flieger hatte anlocken müssen. Aber Rathenows überwiegend optische Produktionsstätten schienen solch fatale Anziehungskraft nicht auszuüben. So tröstete man sich und lauschte dem martialischen Himmelsgesang der Bombengeschwader nur atemverhalten, wenn man sie auf dem Weg nach Berlin oder zu anderen Zielen wußte oder ziehen sah. Die Sicherheit, in der man sich wiegte, war allerdings nur so verläßlich wie die mancher Dresdener, die derzeit gar schon mit dem Gedanken liebäugelten, man werde sie beim Friedensschluß zur Tschechei schlagen, weshalb ihre Stadt von Bomben bisher verschont geblieben sei, bleibe und bleiben werde. Schrecklicher Irrtum. In der Nacht vom 13. auf den 14. Februar 1945 klärte er sich auf. Die Rathenower mußten auf die entsprechende Unterweisung noch zwei Monate warten.

Unangenehm und unverzüglich hingegen wirkten sich seit längerem schon die Rückflüge von Berlin her aus, denn Rathenow und Umgebung lagen in der Rückflugschneise nach England. Ziellos entledigten sich die angeschlagenen Feindflugzeuge dort irgendwo ihrer restlichen Bombenlast, auf gut Unglück sozusagen, um sich heimzuretten. Oder die Jäger entzogen sich in aufgelöster Ordnung tieffliegend der deutschen Luftabwehr, knallten aus purer Lust das Vieh auf den Weiden ab oder trieben sonstigen blutigen Unfug. Aber deswegen ging doch noch niemand in den Luftschutzkeller. In Rathenow jedenfalls nicht. So hat man mir's damals erzählt. Bitter gerächt hat sich der Leichtsinn. Die Beschießung durch russische Feldartillerie und die Straßengefechte mit einer kleinen Gruppe unentwegter Verteidiger und mit sogenannten „Werwölfen" haben dem desolaten Stadtkern nur noch den Rest gegeben.

Aber wie schnell das Leben doch wieder aufkeimte! Es war da zwischen Ost und West kein Unterschied. Auf dem Fabrikgelände von „Nitsche & Günther KG" entsproß es zuerst: elf Männer und eine Frau bargen und säuberten, was sich noch an brauchbaren oder noch reparablen Maschinen unter den Trümmern anfand, und suchten alte Warenbestände auf den Markt zu bringen. Und Ende 1945 waren es schon wieder über 50 Arbeiter beiderlei Geschlechts allein in diesem Betrieb. Am 8. März 1946 erfolgte die Gründung der „Rathenower Optischen Werke m.b.H.", woraus 1948 ein VEB wurde, was – zum Unterschied von den drei westlichen Besatzungszonen – durchgreifende Enteignungsmaßnahmen zur Voraussetzung hatte. Dieser VEB ROW ist mit weit über 3000 Beschäftigten heute dem Kombinat „Karl Zeiss Jena" angegliedert. Wie die zwei führenden Firmen voreinst schon den Zeisser Konzernherren.

Kleinere Betriebe, die ebenso wiedererstanden waren und sich zur Produktionsgemeinschaft „J. H. A. Duncker" zusammengeschlossen hatten, wurden ebenfalls VEB. Ob allerdings die Rathenower Erzeugnisse – der Produktionsschwerpunkt liegt heute im feinmechanisch-elektronisch-optischen und kinooptischen Gerätebau – schon wieder wie früher Weltrang haben, weiß ich nicht zu sagen.

*

*Rathenow, den 22. Mai 1975*
„Sagen Sie mal", fragte ich einen zufälligen Thekengenossen, „gibt's hier eigentlich ein Hotel? Ich habe keins gesehen."
„Klar jibt et eins: ‚Hotel Optik'."
„Aber ist nicht für all und jeden?"
„Doch, is für jeden."
„Und wie sieht's in Rhinow aus?"
„Unverändert. Das heißt, ne neue Schule kriegen se. Die müßt' jetzte fertig sein. Sonst jenau son 'n Dorf wie früher."
„Und kann man den Gollenberg besteigen?"
„Auf'n Gollenberg komm' Se nich rauf. Sitzen de Russen oben. Unten ja, da komm' Se ran, da is ne Segelfliegerschule. Bis dahin könn' Se ran."
„Und die Kaserne an der Semliner Chaussee?"
„Sitzen ooch Russen drin . . . Hier is überhaupt nischt von unsre Armee. Ooch in die Kaserne, wo früher das Reiterregiment drinne war, sitzen ooch die Russen . . . Von unsre nischt!" –
Fragte in der Berliner Straße, die noch so heißt, in der aber kaum ein Haus von früher überdauert hat, einen alten Mann nach dem Heimatmuseum. „Wat? 'n Heimatmuseum? Nie wat von jehört." Fragte ein paar Schritte weiter zwei alte Männer. Sagte der eine: „Heimatmuseum soll'n wer haben?" und hätte mich nicht entgeisterter ansehen können, wenn ich ihn nach dem Kasino der Rathenower Zieten-Husaren, der berühmten roten weiland, oder nach der Stadtwohnung des Landrats von Briest von anno 1675 gefragt hätte.
„Doch, doch", meinte der andere nach einigem Besinnen, „hab'n wer jehabt. Stadtmuseum, ja . . . Aber is nich mehr. Das heißt, da drüben bei der FDJ-Kreisleitung, da müßte es sein. Eijentlich. Da fragen Se mal nach!"
Ich tat wie geheißen und überquerte den „Platz der Jugend", den einstigen Schleusenplatz, den Paradeplatz von ehedem. In einem an-

heimelnden Haus von 1800 so etwa hat die FDJ ihr Quartier aufgeschlagen. Das graugestrichene Geländer im Treppenhaus zeigt sogar noch einen Nachgeschmack von rustikalem Rokoko. Da im Parterre keine der Flurtüren verschlossen war, steckte ich meine Nase in mehrere Räume, in denen sich aber niemand zu befinden schien. Dagegen waren oben Stimmen, Türenschlagen und Gepolter zu hören. Da würde dann wohl die Kreisleitung sein. Ich stieg hinauf und klopfte mehrmals. Der Stimmenschwall legte sich nicht. Ich öffnete.

Dicht bei dicht war da ein Haufen stattlicher junger Leute versammelt, teils in Blauhemden. Man rauchte, ließ die Beine vom Tisch baumeln, doch womit man eigentlich befaßt war, ersichtlich war es nicht. Dennoch wirkten alle sonderbar erhitzt, als habe in diesem Augenblick eine Tanzkapelle vor ihrer Pause noch einmal mächtig auf die Pauke gehauen und man verschnaufe sich nun. Im Nebenzimmer bearbeitete jemand ohne Berufsroutine eine Schreibmaschine. Irgendwer telefonierte. „Vonwegen!" wiederholte er in fast gleichbleibenden Abständen: „Vonwegen!"

Nicht allzu willig nahm man von mir Notiz. Ein fremderer Fremdkörper als ich wäre in diesem Beat-Schuppen-Büro auch nicht denkbar gewesen. Ein statiöses Mädchen, ein rechtes Prachtstück, nahm sich meiner dennoch an, und ich brachte meine Frage vor. „Stadtmuseum?" sprach sie ohne Verwunderung und strich über ihren Minirock. „Ja, is hier. Is aber nicht zu besichtigen. Bis auf die zwei Schränke auf dem Treppenflur."

Zwei belanglose Ungetüme aus dem Beginn der Gründerjahre mit viel Drechselei. „Die sind mir nicht entgangen", sagte ich. „Das andere?" – und nun verwunderte sich das Prachtstück doch und errötete flüchtig –. „Ja, ich kenn' das ja alles gar nich! Is alles auf einem Haufen und verpackt. Oder wie is das?" Wie hilfesuchend wandte es sich an einen Kameraden, einen Parteifreund, was weiß ich, einen Genossen.

Der bestätigte mit der Dezidiertheit eines künftigen ZK-Mitgliedes: „Ja, ist verpackt. Steht alles zusammen in einem Raum. Ist jetzt nicht zu besichtigen."

„Steht aber doch extra auf der Stadtplan-Schautafel vor dem Hauptbahnhof als örtliche Sehenswürdigkeit, eben dieses Ihr Heimatmuseum!"

Der junge Mann zuckte die Achseln, als wolle er sagen: ‚Die FDJ hat immer recht', und das Mädchen entgegnete, als wäre damit ein Widerspruch zu begründen: „Weiß ich ja gar nich!"

„Gehen Sie hin und überzeugen Sie sich. Es steht übrigens nicht nur dort und in westlichen Reiseführern, sondern zum Beispiel auch in Ihrem ‚Kunstführer durch die DDR' von 1974, darin übrigens immer noch per Schleusenplatz 4."

„Nun ja", maulte das Mädchen schon vorausgelangweilt, „das müßte ja dann alles erst wieder aufgebaut werden ... Aber heut nich!" fügte es aufgrinsend hinzu.

„Na, dann danke ich Ihnen schön."

„Bütte sehr!" machte das Mädchen hinter mir, als hätte es da etwas zu triumphieren gegeben. Verärgert ging ich in einen Laden, will nicht sagen in welchen, und kaufte etwas, eine Kleinigkeit. „Darf es sonst noch was sein?" fragte die kleine Verkäuferin.

„Ja ... ich will mich ausklagen."

„Ausklagen?" Das unscheinbare Fräulein, das seine kundendienstliche Frage – die ja genaugenommen nur im kapitalistischen System zu stellen wäre – bloß so obenhin gestellt hatte, mußte sich gründlich wundern, und ich erzählte von meinem vergeblichen Museumsbesuch.

„Wußt' ich gar nich, daß wir hier eins haben", meinte das Mädchen und zog die Brauen zusammen. „Wußtest du das?" wandte es sich an seine noch schüchternere Kollegin, die sich neugierig genähert hatte. Die schüttelte den Zottelkopf, und ich sagte: „Statt Museum die FDJ-Kreisleitung. Steckt oben alles voller junger rüstiger Leute."

Da fuhr die erstgenannte kleine Person so auf, wie ich's nicht erwartet und ihr am allerwenigsten zugetraut hätte: „Die!" rief sie und schien es unter dem Einverständnis ihrer Kollegin zu rufen. „Die soll'n mal was tun, statt hier in der Gegend rumzujuxen! Tun sowieso nüscht allesamt. Aber prima: die soll'n das schön sauber auspacken alles und soll'n immer einen abstellen, der das beaufsichtigt, daß es kann gezeigt werden, was da zu sehen ist ... Tun nuscht und geben bloß an. Denn hätt'n se wenichstens was, was Vernümpftches."

\*

Kaufte mir, weil ich's ausgestellt sah, „Bundschuh und Regenbogenfahne" (Verlag Tribüne Berlin 1975), ein Büchlein mit ein paar Aufsätzen über „Schriftsteller und Künstler im Bauernkrieg" – ist ja dieser Tage gerade 450 Jahre her, dieses unausgetragene deutsche Desaster – sowie die broschierte Aufsatzsammlung „Prophet einer neuen Welt – Thomas Müntzer und seine Zeit" (Union Verlag Berlin 1975), in dieser – ich stieß drauf beim ersten Blättern – ein beachtliches Zitat nach einem gewissen Professor Zschäbitz: „Historische Verdienste werden nicht danach beurteilt, was historische Persönlichkeiten, gemessen an den heutigen Erfordernissen, nicht geleistet haben, sondern danach, was sie im Vergleich zu ihren Vorgängern Neues geleistet haben." Ein Satz, der Allgemeingültigkeit haben dürfte und sollte. Hüben wie drüben. Aber nicht hat. Hüben wie drüben nicht. Kaufte dieses beides in der für Rathenower Verhältnisse etwas überdimensionierten, aber vielleicht auf Zuwachs der Stadt berechneten Arnold-Zweig-Buchhandlung in der Berliner Straße; erst gar nicht, dann anmaßend bedient. Das scheint hüben wie drüben ein Buchhandlungsangestelltenlaster zu sein. Ein „Literaturproduzenten"-Laster. Himmeldonnerwetter ja, von wie dämlicher Anmaßung müssen die Ladenschwengel gewesen sein, die sich diesen Titel ausgedacht und zugelegt haben!

\*

Ein mächtiges Verwaltungsgebäude der optischen Industrie im Konzernherrenstil von 1900 ebenfalls in der Berliner Straße. Sonst nur Neubauten zu beiden Seiten von eher zimperlicher Modernität. Sparsam bauen heißt aber doch nicht auch unentschlossen proportioniert bauen. Wandte mich, die Taschenbücher in der Tasche, wieder in Richtung Altstadt, kam also wieder über meinen Platz der Jugend. „Büttesehr!" Dort erhebt sich das steinerne Denkmal des Großen Kurfürsten von erwähntem Johann Georg Glume aus Wansleben im Magdeburgischen (1679–1765), der ein Schüler und Mitarbeiter des Andreas Schlüter gewesen ist. Kein Meisterwerk gerade, aber für Rathenow doch von Bedeutung, historischer Bedeutung. Dafür sollte ein Amt für Denkmalspflege oder, wie es heißen mag, etwas tun, es wäre an der Zeit. So steht es verwitternd auf verlorenem Posten in seiner barocken Umständlichkeit, deplaziert geradezu am Platz seiner ursprünglichen Aufstellung.

Das Denkmal wurde 1738 fertig; da war Rathenows schreibender Musensohn, den wir eingangs erwähnten, fünfzehn Jahre. Vielleicht rühren die künstlerischen Mängel, die das Denkmal zeigt, davon her, daß Glume nach einem allzusehr nach den Sternen greifenden Entwurf des Bartholomé Damart hat arbeiten müssen, und wer weiß, wie der war. Die vier gefesselten Sklaven an den Sockelecken hätten eben einen Schlüter wo nicht einen Michelangelo erfordert, und die vier Reliefs an den Seiten ahmen die räumlich-luftperspektivisch ge-

83

malten Wirkungen etwa des Philipp Wouwermann ganz unglücklich in Stein nach; Wouwermanns Kriegs- und Reiterszenen erfreuten sich dazumal größter Beliebtheit. So ergibt sich prima facie nur ein possierliches Gedrängel von allerlei Hottehühs und Männekens, wo doch Heroisches anschaulich werden sollte: eins stellt die Schlacht bei Warschau dar, 1656 (siehe auch Band IV, Seite 180 oben), eins den Überfall von Rathenow, von dem hier gleich die Rede sein wird, und dabei das *„Massacre"* eines schwedischen Dragonerregiments, eins die Schlacht bei Fehrbellin, auf die wir noch zu kommen haben werden, und ein viertes? Ich weiß es nicht mehr. Die Darstellungen sind auch schwer zu erkennen, die Beschriftungen nahezu ganz unleserlich, und eines Eisengitters wegen, das das Ganze einfriedet, kann man nicht nah genug heran.

Jedenfalls aber sollte man den ganzen Gegenstand anläßlich einer fälligen Restaurierung höher aufstellen, als er jetzt steht, dann wäre schon einiges geholfen, zwei, vielleicht drei Stufen höher. Das Allongeperückenhaupt des Kurfürsten wirkt, so niedrig betrachtet, zu groß. Ich wage die Vermutung, daß man den Damartschen Entwurf mit einem zu kleinen Multiplikator vergrößert haben wird. Aus Ersparnisgründen. Friedrich Wilhelm I., der das zu schrumpelig geratene Denkmal seines Großvaters errichten ließ, war ein Sparer, wo es nur ging.

Wie aber auch, zwischen dem Konzernherrenhaus der prunkenden Kaiser-Wilhelm-Aera und diesem Glumeschen Kurfürsten erstreckt sich ein belebtes Einkaufszentrum. Lebhaft lärmender Durchgangsverkehr; die Überlandstraßen Nauen–Tangermünde und Brandenburg–Neuruppin oder Pritzwalk kreuzen sich. „Kaufhaus an Kaufhaus" jubelt Panegyrikus Fabian, den wir im vorigen Kapitel schon vergnüglich zitierten, „breite gepflegte Promenaden mit Grünstreifen und bunten Sommerblumen geben dieser großzügig angelegten Hauptgeschäftsstraße ein freundliches, ein sozialistisches Gesicht, lassen den Gang durch diesen Boulevard zum Erlebnis werden." Das ist ganz gewiß übertrieben. Die „großzügige" Anlage geht auf den erwähnten sparsamen König zurück, der 1733 mit der Erbauung der Neustadt Rathenow beginnen ließ, um Bürgerquartiere für Soldaten zu gewinnen. Kasernen gab's noch nicht. Was Fabian einen Boulevard nennt, ist die Verbindungsachse dieser Neustadt mit dem Steintor der Altstadt, und ich müßte mich sehr irren, wenn sie die jetzige Breite nicht auch schon vor der Zerstörung gehabt hat. Oder man hat die nördliche Baufluchtlinie um zwei, drei Meter zurückverlegt, kann sein . . .

Anfang Mai vor 31 Jahren. Allabendlich nach Dienstschluß von den Kasernen an der Semliner Chaussee draußen in gestrecktem Galopp per pedes zu einem knallvollen Restaurant eben in dieser Berliner Straße, wo es Kartoffeln mit Sauce ohne Lebensmittelmarken gab, falls der Tagesvorrat nicht schon vor Eintreffen verausgabt war. In der Kaserne nur Verpflegungssatz III oder wie die unterste Stufe der Unterernährung immer hieß. Und ein kleines Bäckermädchen, gut ja, aber zum Knacken und Beißen hatte es auch nichts. Kam dann nach Nordnorwegen. Ein Jahr später aber saß der Stab meiner 199. I. D. geb. in Stölln und die Ib-Staffel, die nach Lage der Dinge ich zu führen hatte, in Rhinow. Es ging aufs letzte.

\*

15. Juni 1675, beinahe ist es 300 Jahre her: die Schweden, im Bund mit Frankreich, sind ins Land gefallen und halten Havelberg, Brandenburg und Rathenow besetzt, die havelumschlungene Altstadt; die Neustadt sollte es ja erst noch geben. Die brandenburgischen Truppen, die der Kurfürst selbst befehligt, rücken in Eilmärschen aus dem Fränkischen herauf, sind am 11. Juni in Magdeburg; ihre Kavallerie, bis 6000 Mann stark, 1200 Musketiere der Eile wegen auf Wagen, desgleichen 46 Kähne und 14 Geschütze erreichen am 13. Juni Parchen, eine Meile südwestlich Genthin, und stehen am 14. Juni eine oder anderthalb Meilen vor Rathenow bei Vieritz und bei Böhne an der Havel, dem Rittergut jenes Landrats v. Briest, der den Schweden mit einer Falschmeldung vom Tode des Kurfürsten einen dicken Bären aufgebunden hat und ihre Offiziere bei festlichem Bankett noch unter den Tisch trinken wird. Am 15. des Morgens gelingt binnen anderthalb Stunden die Überrumpelung der Stadt. Die befreiten Bürger jubeln. Strategischer Zweck, die bedenklich weit ausgebreitete Aufstellung der Schweden in der Mitte auseinanderzusprengen und ihren mit Frankreich vereinbarten Übergang über die Elbe zu verhindern, der plangemäß den Eintritt Hannovers in den Krieg gegen Brandenburg nach sich gezogen haben würde. Auftakt zum entscheidenden Sieg bei Fehrbellin drei Tage danach. Übrigens hat die Landbevölkerung den Schweden allerorten nach Partisanenart nachgestellt und sich dabei besser bewährt als Jäger, Landreiter und allerlei volkssturmartig eingesetzte Milizen. Die hanebüchene Aufführung der nördlichen Invasoren vierzig Jahre zuvor war noch nicht vergessen.

Joachim Christian Blum hat ein Bühnenwerk geschrieben, *„Das befreite Ratenau"* (1775), von dem ich leider nichts vermelden kann, da ich es nicht kenne und auch keine Zeit habe, danach zu stöbern. Ein Schauspiel, ein patriotisches Heimatspiel? Wer weiß? Jedenfalls hat es diesen brandenburgischen Überrumpelungssieg zum Thema. Man wolle, nebenbei, die ältere Schreibweise des Stadtnamens beachten.

\*

Die Altstadt bietet heute nicht mehr viel, aber ihre naturverteidigte Insellage auf einem Dünenhügel, dem Lappenberg, auf dem, ohne Turmhelm, die alte Pfarrkirche St. Marien und Andreas steht, und auf weiterem Inselgelände leuchtet noch auf der Stelle ein. Dagegen fällt dem Laien, und so auch dem Verfasser dieses, die Lage der vier vordeutschen Burgwälle, der drei slawischen Kietze und der längst geschleiften markgräflichen Burg an der Großen Burgstraße nicht mehr ins Auge, doch bezeichnet diese Ansammlung von Siedlungsteilen die einstige Bedeutung des Ganzen. Die Stadtmauer ist noch auf lange Strecken erhalten. An ihr entlang längs dem östlich-nördlichen Havelarm vom Steintor bis zur Baderstraße zu gehen, gewährt einen stillen Spazierweg... *„der sich um die alten Mauern... in allmählicher Beugung herumzieht"*, heißt es bei Blum, welcher hier auch schon seiner besinnlichen Wege gegangen ist.

Der Flieder beginnt schon zu welken. Berufsschulschwänzer üben sich im Paffen. Das drübige, rechte Havelufer gehört den Wassersportlern. In der Baderstraße nicht all die hutzeligen Häuschen mehr bewohnt. Hab' drauf geachtet: auch die alten Leutchen sprechen untereinander nicht mehr Platt, das, wo noch in Gebrauch, hier schon ans Altmärkische anklingen müßte. Wie rief doch der Herr v. Briest, als er die Schwedenwache an der Hohen Brücke nasführte: *„Mokt up, ick bin Briest, ick bring ju Behr un Brannwin!"*

Die Mühlen von „Grieß & Moeves" heißen jetzt „Konsummühlen Rathenow", im Fassadensockel ein alter Mühlstein eingemauert zum eigenen Ehrengedächtnis. Gleich dort das Haus Mühlendamm Nr. 1, ein liebenswertes Barockhaus, das zum Teil in die Stadtmauer eingebaut ist. Kinderwäsche auf Leinen. Gärten. Die Mühlenhavel in schöner Breite erglänzend. Lastkähne haben drüben festgemacht. Die Andreasstraße bergauf geht's zur Kirche. Der Chor ist ausgebombt, aber das Langhaus zwischen 1950 und 1959 wieder instand gesetzt worden. Die Kastanien schneien schon ihren Blätterschnee.

Der Rotdorn schickt sich zur Blüte an. Das Viertel um den Freierhof teils ausgebombt, teils altershalben im Abriß begriffen, das heißt, man hat abzureißen begonnen, aber wieder aufgehört; es fehlt an Arbeitskräften.

Das unansehnliche Viertel zwischen Kirche und Stadtschleuse mit steilem Hang zur Havel hinab nur noch teilbewohnt. Müllkippe. Am Kirchplatz Nr. 12 das Geburtshaus J. H. A. Dunckers oder das jetzige Pfarrhaus anstelle des alten, ich weiß nicht recht, die Inschrift in modernen schmiedeeisernen Versalien. An der Nordseite der Kirche ein paar bürgerliche Grabplatten des 17. und 18. Jahrhunderts. War niemand da, der mir das Kircheninnere zugänglich gemacht hätte. (En passant sei daran erinnert, daß der Grundriß dieser Kirche mit dem der Vorgängerkirche von St. Nikolai zu Berlin so übereinstimmt, daß ein und derselbe Baumeister angenommen werden muß. Da die Rathenower Pfarrkirche, die nur etwas kürzer als ihr berlinisches Nachbild ist, auf 1190 angesetzt wird, wird man den Berliner Kirchenbau wahrscheinlich auch noch vor 1200 anzusetzen haben. Solche Datierungen werden immer mit der größten Vorsicht getan und legen sich lieber zu spät als zu früh fest. Die Tatsache, daß die Berliner St.-Nikolai-Vorgängerin mit ihren Grundmauern, ohne Rücksicht auf die Gräber, in einem christlichen Friedhof angelegt worden ist, läßt mit Gewißheit auf eine noch frühere vordeutsche – wahrscheinlich nur hölzerne – Kirche schließen, denn ein Friedhof ohne ein Gotteshaus ist für die frühe Zeit nicht denkbar. Da man aber die Grabesruhe so früher Christen nicht in roher Weise gestört und die Grundmauern nicht einfach quer durch sehr frische Gräber gezogen haben wird, müssen sowohl jenes hölzerne Kirchlein als auch der mißachtete Gottesacker sehr viel früher, meines Erachtens in die voraskanische Zeit, datiert werden. Bleibt die Frage, ob dieses Früh-Berlin nun eine christianisierte spriauwanische Siedlung oder aber eine deutsche Kaufmannsniederlassung außerhalb des Deutschen Reichs gewesen ist. Im übrigen dürfte auch die Nikolaikirche der Brandenburger Altstadt, von der oben im 5. Kapitel schon die Rede war, auf denselben Baumeister zurückgehen. Und soviel davon als Exkurs.)

Modernere Siedlung beginnt erst jenseits der westlichen Havelarme. Auf den Magistratswiesen südlich des sogenannten Schwedendammes eine weitläufige, halb wildwüchsige Parkanlage. Blähhalsig quarren im seichten Wasser die Frösche, da einer, dort einer, unversehens viele zusammen oder alle durcheinander, unvermittelt allesamt verstummend, dann wieder dort einer und da ein zweiter.

Die Sprosser konzertieren nachtigallisch, Konzertmeister an den ersten Flöten vor der ganzen zwitschernden, tirilierenden, piependen und ziependen Vogelschar. Sportanlagen. Eine Stele mit der Büste Friedrich Ludwig Jahns . . .

*

Über diesem Schwedendamm Dämmerungsbläue vor 3 Uhr . . . Müßte am Morgen des 5. oder 6. Mai vor dreißig Jahren gewesen sein . . . Kam von nächtlicher Erkundungsfahrt von Genthin herauf zu einer Stippvisite bei den Verteidigern Rathenows. In einem Haus vor dem Haveltor fand ich ihren Gefechtsstand. Sechs, sieben Offiziere mit einer Handvoll Soldaten, die keiner eigentlichen Formation mehr angehörten . . . Diese Leute! Von der SS waren sie nicht. Diese Leute in ihrem heroischen Mummenschanz aus Uniformfetzen, automatischen Waffen und Munitionsgurten. Blaßbraun, übernächtig und außer sich vor Überanstrengung und Todesentschlossenheit. Diese Leute also und an dreißig Werwölfe aus der HJ im Konfirmandenalter höchstens, die jetzt wie Kinder schliefen, aber mit ihren Panzerfäusten noch jeden T34 geknackt hatten, der ihnen vors Visier gekommen war.

In dem Haus brannte elektrisch Licht. Man empfing mich anfangs nicht, dann mit Mißtrauen. Die Russen hatten hohe Kopfpreise auf die Köpfe der jungen Männer ausgesetzt. Kam ich, kam mein Fahrer, ein Feldwebel, der mit ins Haus gekommen war, den Judaslohn zu verdienen? . . . Mißtrauen und Verachtung für eine Schwarzfahrt aus purer Schlachtenbummelei. Unter uns: ganz so unrecht hatten sie nicht, aber immerhin hatten wir die Möglichkeiten des Sprit-Fassens in einem unterirdischen Tanklager bei Werben an der Elbe erkundet; nur der Abstecher nach Rathenow, der war mehr oder weniger schwarz. Zugegeben. Aber ich war es nicht anders gewohnt und habe, ob das nun in Frankreich oder in Rußland war, wahrhaftig mehr als eine Schwarzfahrt gemacht; ein Buch könnt' ich drüber schreiben. Diese übrigens war meine letzte.

Es wurmte sie, daß ich mutmaßlich nicht so ernst nahm, was sie doch in blutigem Ernst meinten. Ihre Patronen saßen locker. In ihrem Machtbereich bat kein einziges weißes Laken zum Fenster hinaus um Frieden wie sonst im ganzen Havelland. Sicher hätten auch die Rathenower von Herzen gern Frieden gegeben. Auch russischen Siegern wohl oder übel. Um des lieben Friedens willen. Längst schon sah die Bevölkerung jeden deutschen Soldaten lieber gehen als kommen, zumal wenn er noch in Waffen stak. Man las es mühelos von den grämlichen Gesichtern. Sie dachten: fort und Schluß mit dem Wahnsinn! Und schmeißt doch bloß den Krempel endlich hin, ihr Kriegsverlängerer! Konntet ja doch bloß verlieren und weiter nichts.

Auf den Hügelkanten südlich der Stadt lag eine ganze Gardeschützendivision, Stalins Elite mit viel Artillerie. Gehörten zur 47. Armee, aber dachten nicht daran, um die Spanschachtel mit den Zinnsoldaten hier unten noch groß Blut zu vergießen. Russisches jedenfalls nicht oder möglichst wenig. „Punkt fünf pflegen die Muftis mit einem Feuerüberfall zu eröffnen", sagten die jungen Herren, die nicht gewahr wurden, wie sehr sie ihr Dasein sowjetischer Zurückhaltung verdankten. „Und dann geht's rund!" sagten sie und empfahlen mir nicht zu bleiben. Und wir fuhren dann auch.

Waren das Helden? Getreu bis in den Tod. Einzig wahre Helden? Waren es Narren? Tollhäusler? Der „Führer" war längst tot. Sei gefallen, hieß es, doch wir wußten es noch nicht anders. Galt eigentlich der Eid noch? „Ich schwöre bei Gott diesen heiligen Eid, daß ich dem Führer . . .", und so weiter. In der Kraftfahrerkaserne in Sorau hatte ich ihn selbst geschworen, das war über fünf Jahre her. Sorau war längst schon russisch, und bei meinem Kraftfahrer-Ersatzhaufen draußen an der Semliner Chaussee brühten jetzt vermutlich die Iwans ihren Tschai auf. Die jungen Herren hatten zuversichtlich die Überzeugung ausgedrückt, von der sie lebten: man verhandele ja bereits mit den Westmächten über einen gemeinsamen Kampf gegen die Rote Armee, hatten aber doch an meinen Lippen gehangen, als hätten sie mir nur eine dahingehende Frage gestellt.

„Grundgütiger Gott, nein!" hatte ich gerufen. „Im Abschnitt Lauenburg sind – es kann zehn Tage her sein – Offiziere von Montgomery über die Elbe gekommen, um zur kampflosen Übergabe des Raumes Hamburg–Lübeck aufzufordern. Das ist alles . . . Ja, ja, Sie dürfen es getrost glauben! General Blumentritt hat sich nicht sprechen lassen. Aber sein Stabschef hat mit den Gentlemen eine Tasse Tee genommen. Dabei soll tatsächlich die Gegenfrage gestellt worden sein, ob man drüben denn nicht die einmalige Gelegenheit erkenne, die Masse der Roten Armee oder richtiger ihre letzten Reserven auf engstem Raum zwischen Elbe und Oder zu schlagen? Die Briten antworteten, man sehe diese Chance mit völliger Klarheit. Doch würden ein paar Stunden vor dem victory-day die Völker kein Verständnis für eine derartige Kursänderung aufbringen können. Sprachen's, stiegen gelassen in ihr Boot und tuckerten davon."

Die Helden von Rathenow hatten daraufhin die Köpfe gesenkt, ihre Kippen in überfüllten Aschbechern ausgedrückt, auf die Läufe ihrer Maschinenpistolen niedergeblickt, die Beine von den Schreibtischen, auf denen sie saßen, baumeln lassen und geschwiegen. Gleichwohl haben mich diese Jungens da, diese verbockten, erschüttert. Ich leugne es nicht. Unsere Wehrmacht gebot im Durchschnitt über eine Tagespräsensstärke von 13 Millionen Mann. Dieser Kopfstärke mußte jetzt schon so ungefähr die Zahl deutscher Kriegsgefangener in alliierter Hand entsprechen, abzüglich der Gefallenen, versteht sich, und abzüglich dieser Spartiaten, die da die Letzten sein wollten, sich für ein Nichts zu schlagen, und sie sind wohl auch die letzten gewesen und Rathenow wohl oder übel mit der letzte Platz in Europa, an dem die Waffen noch sprachen, als wir bereits Gefangenschaftsfreuden genossen. Im Kino von Arendsee die erste Kostprobe.

„Wissen Sie", sagte ich zu dem Feldwebel, als wir draußen waren und die Vögel schon zu singen anfingen, „das erinnert mich an die Zitadelle von Brest-Litowsk. Da saßen russische Offiziersschüler drin und schossen noch um sich, als wir schon die Beresina erreicht hatten, und Brest-Litowsk liegt am Bug."

„Na ja", sagte der Feldwebel, der dieses mein nächtliches Unternehmen freiwillig mitmachte, um keinen seiner Männer vom Divisions-Nachschub mehr zu gefährden, „das war eben zu Anfang, und das hier ist am Schluß, und da hatte es Sinn und hier hat's keinen. Das ist der Unterschied ... Sind da noch welche rausgekommen aus der Zitadelle?"

„Keiner." –

Das Haus nun vor dem Haveltor, Ecke Kleine Burgstraße, da muß es gewesen sein ... da war es. Darin heute das Kino „Aktivist", eine Tafel draußen:

In diesem Gebäude sprach im Jahre 1946
auf einer Versammlung der KPD und SPD
am 18. Oktober
Genosse Wilhelm Pieck
zur Vorbereitung der Vereinigung
beider Arbeiterparteien

Was bietet die Leinwand? Was wird gegeben? Was steht auf dem Programm? Sieh einer an! „Angélique – erster Teil: das wechselhafte Glück der Marquise de Peyrac."

Ein Leser rief an, Herr W. aus Berlin: das Rittergut Böhne – Böhne liegt etwa auf der Höhe von Möggelin, das wir im vorigen Kapitel erwähnten, auf dem linken Havelufer – habe zuletzt dem Feldmarschall Günther v. Kluge gehört, der in der Nähe von Verdun im August 1944 Selbstmord begangen hat oder begehen mußte. Hitler habe ihn der Beteiligung an den Vorbereitungen zum Attentat vom 20. Juli verdächtigt. Grundlos, denn Kluge habe eine gewaltsame Beseitigung Hitlers durch Anschlag auf dessen Leben mißbilligt und sei am „20. Juli" nicht beteiligt gewesen. Hitler, dem der Vorgang höchst unwillkommen gewesen sei, habe geschwankt, ob er dem Feldmarschall, den er in entehrender Weise von seinem Posten an der Invasionsfront abgelöst hatte, ein Staatsbegräbnis auf dem Invalidenfriedhof bereiten solle, sich dann aber für eine nur halb offizielle Beisetzung auf dem Gut Böhne entschieden ... „Auf rund 2000 Generalplanstellen sind bis jetzt 800 gefallen ... Aber fragen Sie nicht wie", sagt der General auf Seite 100/1 der Originalausgabe des „Grünen Strands der Spree". Das Bild dieses Generals ist das Porträt meines Divisionskommandeurs Lutz, des letzten Chefs der 199 I.D. geb.

## VIII
# Pastors Kind und ...

*Rhinow, den 29. Mai 1975*

Neustadt an der Dosse ist eine Sache für sich, auf die noch einzugehen sein wird. Wenn man vom Bahnhof auf der Straße 102 südwärts marschiert, führt der Weg zunächst nur durch den lang hingezogenen Ortsteil Köritz, wovon ich wenig zu melden weiß. Der Gasthof „Zu den zwei Linden" ist geschlossen, will hoffen, nur für den heutigen Tag. Aber verlassene Häuser finden sich nicht gerade wenige. Wie in Rathenow, wie in Nauen. Das gibt doch zu denken. Die Köritzer Kirche, ob von echtem Barock, steht dahin, erhebt sich auf einem Hügelchen, so könnte sie an der Stelle eines älteren Gotteshauses stehen, das eine Wehrkirche gewesen sein mag. Erst bei Hohenofen überschreitet man die Dosse, deren Verlauf zur Rechten sich bis dahin nur vermuten läßt. Sie ist wasserreich, eingedeicht und mehrfach aufgestaut.

Der diese Regulierung als erster vorgenommen hat, um damit die von ihm ins Leben gerufene Industrie sowohl mit Antriebskraft wie mit Transportwegen zu versehen, war der Landgraf Friedrich II. von Hessen-Homburg, dessen Name, freilich nicht zuletzt kraft des Kleistschen Dramas, für immer mit dem spektakulären Sieg der Brandenburger bei Fehrbellin verbunden ist. Wir werden diesen Herrn noch zu erwähnen haben. Hohenofen, welchen Platz er – der Name sagt es – für seine Eisenhütte ausgewählt hat, erzeugt zwar weder Stahl noch Eisen mehr, doch befindet sich offenbar an der Stelle der Hütte jetzt eine auch schon betagte Papierfabrik.

*„Die Messer- und Scherenfabrik in Neustadt ist nicht so ausgedehnt, wie sie sein könnte",* steht im Politischen Testament Friedrichs des Großen von 1752; auch diese Fabrik war eine Gründung

des Landgrafen, den Kleist sich auserkoren hat, einen Nachtwandler daraus zu machen. *„Unsre Neustädter Spiegel übertrafen die venezianischen an Klarheit"*, steht in Friedrichs „Denkwürdigkeiten zur Geschichte des Hauses Brandenburg", und zwar im Tempus der Vergangenheit, weil der Satz die Zeit Friedrichs I. meint. Die Spiegelglasfabrik „auf dem Spiegelberg", ebenfalls eine Gründung des Landgrafen, hat aber noch wie die anderen Fabriken auch bis ins 19. Jahrhundert hinein existiert, und die Dosse ist auch heute noch ab Hohenofen-Sieversdorf schiffbar, für kleinere Wasserfahrzeuge wenigstens.

Die Pirole haben heute das Wort und geben in ihren Aussagen viel Liebenswürdiges zum besten. In den grünen windgewiegten Weiden- und Schwarzerlen-Dschungeln längs Fluß und Stauwehrgraben feiern die Sprosser am hellen lichten Tag den Maimond mit ihren Divertimenti in vielen Variationen. In Sieversdorf auf strohgedeckter Scheunenruine ein bewohntes Storchennest. Für Störche ist die Gegend, die dem Unterspreewald so ähnelt und ähneln muß, wie geschaffen. Gleich hinter Großderschau überschreitet man die Dosse abermals, die sich nunmehr in Urstromtalrichtung gen Westen wendet. Historiohydrographisch aber mündet sie ebendort als ein rechter Nebenfluß ins Urstromsystem; innerhalb dieses stellt ihr Unterlauf bis zur Havel nur einen Teil jenes hier rhinbeherrschten Stromgebildes dar, das auch Berliner oder Warschau-Berliner Urstromtal heißt.

\*

Am Rhinower Bahnhof hat sich nichts verändert. Wohl haben dazumal die russischen Tiefflieger das Eisenbahngeschütz gesucht, das dort in den letzten Tagen, in voller Länge laubgetarnt, auf einem Abstellgleis stand und wie mechanisch von Zeit zu Zeit einen mächtig grollenden Schuß abgab, wer weiß auf welches Ziel? Gesucht haben sie's, aber nicht gefunden. Ich ging mit des Rhinower Pastors Ältester – sie war siebzehn – ein bißchen auf Promenade im diesigen Dämmergrau eines jener Maiabende durch das starrlauernde oder erwartungsvoll fiebernde Schweigen des Ortes und der Luchwiesen draußen. Nicht einmal die Schwarzamseln wagten, ihr Abendlied anzustimmen, meine ich. Ein Haus an der Straße war, so zeigte sich, bei dem Tiefangriff vor einer halben Stunde von einer Fliegerbombe getroffen worden, die sicherlich jenem Geschütz gegolten hatte, und der Bau war bis auf den Grund in sich zusammengestürzt, als habe

er auch vorher nur aus trockenem Ziegelpulver bestanden. Es brannte nicht, aber Staubfahnen zogen träge dahin und bedeckten Pflaster und Laub mit ihrem Grau, das heller war als alles sonst. Stahlbehelmte Nachbarn machten sich als Helfer zu schaffen. Schweigsam. Mechanisch. Die Hausbewohner, soweit unversehrt, arbeiteten sich wortlos aus den Trümmern hervor, verstört und verstaubt. Meine kleine fohlenbeinige Begleiterin sah das alles schweigend mit an. Als aber aus dem Keller herauf eine Männerhand ein schlaffes totes, ganz weißwurstfarben überpudertes Baby heraufreichte, wandte sie sich aufseufzend wie ein Kind, das lange geweint hat, ab und wollte nicht länger an der Unglücksstätte bleiben ...
Das Pfarrhaus, es hat als mein letztes Quartier im verflossenen Weltkrieg gedient – auch als letzter Ib-Gefechtsstand meiner 199. Division; die Führungsstaffel lag, wie gesagt, in Stölln – und ist mir unter der Legion aller Quartiere von der Normandie bis in den Kaukasus oder vom Polarkreis bis nach Maribor in Jugoslawien eines der einprägsamsten gewesen, und das nicht nur, weil es eben das letzte und auch das heimatlichste, das märkischste, fontaneschste gewesen ist, die Pastorsfrau eine geborene v. Knobelsdorff, wenn ich's recht erinnere, eine hiesige Adelige jedenfalls, die drei artigen Töchterchen in den damals so üblichen – und immer wieder verlängerten – Kleidchen aus Lazarettbettenstoff, dem blaugewürfelten. Ebeling war der Familienname des Pastors, wurde mir vor einiger Zeit geschrieben; ich hatte ihn vergessen.
Das Pastorsehepaar hatte mich inständigst gebeten, ihm und den Mädels ein Fahrzeug nebst Fahrer für die rettende Flucht nach Hamburg zu stellen. Aber wie das? Mit dieser Fracht, die durch keinen Fahrbefehl zu rechtfertigen gewesen wäre, hätte ich den Fahrer in den nahezu sicheren Tod durch die standrechtlichen Kugeln der Feldjägerkommandos geschickt, die sich blinden Eifers, wo die Russen noch nicht waren, ein vom letzten Befehlsdelirium angeordnetes Blutrichtergewerbe machten. Ihre roten Armbinden sah man überall. Überdies hätte ich die Pastorsleute den tödlichen Gefahren auf der einzig noch freien Straße 5 nach Hamburg ausgesetzt. Und wie sah's da bloß aus? Das Elendsrinnsal von Flüchtlingen, das aus dem Berliner Kessel noch hersickerte. Zu Fuß, Rad, Rollstuhl, Kinderwagen, Lieferdreirad, Holzgas-Lkws von der OT höchst militärisch mit Fliegerbeobachtern auf den Kotflügeln, Stabshelferinnen barfuß, Fußkranke, Fahnenflüchtige, Versprengte, Versehrte, Eisenbahner, Schwangere, Blinde, Kinder, Kühe, Heimatlose, französische Kriegsgefangene mit verjagten Ostpreußen, Hochzeitskutschen

mit besoffenen Verwundeten, Feuerwehrwagen voll kreischender Weiber. Die Iwans wie die Bussarde über Lemmingen mit Ratas und mit den Flugapparaten drüber hin, die wir Nähmaschinen nannten. Fressende und Verstorbene in den Straßengräben Seite an Seite. Die Verendenden hinein! Nichtgetroffene weiterziehen! Was liegt, liegt. Trecks unter Tränen. Gelächter und Gelichter ...

Wo war die so hoch gepriesene Luftwaffe? Seit Hitlers Todesurteil über Göring hatte sie offenbar das Kriegshandwerk aufgesteckt, mochte jegliches Fußvolk auch verderben. Unangefochten beherrschte die IL II die Lüfte und machte es noch gnädig. Einen Düsenjäger hab' ich ein einziges Mal am nördlichen Horizont auftauchen und schleunigst verschwinden sehen, einen deutschen.

Absurdeste Verknäuelung dort, wo von Rhinow herauf die Straße 102 und von Neuruppin her die Straße 167 in und bei Bückwitz auf diese Reichsstraße 5 stoßen – die Straßenführung ist jetzt etwas verändert –, dort hatten unser General, der Ia und noch ein paar Herren der Führungsstaffel Posten beziehen müssen mit dem garantiert dämlichsten Auftrag des ganzen Weltkriegs Nr. II, dem Korpsbefehl nämlich, die Haufen der Division v. Gaudecker oder Graudecker, ich weiß den Namen nicht mehr genau, aufzufangen und wieder unter Befehl zu kriegen. Zu sechs Mann hoch gegen acht- oder neuntausend! Wie mochte das Korps sich das vorgestellt haben? Die Leute grölten und pfiffen. Die meisten hatten ihre Waffen längst fortgeworfen. Ein Karabiner auf zehn Mann bestenfalls. Die Offiziere vom Divisionsstab über alle Berge und längst in Nummer Sicher bei den Amerikanern. Der General bedachte – aber ein wehrkraftförderndes Mittel war das wohl auch nicht so ganz – einige Unfläter höchsteigenhändig mit Ohrfeigen. Strich ein Flieger über die Szene, lag alles flach, General wie Deserteur. Schlauberger, die Lunte rochen, auf der Kreuzung werde ihnen irgendwer die Flucht verlegen wollen, schwärmten schon vorher querbeet auseinander, soweit die dortigen Gewässer dies erlaubten, auseinander wie zum Sturmangriff und entrannen dann ungeschoren Richtung Elbe quer durch das jämmerliche Flüchtlingsrinnsal, das nun ganz verdatterte. Minder Beeilte wollten wissen, wo Essen zu fassen sei. Ich hatte zwei Lkw zum Ortsausgang Bückwitz dirigiert zwecks Ausgabe von Marschportionen; wir verfügten über mehr, als wir in diesem Krieg noch brauchen würden, und hatten auf dem Bahnhof Hagenow-Land vorsorglich einen verlassenen Güterwagen mit dieser begehrten Fracht gefunden und entladen. An 150 Männer der flüchtenden Division haben sich aber tatsächlich bei uns gesammelt, um für die restlichen Kriegstage unser sozusagen geordnetes Schicksal zu teilen.

Ruhmloses Schlachtfeld, jemineh! Die Division des Obersten v. Gaudecker (mit oder ohne r) hatte, nachdem ihr Stab mit den Amerikanern freies Geleit über die Elbe – wie es hieß, im Tausch gegen geheimes V-Waffen-Material – ausgehandelt, ihren Abschnitt Ruppin-Rheinsberg eines Morgens einfach im Stich gelassen. Man hatte die Herren vom Stabe mit Hallo in Richtung Havelberg davonfahren sehen, den point d'honneur sattsam mit Alkohol beschwichtigt. Von ihren Regimentskommandeuren hatte sich bei uns nur einer gemeldet, der sich aber nichts mehr befehlen lassen wollte, und man hatte ein paar Stunden danach auf allen gen Westen führenden Straßen von niemandem mehr befehligte Einheiten, Rotten und Einzelgänger dieser Division zurückfluten sehen, gegen die auch die Feldjäger machtlos waren, denen die Sowjets aber nur sehr zögernd nachrückten, nachdem sich ihre erste Verblüffung gelegt hatte: viele harte Jahre lang war ihnen derlei so nicht vorgekommen.

Nicht alle gewannen schließlich den rettenden Elbübergang, sondern nur die, die sich nicht durch die Richtung Hamburg vom kürzeren Weg in die komfortablere Gefangenschaft hatten abbringen lassen. Die Amerikaner dachten nicht entfernt daran, sich an ihre Verpflichtungen zu halten, vernahm man, strichen Raketen- und V-Waffen-Dossiers ein und setzten die Angehörigen dieser Division genauso gefangen wie alle sonstigen Soldaten samt Wehrmachtsgefolge beiderlei Geschlechts. Der Oberst v. Gaudecker bemerkte dies, ward von Reue gepackt, erschien unter vorgeschütztem Zweck wieder auf dem rechten Elbufer, wo wir noch eine sinnentleerte Rolle spielten, und erschoß sich. Dies erzählte man sich bei unsrer Führungsstaffel, aber ich weiß nicht, woher sie's hatte.

Wir – da dieser Bericht nun schon einmal in diese letalen Militaria auf märkischem Boden geraten ist – waren ein Divisionsstab nahezu ohne Truppen – die Masse kampierte noch in Norwegen und wartete vergebens auf Truppentransporter, die nicht mehr eintrafen. Waren also ein Fähnchen auf einem Meßtischblatt der Armee Wenck und der prekären Frage nach dem Kampf bis zur letzten Patrone und zum letzten Blutstropfen eigentlich enthoben; einer Stilfrage nun um so mehr, je weniger ihrer Beantwortung noch irgendeine taktische oder gar strategische Bedeutung zukam. Was soll ich groß sagen: Ich habe den Pastorsleuten keinen Wagen zur Verfügung gestellt, sondern habe sie vertröstet: „Es wird ein russischer Divisionsstab oder Brigadestab hier im unversehrten Pastorshaus Quartier beziehen. Ein

Strohmieten

Phlox in Franzens Garten

General wird hier wohnen. Sie werden zu essen, Sie werden Wachen vor der Tür haben. In Gegenwart eines so hohen Kommandierenden wird Ihnen allen kein Härchen gekrümmt werden..." Und wer weiß, was ich noch alles ins Gelach hinein phantasierte. Ein gutes Gewissen hatte ich nicht.

„Nun wohlan!" ermannte sich der Geistliche. „Auch Ihr Geschick ist ja noch ungewiß und steht wie das unsre in Gottes Hand."

„Eben", wollte ich sagen, unterdrückte es aber.

„Und nun eilen Sie... Wie lange haben wir noch zu warten?"

„Ein paar Stunden höchstens. Der Gegner geht langsam vor. Mag sein, daß er unsre Agonie noch nicht voll ermißt."

Bei Nacht und Nebel nahm ich von Rhinow Abschied. In der schweigenden Finsternis ließ sich von weither schon das bekannte Rasseln der gegnerischen Panzer hören. Wir starteten in Richtung Rübehorst ohne Licht ins Ungewisse. Aber nach Jahr und Tag, im Sommer 46 schon wieder glücklich in Berlin, erfuhr ich, daß, was ich da zum Trost und ohne Überzeugung von mir gegeben hatte, zwar nicht genauso, aber doch sehr ähnlich eingetroffen war: das Kriegsgericht der Grenadier-Division der 1. Polnischen Armee, die vor dem letzten Angriff auf dem Streifen Senzke–Wagenitz am Havelländischen Hauptkanal in Bereitstellung gegangen war, bezog beim Rhinower Pfarrer Quartier und machte ihn, da der bisherige Stadtgewaltige als Nazi das Weite gesucht hatte, zum ersten Nachkriegsbürgermeister; *praesente iudice,* wie sich denken läßt, ist auch der Frau und den Mädels kein Haar gekrümmt worden.

Das Pfarrhaus steht unversehrt. Die beiden Linden vor dem Hauseingang zwängen sich, größer geworden seitdem, mit ihren Stämmen einkeilend in die drei Stufen, als habe der Kraft des wachsenden Holzes selbst der Sandstein eines Tages noch zu weichen. Ihre Wipfel hüllen das freundliche Kaffee- und Streuselkuchen-Angesicht des Hauses mit den frisch gestrichenen Fensterläden und den blanken Scheiben in sonnendurchtupftes Schattengrün, als wäre alles noch beim Alten und noch Älteren. Aber der Pfarrer ist längst nicht mehr der von damals, versteht sich, und beim Nachfolger oder Nachnachfolger vorzusprechen konnt' ich mich nicht entschließen. Hatte mich in Stölln und auf dem Gollenberg oben zu lange aufgehalten.

\*

Eine Berliner Leserin schreibt: „Als schon die Flüchtlingskolonnen durch Rhinow zogen, mußte ich dringend nach Rathenow zum Zahnarzt und stellte mich an die Chaussee, bat einen hohen Offizier, der in seinem Dienstwagen mit Chauffeur am Straßenrand hielt, um Mitnahme nach Rathenow. Er lehnte sehr höflich ab, da die Mitnahme von Privatpersonen leider nicht gestattet sei. Später erfuhr ich, daß dieser Offizier General Keitel gewesen ist. Ein paar Tage darauf fuhren deutsche Panzer mit SS-Angehörigen und ihren Mädchen in entgegengesetzter Richtung durch Rhinow. Die Auflösung hatte begonnen.

„Die Polen kamen immer näher, die Molkerei, dicht am Bahnhof gelegen, wurde bombardiert, das Eisenbahngeschütz infolge seiner guten Tarnung aber nicht getroffen. An einem wundervollen Maimorgen war es dann soweit, die Polen rückten ein, später die Russen. Ich hatte mein in der Schule gelegenes großes Dachzimmer vor dem Einzug der Polen verlassen und im Haus des alten Sanitätsrats Dr. Niendorf mit meinem Sohn Aufnahme gefunden und arbeitete bei ihm als Sprechstundenhilfe. Da er als NS-Gegner bekannt war (es war ein offenes Geheimnis, daß er englische Sender abhörte), bot uns sein Haus relativen Schutz."

\*

Am 12. Juni 75 – ich nehme es hier vorweg und muß wohl das Prinzip chronologischer Berichtsfolge entsprechend den Fahrten und Wanderungen nachgerade aufgeben, wenn die Fülle des Stoffs noch bewältigt werden soll –, am 12. Juni bereiste ich mit Lehnartz seiner Fotos wegen, die er für die Zeitungsserie zu machen hatte, den Hohen Fläming per Auto. Als wir in NN vor der Kirche gehalten und das schmucke Gotteshaus unverschlossen gefunden und betreten hatten, kam sehr bald der geistliche Hausherr aus der Pfarre gegenüber, durch beides, Neugier und Gesprächsbedürfnis angelockt, und berichtete von den Schwierigkeiten bei der Materialbeschaffung für die Kirchenrenovierung, die teils nun durchgeführt sei, teils aber noch ausstehe. Material aus dem Westen, das er haben könne, das man ihm von drüben anbiete, dürfe er nicht annehmen, Dachziegel fehlten, und als er endlich ein Gerüst bekommen habe, und zwar nur bis zu einem bestimmten, äußerst knappen Termin, der Klempner jedoch mit seinen Arbeiten an Dachrinnen und sonstigen Blechverkleidungen noch nicht fertig gewesen sei, habe er mit der betreffenden Firma förmlich ringen müssen, damit sie das Gerüst wenigstens noch für zwei Tage beließe.

„Ach, wissen Sie", sagte er gleichsam zusammenfassend, ohne daß wir ihn dazu ermuntert hätten, „der Bürgermeister ist natürlich ein SED-Mann, klar, aber bevor er das werden konnte, war er NS-Ortsgruppenleiter. Hier. So geht das . . . Damals in der Hitlerzeit waren hier alles stramme Nazis mit zwei Ausnahmen, das waren der damalige Pastor und der Lehrer. Und heute? Sind sie alle in der SED oder in irgendwie entsprechenden Organisationen mit zwei Ausnahmen, das ist der Pastor . . ."

„Sind also Sie."

„Ja, der Pastor und der Lehrer . . . Das da ist das Schulhaus, und da wohnt er auch, und das Haus ist demgemäß in einigermaßen gutem Stand. Für Schulen geschieht schon eher was. Aber das Pfarrhaus ist baufällig. Sie sehen den Riß dort an der Front zum Schulhaus hin . . . Ach, das müßte ja alles neu gemacht werden, und ich weiß gar nicht, was werden soll . . . Nein, nein, glauben Sie mir nur, ich bin zwar Jahrgang 38, aber ich weiß schon, wie das hier und in den anderen Fläming-Gemeinden gewesen ist. Denn mein Vater war Pastor in . . ." Er nannte einen Ort ebenfalls im Hohen Fläming, ich weiß ihn aber nicht mehr, weil ich in seiner Gegenwart keine Notizen machen wollte – wie sähe denn das auch aus! –, weil Lehnartz mit weiteren Aufnahmen beschäftigt war und nicht mehr zuhörte und weil ich nachher im fahrenden Wagen nicht mehr dazu kam. Vielleicht war es in Rädigke.

\*

Die fohlenbeinige Pastorstochter habe ich nach meiner Entlassung aus der amerikanischen Gefangenschaft – und der russischen auch noch – per Zufall in Lichterfelde getroffen, sonst hätte ich vom Fortgang der Rhinower Dinge nicht so bald schon etwas erfahren. Spaßig war festzustellen, daß mir das Mädchen in dem einen Jahr über den Kopf gewachsen und überhaupt eine ganz erwachsene Frauensperson geworden war.

Jüngsthin aber schrieb mir der letzte Gutsherr von Stölln, des Pastors Älteste sei schon vor einigen Jahren verstorben. So müßte sie Anfang Vierzig gewesen sein, und ich habe sie immer noch siebzehnjährig oder achtzehnjährig vor Augen. Und so sei vorstehender Text zugleich auch ein kleines Gedenkblatt an ein liebenswertes Mädchen. An eine kleine Filia hospitalis, an ein Pastorskind, das, entgegen dem Sprichwort, gut zu geraten angelegt war.

## IX
# Quirlende Winde den Nordhang herauf

*Stölln, den 29. Mai 1975*

Von Rhinow wäre noch zu melden – sehr bezeichnend für die Lage am Urstromufer –, daß es sich nicht an der Stelle einer viel älteren Siedlung gleichen Namens befindet, die, 1216 erstmals aktenkundig, nordwestlich des heutigen Städtchens gelegen war. Noch lange hat die dortige Flur den Namen „Alte Stadt" getragen oder trägt ihn noch. Dieses „Alt-Rhinow", ich nenne es so, scheint um 1300 einer Überschwemmung zum Opfer gefallen zu sein. Wenn sich, besonders zur Zeit der Schneeschmelze und zumal bei Sturmfluten draußen, die Elbe aufstaute, stauten sich folglich Havel, Rhin und Dosse, oder die Elbwasser drängten sogar das Rhinluch aufwärts.

Dennoch hat auch mein „Alt-Rhinow" noch eine vollends im Luch gelegene Vorgängerin gehabt: die Mollenburg beim Dorfe Kietz. Der Mollenburg hinwieder, deren überdauernder Kietz jenes Dorf eben (an der Straße nach Strodehne) gewesen zu sein scheint, war ein slawischer Burgwall vorausgegangen, und daß diese Niederlassungen zu ihrer Zeit nicht auch schon Hochwassern erlegen waren, mag der „Großwetterlage" zu verdanken gewesen sein. Die Jahrhunderte gegen 1000 n. Chr., die wikingischen Jahrhunderte, waren relativ warm und trocken. Grönlands Küsten waren, wie der Name sagt, grünes Land. Zum Spätmittelalter hin verschlechterte sich das europäische Klima wieder (Bildung der Zuidersee im 12. Jahrhundert, Untergang von Rungholt auf Sylt 1362). Vielleicht aber hing „Alt-Rhinows" Katastrophe auch mit der beginnenden Elbeindeichung zusammen, die zwar nun die Elbniederungen sicherte, desto nachteiliger aber für die schutzlosen Luche und Brücher der Nebenflüsse war; da hatte man den Bereich der Gefährdung nur landeinwärts hinaufgeschoben. Man hat ja mit diesbezüglichen Problemen auch heute noch genug zu tun. Erst die stufenweise Regulierung der Dosse durch den Landgrafen von Hessen-Homburg, wie gesagt, des Rhins durch Friedrich Wilhelm I. und durch Friedrich den Großen und die Regulierung der Havel zwischen Potsdam und Brandenburg ab 1924 durch Eindeichungen haben die Verhältnisse ausgleichen helfen.

\*

Das an seinen derzeitigen Platz verlegte Rhinow liegt – das war der Zweck der Verlegung – etwas höher als jene „Alte Stadt" und lehnt sich an den aufgetauchten Endmoränenzug, der als weithin sichtbare Höhenkante das sogenannte Ländchen Rhinow nach Norden begrenzt; von West nach Ost: Rhinower Berge 94,4, Weinberg 73,9 und Gollenberg 108,6 m über dem Amsterdamer Normalpegel mit zum Teil recht steilem Abfall nach Norden und bis 80 m über dem Luch. Der weglose Direktanstieg bis zur höchsten Stelle erfordert den zusätzlichen Gebrauch der Hände, die an Grasbüscheln und Gesträuch oder am Geäst niederwüchsiger Eichen Halt suchen müssen.

Die nordwärtige Aussicht ist mit das Herrlichste, was die Mark zu bieten hat. Gobelinfarben liegt das Luchland gebreitet aus unzähligen weidengrauen, erlengrünen, espenweißen, sandfarbenen und torfbraunen Kleinigkeiten gewirkt, ziegelrote Akzente dazwischen, nadelfein eingestickt ein Kirchturm da, ein Schornstein dort, je ferner, desto häufiger graue und wälderblaue Querstreifen bis zu der Borte in Drap d'argent, mit der der Horizont Himmel und Erde aneinanderwebt. Die vielen winzigen Noppen unten sind weidende Kühe.

\*

In Fontanes Band „Grafschaft Ruppin" im Kapitel „An Rhin und Dosse" steht der Bericht eines Augenzeugen von der Inspektionsfahrt Friedrichs des Großen am 23. Juli 1779 durch die Kolonistensiedlungen im Luch, übrigens ein hervorragendes Stück Dokumentationsliteratur und zugleich ein aufschlußreiches, offenbar exakt getroffenes Porträt des siebenundsechzigjährigen Alten Fritzen. Man ist auf den Gollenberg gelangt.

„*Als Ihro Majestät ausstiegen aus dem Wagen, ließen sie sich einen Tubum geben und besahen die ganze Gegend und sagten dann: Das ist wahr, das ist wider meine Erwartung! das ist schön. Ich muß Euch das sagen, alle, die ihr daran gearbeitet habt! Ihr seid ehrliche Leute gewesen! (Zu mir) Sagt mal: ist die Elbe weit von hier?*

Fromme (der Augenzeuge): *Ihro Majestät, sie ist zwo Meilen von hier! Da liegt Werben in der Altmark, dicht an der Elbe.*

König: *Das kann nicht sein. Gebt mir den Tubum noch einmal her. – Ja, ja; es ist doch wahr! Aber was ist das für ein Turm?*

Fromme: *Ihro Majestät, es ist Havelberg.*

König: *Na! Kommt alle her! (Es waren Amtsrat Klausius, der Bauinspektor Menzelius und ich.) Hört einmal, der Fleck Bruch, hier links, soll auch noch urbar gemacht werden, und was hier rechts liegt ebenfalls, so weit als der Bruch geht...*"

Man kann das ganze sechzehneinhalb Druckseiten umfassende Zitat bei Fontane nachlesen und man soll es: die Beamten, gar nicht duckmäuserig speichelleckerisch, erheben Einwände, und der König entgegnet: . . . *Man muß eine Vertauschung machen, oder ein Aequivalent geben . . . Umsonst verlang ich nichts . . . Das Geld dazu gebe ich . . .*" –

„*. . . Die Kolonien*", schreibt mir Stöllns letzter Gutsherr, „*die man vom Berg aus sieht, heißen vielfach nach Generalen Friedrichs des Großen, Groß und Klein Derschau zum Beispiel oder Zietensau (aber gesprochen Zietens-Aue). Mit der Kolonie Neuwerder wurden wir*", die von der Hagens, „*zum ersten Mal enteignet! Der König befahl die Urbarmachung eines großen Erlenbruchs und setzte darauf Siedler aus Holland an, die sich noch im 19. Jahrhundert Holländer nannten.*"

Neuwerder liegt „*hier links*" zu Füßen des ostwärts anschließenden Steinbergs (92 m), und so wird jene Enteignung unter obigem Datum in die Wege geleitet worden sein. Inmitten des Panoramas, bei Alt-Garz, gibt es immer noch einen Klausiushof, und Amtmann Fromme entstammte einer hier weitverbreiteten Pastorenfamilie und war außerdem ein Neffe des „Vater" Gleim, des anakreontischen Dichters, der wie kein anderer Friedrich den Großen gefeiert hat:

Setzt unserm Einzigen die höchsten Ehrensäulen,
Von aller Welt mit Lust zu sehn;
In ihrem Schatten mag der Wanderer verweilen,
Und staunend in Gedanken stehn!
Setzt ihm die prächtigsten, daß alle, die sie sehen,

Sich freu'n der königlichen Pracht!
Nur alles Ausgehängsel weg von Kriegs-Trophäen,
Und nicht die kleinste Menschenschlacht.

Das Gedicht dürfte vom Jahr 1791 stammen, als man sich in Berlin mit einem Denkmal für Friedrich den Großen näher zu befassen begann, und sei auch deshalb hier eingerückt, weil es den Geschmackswandel vom Barock – siehe oben Glumes Denkmal des Großen Kurfürsten – zum Klassizismus sehr deutlich macht; der dazumal 72jährige Dichter war in dieser Hinsicht ganz fortschrittlich.

In Gleims Gedicht „An den Hofmahler Pesne", in dem dieser aufgefordert wird, Gleims Freunde samt und sonders zu porträtieren, E. v. Kleist, den Dichter-Offizier, den Rittmeister Adler und andere mehr, kommt auch ein Fromme vor:

Fromme winde Weitzenähren
Um das Haupt der blonden Ceres!

Das ist Gleims Schwager und der Vater des Amtmanns, den wir zitierten.

\*

Einen direkten Abstieg vom Gollenberg nach Stölln scheint es nicht zu geben. Auf der Höhe läuft ein offensichtlich heute kaum begangener Pfad als Gratweg sozusagen. Äste, gestürzte Bäume quer drüberhin. Hasenlosung. Windgekämmte Grasmähnen, vergilbt. Krüppelkiefern. Man sieht südwärts in die karge, eigentümlich zerklüftete Berg- oder Hügellandschaft des Ländchens mit etlichen kiefernbestandenen isolierten Kuppen, sieht die Premnitzer Schornsteine. Man soll manchmal Stendal und, genau in Südwest, Tangermünde sehen können. Quirlende Winde die Nordhänge herauf. Konnte mein Kartenblatt nicht entfalten des Windes wegen, der's immer wieder zusammenschlug.

Im Osten, nein, Nordosten ... das könnte Neuruppin sein, die Klosterkirche ... Halt! Ein Drahtzaun ... So groß kann das Areal der Segelfliegerschule am halben Hang doch nicht sein. Am ansteigenden Zufahrtsweg zu diesem Institut, das noch aus der Vorkriegszeit stammt, warnt ein Schild:

ACHTUNG! – FLUGPLATZ
LEBENSGEFAHR!

Also kommt ein Normalzivilist auch nicht einmal bis dahin. Aber das hier? Ein eingezäuntes Gelände mit Funkeinrichtungen, militärischen wahrscheinlich? ... „Sitzen de Russen oben", hatte mein

Rathenower Thekengenosse richtig orakelt ... Vorsichtig gepirscht also ... Wandern im besetzten Gebiet 31 Jahre nach Kriegsende ... Da! Da sind sie ... Junge russische Soldaten, blonde Kerlchen, damit befaßt, eine Gebäudemauer hochzuziehen ... Sie sehen mich nicht ... Wie aber, wenn sie mich sähen? ... Kehrt marsch ohne Aufhebens! Fersengeld. Hasenpanier. Abstieg nach Südost in Gegenrichtung ... Zum stillen Innern des Ländchens hin fällt das Gelände nicht so steil ab. Unten im tiefsten Frieden eine Schafherde. Unterm Wind. Aber die nordwärtigen Hänge sind steil, von 20 bis 40° geneigt, möcht' ich meinen. Und die Aufwinde dort.

\*

„Es war ein schöner Sommer-Sonntag. Wir gingen den Hügel hinauf und ich richtete ihm das Flugzeug. ‚Wollen mal sehen, wie es heute geht!' sagte Lilienthal, machte ein paar kleine Schritte – und schon schwebte er draußen. Der Flug gelang großartig. 20 Meter hoch war er gekommen und vielleicht 400 bis 500 Meter weit. Da hatte er nur so übers ganze Gesicht gestrahlt und gleich noch zwei Flüge riskiert.

„Und dann trug ich ihm das Flugzeug zum vierten Flug hinauf. ‚Jetzt nimm einmal die Stoppuhr, Beylich', rief er mir zu, ‚wir wollen mal sehen, wie lange ein Flug dauert.' Ich nahm die Uhr, und da startete er auch schon. Es ging wieder ganz ausgezeichnet; da, plötzlich, blieb der Vogel in der Luft stehen – scheinbar eine Windflaute – Lilienthal schlenkerte ein wenig mit den Füßen, damit er vorwärts kam – aber da schlug der Apparat auf einmal vornüber und sauste direkt mit der ‚Schnauze' in die Erde rein.

„Ich rannte hin, zog den Mann unter den Trümmern vor. ‚Lilienthal!' rief ich, ‚was ist denn los?', aber er gab keine Antwort. – Besinnungslos. Schnell holte ich meine Flasche Selters, die ich dabei hatte, und rieb ihm die Stirn ab. Und dann schickte ich einen der umherstehenden Jungen zum Arzt und einen nach einem Fuhrwerk. Plötzlich schlug Lilienthal die Augen auf. ‚Was war denn eigentlich, Beylich?', sagte er zu mir. – ‚Abgestürzt!' – ‚Na, ist nicht so schlimm', beruhigte mich Lilienthal, ‚kann immer mal vorkommen. Jetzt ruh' ich mich ein wenig aus, und dann machen wir weiter.' – ‚Nichts von Weitermachen', rief ich, ‚der Apparat ist doch ganz kaputt!' Da nickte er nur; Schmerzen hatte er keine, er konnte nur kein Glied bewegen.

„Lilienthal selbst kam die Sache gar nicht so überraschend. Er hatte immer mit einer Katastrophe gerechnet, wenn er aufgestiegen war. Aber das Ganze war nur ein unglücklicher Zufall. Am Tage vorher, am Sonnabend, hatte ich ihm einen neuen Apparat fertig gemacht, der gerade diese Absturzgefahr verhindern sollte, wenn einmal der Wind wegblieb, damit der Vogel langsam runtergleiten konnte. Am Montag wollten wir den ersten Probeflug damit machen. Es ist gerade, als ob es so bestimmt gewesen wäre: Immer schon hatten wir vom Absturz gesprochen, hatten das neue Flugzeug gebaut – und da, ausgerechnet 24 Stunden zuvor stürzte mir der Lilienthal ab... und dann kam der Arzt. Er untersuchte ihn auf freiem Feld und sagte: ‚Ist nichts gebrochen, alles ganz.' – Na, dachte ich bei mir, bei einem Absturz, das wäre doch wirklich ein Wunder. Also, wir schaffen den Hilflosen ins Hotel Herms in Stölln, wo er wieder die Besinnung verlor. Ich machte mich gleich auf den Weg nach Berlin, um seinen Bruder zu benachrichtigen. Das Fahrgeld mußte ich mir vom Wirt pumpen, denn in der allgemeinen Aufregung war mir mein Kittel mit Brieftasche und Geld gestohlen worden. Nach Mitternacht kam ich auf dem Lehrter Bahnhof an und mußte zweieinhalb Stunden zu Fuß nach Lichterfelde hinauslaufen. Gustav Lilienthal holte ich aus dem Bett..."

So geschehen am 9. August 1896 und so der Bericht des getreuen Assistenten Beylich. In Gustav Lilienthals Lichterfelder Villa wohnt heute noch, hochbetagt, dessen Tochter. Sie schrieb mir, Beylichs Bericht sei nicht beglaubigt und daher ohne eigentlichen Wert. Auf derlei Einwürfe kann ich gar nicht antworten. Ich habe den Absturz nicht miterlebt, und sie kann unmöglich so hoch in den Jahren sein, daß sie's noch besser wissen könnte als der einzige und im übrigen sehr kompetente Augenzeuge.

Otto Lilienthal hatte seine Schwebeflüge von der Steglitzer Maihöhe, vom 15 m hohen Lichterfelder Fliegeberg – den er selbst hatte aufschütten lassen und auf dem sich heute ein Erinnerungsmal befindet – und von gewissen Anhöhen bei Derwitz östlich von Groß-Kreuz aus vorgenommen (zwischen Werder und Brandenburg) und seine Versuche ab 1893 vom Gollenberg aus weitergeführt. Meist mit seinem Bruder zusammen, der indessen selbst nicht geflogen ist, an dem Unglückstag aber nur mit Beylich allein. Jenes Hotel Herms, in das man den Verunglückten zunächst brachte, hat sich seitdem in den Gasthof „Zum ersten Flieger" verwandelt. Lehnartz, der die Gaststätte von innen kennt, erzählte, daß sich dort allerlei Erinnerungsstücke, Fotos von Lilienthal-Modellen und dergleichen mehr wie in einem kleinen örtlichen Museum ausgestellt fänden. (Bin inzwischen dreimal durch Stölln gekommen, und jedesmal hatte der „Erste Flieger" seinen Schließtag.)

Lilienthal starb einen Tag später in der Bergmannschen Klinik zu Berlin: Bruch der Wirbelsäule. Da wären die Ärzte wohl auch heute noch recht ratlos. Der Sterbende hat seinen Bruder Gustav noch erkannt, aber zu seinem Unfall nichts mehr verlautbart. Ein Gedenkstein steht am halben Hang des Gollenberges an der Absturzstelle. Der Berg war damals nicht in dem Maße bewaldet wie heute, das lehren alte Fotografien. Der Stein ist in den 50er Jahren errichtet worden. Das läßt auch sein Text erkennen:

> Es kann Deines Schöpfers
> Wille nicht sein
> Dich Ersten der Schöpfung
> dem Staube zu weihn
> Dir ewig den Flug zu versagen
> ERSTER DEUTSCHER
> FLUGPIONIER
> OTTO
> LILIENTHAL
> abgestürzt am 9. 8. 1896
> Ehre und Ruhm

\*

Was die Leser an Wissenswertem und Ergänzendem beitragen, ist gar nicht hoch genug zu schätzen! Herr G. M. aus Berlin schreibt: „Sie führen auf: ein Augenzeuge (Beylich) berichtete, er habe zwei Jungen ins Dorf geschickt. Einer von diesen Jungen war der mir bekannte Rudolf Hertel aus Neuwerder, damals Schusterjunge. Hertel war in Baumschulenweg unser Schuhmachermeister. Beiläufig erzählte er mir, daß er als Junge Lilienthal oft beim Tragen des Segelflugzeuges geholfen hatte. L. beobachtete stundenlang, am Hang sitzend, die Segelflüge der Störche und machte sich Aufzeichnungen. Nach dem Absturz wurde L. in sein herbeigebrachtes Hotelbett gelegt und auf einem Bauernwagen über Sieversdorf nach Neustadt/D. gefahren, wo ihn ein Güterzug aufnahm . . . Vater Hertel ist im 93. Lebensjahr gestorben . . . Er wurde anläßlich des 75ten Todestages Lilienthals von der Gemeinde Stölln oder Rhinow als Ehrengast eingeladen und sprach auch einige Worte. Er war ein leidenschaftlicher Angler und hat bis ins hohe Alter als Gast seiner Verwandten in Neuwerder im Klessener See gefischt . . . Seine ledige Tochter, Frl.

Hertel oder Frau Hertel, da schon Rentnerin, Baumschulenweg, Baumschulenstraße 23 weiß natürlich noch mehr zu berichten..."

Daß hier noch ein Augenzeuge aufgefunden worden ist! Aber wie soll der kleine Schusterjunge aus Neuwerder weiland vor der unerbittlichen Nichte ihres ikarischen Onkels bestehen können, wenn schon der Mitarbeiter und technische Assistent als Augenzeuge für unzuständig erklärt worden ist.

X

# Dieser Herr sitzt mit seinen Kumpanen in Westdeutschland

*Stölln, den 29. Mai 1975*
Die Kirche schloß mir ein alter Mann auf, der zufällig des Wegs gekommen war und mich beim Betrachten einiger Grabsteine gesehen hatte, genauer zweier Platten und zweier Gedenksteine, alle vier für Verstorbene aus dem Geschlecht derer von der Hagen, das hier im Ländchen Rhinow seit Jahrhunderten angesessen gewesen war, seit 1441, soweit dokumentarisch belegbar. In der Kirche ein kleiner Renaissance-Altar und eine Empore mit den jüngst renovierten Wappen der adeligen Familien aus dem Lädchen oder aus sonstiger Nachbarschaft: drei Quitzows, drei von der Hagen unter anderen, hübsche Wappentafeln im Geschmack des 18. Jahrhunderts. Vielleicht die Wappen der angeheirateten Damen wie in Baruth am dortigen Schloß (siehe Band III, Seite 148/9) oder wie in der Kirche in Wiesenburg (Band IV, Seite 148); es können ja auch die weitverzweigten von der Hagens untereinander geheiratet haben.

„War eener aus Berlin hier", erklärte der Bejahrte, „der hat det jemacht. Hat allet abjeschabt, und da kam det nu so sauber raus. Ick kann et nich mehr lesen. Könn'n Sie det? ... Ja, der alte Küster, der is nich mehr, und nu mach ick det, solange wie dat et jehn tut. Ick mach det bloß so. Mein Bruder arbeit't ja noch, der fährt Taxe. Und ick bin ja nu seit zehn Jahre allein ... Witwer ... Na, nu eß' ick Mittach bei ihn."

Wir waren inzwischen wieder ins Freie getreten. Einen Obolus für seine Kirchenführung hatte er nicht nehmen wollen, mich aber aufgefordert, was ich ihm zugedacht hatte, in den Klingelbeutel zu legen. „Wie ist der Gottesdienst?" fragte ich. „Macht das der Pfarrer aus Rhinow?"

„Aus Rhinow der, der macht det. Und hat auch Strodehne auch noch mit."

„Und wie ist der Besuch?"

„Na, man bloß noch die paar Alten."

„Haben Sie die letzten von der Hagens noch gekannt?"

„Ick? Ick hab' sogar noch den Alten jekannt! . . . Der! . . . Wir hatt'n früher ne Wirtschaft hier jehabt. Aber det is schon lange her . . . Aber der Alte der! . . . Wenn wer hab'n oben jemäht am Gollenberg, da war der villeicht hinterher, dat wer ja keen' Boom nich mit umjemäht hab'n, wat er hatte anjeflanzt."

„Das da drüben muß doch eigentlich das Schloß sein. Ich hab's aber ganz anders in Erinnerung."

„Det is et schon. Aber se haben's jeteilt in de Mitte, gleich wie allet vorbei is jewesen. Det Mittelstück rausjebrochen und zwee jetrennte Jebäude draus jemacht. Und rechts is nu die Bürgermeisterei drin und links die LPG und allet mögliche."

„War auch vorher nur ein bescheidenes Schloß. Ohne Luxus."

„Bescheiden ja! . . . Der Alte! Der war bescheiden! Immer bloß einspännich is er rumjefahren mit sein' Kutscher, und Marmeladenstulln hat er jegessen . . . Aber: seine Sachen hat er in Ordnung jehalten. Sein Jut war ohne Schulden. Die andern hier, die Kleists und die Bredows, alle war'n se verschuldet. Aber der Alte, der nich. Der hatte keene Schulden druff!"

„Und die Jungen?"

„Hatt'n ooch keene. Er hat ja hier noch jelebt bei sie. Die Jungen? Der Major. Na, der is nu ooch schon . . . Na, wat is er? Zwee Jahre älter als wie ick."

„Und wie alt sind Sie?"

„Icke? Siebenundsiebzich!"

„Der Major ist bei Hannover irgendwo. Er hat mir mal geschrieben. Schon eine Weile her."

„Nee, in Herford. Ick hab'n mal besucht. Und fahr ooch mal wieder hin. Is in'n Altersheim jetzt drüben. Erst hatt'n se ihn ja verschleppt."

„Und seine Frau? Die hab' ich hier damals gesprochen. In den letzten Tagen. Da war eine kleine Terrasse vor dem Schloß, zu der ein paar Stufen hinaufführten. Da stand sie."

„Seine Frau hab'n se gleich abjeschoben . . . Is ooch in den Altersheim."

„Hatten sie Kinder?"

„Ja. Hatt'n se. Viere. Drei Jungens und ein Mädel."

„Und leben alle noch?"
„Ja, leben. Det Mädel is in Kanada, ja . . . in Kanada."
„Das ist nun rausgekommen bei aller Bescheidenheit."
„Ja, det is rausjekomm'n bei . . . Und nu sind se alle enteijnet . . . Die Bauern ooch gleich mit."
„Welche LPG-Stufe?"
„Drei. Da jehört keen'n mehr wat. Is allet Drei hier in die Jegend. Nur in Prietzen is noch eener. Der macht et noch alleene."
„Und die Erträge?"
„Erträge? . . . Is ja keen Intresse, is ja keen Intresse . . . Na und ick? Ick mach det solange, wie dat et jehn tut."
„Und dann?"
„Wird et woll keener mehr machen."

\*

Anders sieht diese Dinge die „Märkische Volksstimme" aus den 50er Jahren; habe leider das Datum des nachstehenden Zitats nicht mit auf die Ablichtung geschrieben, bitte aber, mir die Echtheit auch ohne dies zu glauben; man kann so was ja auch gar nicht erfinden:
*von der Hagen hat ausgespielt*
*Bei uns in Stölln besaß früher der Rittergutsbesitzer von der Hagen über die Hälfte des Bodens des Dorfes, von der Hagen wurde 1945 enteignet. Die Bodenreform gab 60 Neubauern eine gesicherte Existenz. Arbeiter und Bauern zogen ins Schloß. 1952 haben sich bei uns die ersten werktätigen Bauern zur Landwirtschaftlichen Produktionsgenossenschaft „Vorwärts" zusammengeschlossen. Heute bewirtschaften 67 Genossenschaftsbauern 533 ha Land. Unsre LPG entwickelte sich gut. Keiner unserer Genossenschaftsbauern will wieder Gutsarbeiter bei Herrn von der Hagen werden. Dieser Herr sitzt mit seinen Kumpanen in Westdeutschland und träumt immer noch von einer gewaltsamen Eroberung der Deutschen Demokratischen Republik und versucht, die demokratische Wiedervereinigung Deutschlands zu verhindern. Wir Bauern sehnen uns nach einem einheitlichen, friedliebenden Deutschland und begrüßen deshalb die Vorschläge des 30. Plenums des ZK der SED zu den Fragen der Wiedervereinigung. Ich bin der Meinung, daß es dazu notwendig ist, auch in Westdeutschland eine demokratische Bodenreform durchzuführen und die Vorrechte der Großgrundbesitzer zu beseitigen, um auch in Westdeutschland die vollen demokratischen Rechte der werktätigen Bauern zu garantieren. Das wäre ein wichtiger Schritt*

*zur Wiedervereinigung. Wir Genossenschaftsbauern sind gern bereit, unsern Brüdern und Schwestern in Westdeutschland bei der Durchführung der Bodenreform zu helfen.*
LPG-Vorsitzender Richard Dallmann, Kreis Rathenow

Das kann man wohl offene Worte nennen. Doch war dies nicht die bedeutungslose Meinung dieses einen Herrn Dallmann etwa, sondern die ganz offizielle der DDR und der SED, was auf eins hinauskommt, die Meinung um die Mitte der 50er Jahre jedenfalls.

Nicht faul auch das „Bauern-Echo" vom 25. Mai 1958 – hat mir ein Leser vor einiger Zeit eingesandt, aber ich glaube, das „Echo" ist nur eine Beilage der „Märkischen Volksstimme" gewesen –, darin schreibt eine gewisse Barbara Drexler in einer Fiktion, in der sie Fontane durch Dörfer des Kreises Ruppin führt und dem Dichter allerlei positive Urteile über die Wendung der Dinge in den Mund legt – nicht als Fontane-Worte zum Glück! – dies: (Nachdem Fontane gesagt hat: „Bringt mich nach Wustrau. Schon viel hörte ich heute über das Dorf, dem ich einst das erste Kapitel meiner ‚Wanderungen' widmete") „Der alte Joachim Franz, General von Ziethen, wird aufgehört haben, sich im Grabe umzudrehen, ob der Besitzergreifung seiner Liegenschaften durch die Werktätigen, da sich eine solche Kreiselbewegung im Sarge inzwischen als zwecklos erwiesen hat..."

Wenn die Schreiberin doch wenigstens erstmal bei Fontane, beim echten Fontane, nachgeschlagen hätte, bei dem es heißt:

Joachim Hans von Zieten
Husarengeneral...

Auch die letzte Strophe dieses einst fast populären Gedichts hätte hinsichtlich des guten Geschmacks dem Fräulein Drexler ein Beispiel geben können:

Und als die Zeit erfüllet
Des alten Helden war,
Lag einst, schlicht eingehüllet,
Hans Zieten, der Husar:
Wie selber er genommen
Die Feinde stets im Husch,
So war der Tod gekommen
Wie Zieten aus dem Busch.

\*

Aus Briefen des Herrn v. d. Hagen in der Zeit zwischen dem 23. Juli 1975 und dem 6. September 1976 an den Verfasser: „Eine Cousine von mir schickte mir Ihren Artikel über Stölln (Tagesspiegel vom 20. 7. 75). Ich habe große Freude daran gehabt und muß feststellen, daß Wilhelm Düsekow, früher 96 Morgen, meinen Vater sehr gut beschrieben hat."
„Die Kirche ist 1933 von dem Kirchenmaler Sandfort aus Berlin neu ausgemalt worden und, wie mir meine Schwester schrieb, die bis 1965 in Stölln gelebt hat, noch mal nach dem Kriege renoviert worden. Der Altar stammt aus dem Jahr 1615, die Kanzel aus dem Jahre 1621. Das ‚Verhör Christi‘,(das Altarblatt)' stammt aus dem Jahre 1701. Dasselbe Bild hängt entweder in Rathenow oder Stendal, oder auch Tangermünde . . ."
„Es war mir eine Freude, die noch völlig intakte 199te bei mir im Quartier zu haben." –
Märkischer, darf ich einschalten, als Wilhelm Düsekow geht's wohl nicht. Mit 96 Morgen sind die Düsekows keine Kleinbauern gerade gewesen. Wilhelms Bruder, der sich als Taxifahrer sein Brot verdient, habe ich an mir vorbeifahren sehen, als ich von Stölln zum Bahnhof Rhinow trottete. Da saß er, die Schirmmütze akkurat auf Schädelmitte, mit gradem Rücken und festem Gesicht, offensichtlich aber auch schon Siebziger, am Lenkrad, wie einst die Herrschaftskutscher saßen. Sicher gibt es in Rhinow nur ein Taxi, und da der Kleinheit des Städtchens wegen Ortsfahrten entfallen, bleiben die Überlandfahrten, die ihren Mann einigermaßen ernähren mögen.
„Die Hagens kamen Ende des 14. Jahrhunderts aus der Braunschweiger Gegend über die Altmark in die Mark. Die Familie teilte sich . . . Ende des 14. Jahrhunderts in die Hohennauener Linie und die Stölln-Mühlenburger Linie . . ."
„Stölln bestand, wie sooft in der Mark, aus zwei Anteilen. Sie wurden Mitte des 19. Jahrhunderts durch Kauf von Vetter zu Vetter vereinigt. Von Hans Ernst Wilhelm v. d. Hagen-Wolsier erbte es mein Urgroßvater. Hans Ernst Wilhelm hatte, wie man jetzt sagen würde, als Hobby den Ochsenhandel. Er fuhr mit Ochsen, er pflügte mit Ochsen und, als er 1860 starb, bestimmte er, daß er mit Ochsen nach Stölln zu Grabe gefahren würde. Sein Sarg sollte nicht mehr als 3 Thaler kosten. Da er ungläubig war, durfte die Trauergemeinde nicht mit auf den Friedhof. Sein Grab ist ohne Hügel und Kreuz in der Südwestecke des Stöllner . . . Kirchhofs. Noch in meiner Jugend verkaufte der Apotheker Jansen in Rhinow eine sogenannte Ossenhagen-Salbe für krankes Rindvieh . . ."

„... die Grabplatten, die Sie in Stölln gesehen haben: Darunter liegt mit seiner Ehefrau Christoph von der Hagen, gestorben etwa 1660, der den Altar der Stöllner Kirche stiftete ..."
„Wissen Sie, was ein OG ist? Ein OG ist ein älterer Rittmeister ohne Planstelle bei einem Divisionsstab, der die Aufgabe hatte, mit dem General spazieren zu fahren, was, solange der General nicht das Ritterkreuz hatte, manchmal recht unangenehm war."

Ich darf einschalten: habe meinen General auch des öfteren auf Dienstfahrten begleiten müssen, was kein ungetrübtes Vergnügen war, obwohl der meinige das Ritterkreuz besaß. Die Abkürzung OG ist mir beim Kommiß nicht begegnet und kann kein heeresdienstlicher Terminus gewesen sein.

„Zur Person: Mir war es irgendwie gegen den Strich, den alten Besitz und vor allem unsere Leute im Stich zu lassen. Auf Anraten Ihres Kommandeurs (wenn ich mich recht erinnere General Lutz?), wollte ich mich aber eine Zeitlang von Stölln absetzen (1. Mai). Ich kam bis nach Grube in der Westpriegnitz, dessen Besitzer als Pferdevormusterungskommissar erschossen wurde, weil er eine Pistole hatte. Pferde und Wagen waren weg. Mit Hilfe eines freundlichen russischen Lkw-Fahrers, der Artist im russischen Zirkus war, kamen wir nach ca. 3 Wochen nach Friesack und von da nach Stölln zurück. Im Juni 45 kam die NKWD und griff mich. Nicht als ‚Politischen', sondern als Major. Dann saß ich auf den Tag genau 3 Jahre in der Gegend von Wologda hinter Stacheldraht. Das war ziemlich unangenehm, ich habe aber viel gelernt, z. B. wie Menschen sind, von denen die Tünche völlig abgefallen war. Ich muß sagen, daß ich die drei Jahre in meinem Leben nicht missen möchte..."
„Ihren Artikel ... bekam ich zweimal aus Berlin und einmal handschriftlich abgeschrieben aus Rathenow."

\*

Die Frau v. d. Hagen hat in einem sehr ergreifenden Buch „Die Feuersäule" (Der Rufer – Evangel. Verlag Gütersloh 1948) jene Tage beschrieben: (sie und die Kinder sind allein, der Major schon verhaftet) „Als wir eines Tages in der Küche um unsere Schüssel mit Pellkartoffeln sitzen, kommt der Bürgermeister und teilt uns mit, daß unser Land neu verteilt werden soll, wir selbst aber als Siedler nicht zugelassen würden. Zum Zeitpunkt der Landverlosung, also in drei Tagen, müßten wir das Dorf bereits verlassen haben. Entschädigung und Lebensmittelkarten stünden uns nicht zu..."

Daß derlei in solcher Form möglich war, obwohl doch die Vertreibung, Enteignung und Verfolgung der Juden, die 1933 begonnen und in apokalyptischen Mordorgien nach 12 Jahren ihr Ende gefunden hatten, so bald schon wieder möglich war . . . die Feder sträubt sich, die Folgerung daraus aufs Papier zu bringen.

*

Der Schwester des Majors war ein so hartes Schicksal nicht bereitet. Denn in einem der Briefe, den vom 11. September 75, heißt es – ich hatte danach gefragt –: „Meine Schwester wohnte mit der Mutter im eigenen Haus, mußte 1946 den Kreis verlassen, wohnte bei einem Bauern in der Priegnitz und durfte nach einem Jahr durch Initiative des von den Russen eingesetzten Bürgermeisters (meines früheren Fohlenfütterers) nach Stölln zurück. Sie lebte von den Mieten ihres Hauses, war eine Zeitlang Sekretärin beim Bürgermeister und im übrigen bis zu ihrem legalen Umzug zu uns . . . Kirchendienerin . . ."

XI
# Am Schienenweg

*Berlin, den 9. September 1975*
Der Fernbahnhof Lichtenberg existiert zwar schon seit der Teilung Berlins, befindet sich dennoch aber erst im Bau, und man scheint da nichts Geringes gerade vorzuhaben. Die Lage an der Ausfallstraße zum Berliner Ring der Autobahn und nach Frankfurt an der Oder ist recht günstig. Stadtbahn sowohl wie Ringbahn treffen sich dort mit der U-Bahnlinie nach Friedrichsfelde. Ein großer Verschiebebahnhof war immer schon vorhanden, und von Süden und aus dem Stadtinnern sowie von Norden kommen Fernbahnstrecken herauf, heraus und herab. Gut. Oder vielmehr nicht gut. Vorläufig macht der Bahnhof einen reichlich verwahrlosten Eindruck, das muß man leider sagen. Papier liegt rum, Kippen, Pappbecher und leere Flaschen in Haufen, die niemand abtransportiert. Abfallkörbe überquellend. Niemand leert sie. Penner auf den Bänken in der Unterführung im Schlaf des Ungerechten. Die Zustände auf den mit WC angezeigten Toiletten auf dem Fernbahnsteig C spotten jeder Beschreibung, und ich wundere mich ernstlich, daß solch offensichtlichem Übelstand dort kein Gewicht beigemessen wird. (Unsere Bahnhofszustände in der westlichen Stadt sind auch nicht beispielhaft, doch unterstehen die Bahnhöfe West-Berlin – wer vermag den Unsinn zu fassen? – nicht der westlichen Verwaltung, sondern, merke!, der östlichen.)

6 Uhr 49 – D 530 nach Schwerin in Mecklenburg. War in Unterschätzung der fixen Verkehrsbedingungen und kraft schneller Abfertigung am Grenzübergang fast eine Stunde zu früh in Lichtenberg. Daher war meine Inspektion gründlich . . . Herbstmorgenkälte mit Sonnenrotgold . . . Dermaleinst, so darf man hoffen, wird

auch der Kaffee, den die Bahnhofswirtschaft dann ausschenken wird, qualitativ dem stolzen Brückenschwung entsprechen, mit dem die begradigte und verbreiterte Frankfurter Allee über die Gleisanlagen des werdenden Bahnhofs setzen wird, und wird internationalem Kaffeeniveau angepaßt sein. Was die MITROPA-Gaststätte in ihren ungelüfteten Kellerräumen dem Publikum heute vorsetzte, hatte mit solchem Niveau, dem hier vielbeschworenen Weltniveau, nichts, aber auch nicht das geringste zu tun.

„S-tark is er ja nu grode nech", hörte ich am Nebentisch eine blonde Matrone urteilen. Ein Mehr an Kritik kam nicht über ihre Lippen, aber, was schlimmer wäre, vielleicht nicht einmal in ihren Sinn. Vielleicht fehlte ihr bereits der Qualitätsbegriff, wie Kaffee zu schmecken hat. Seiner Lage nach ist der Lichtenberger Bahnhof nicht nur das Tor nach Mecklenburg und zur ostseeischen Waterkant der DDR, sondern auch Ankunfts- und Abreisebahnhof der vielen Skandinavier, die die DDR als Heimstatt des Sozialismus besuchen, und diese sind, zumal die Schweden, groß im Kaffeekonsum und in kulinarischen Qualitäten verwöhnt.

\*

*Neustadt an der Dosse, den 9. September 1975*
Da lobe ich mir den Bahnhof Neustadt/Dosse, wo ich bis zum Umsteigen in den Zug Nr. 6306, keinen Eilzug gerade, nach Bad Wilsnack anderthalb geruhsame Stunden Aufenthalt habe. Zügiger sind die Bahnverbindungen nun einmal nicht. Das ist ein netter, ein gepflegter Bahnhof, wenn sich das so sagen läßt, sauber alles, die Bahnsteige gefegt, kräftige Blumenarrangements in Bütten und Beeten, wohlgewässert und entkrautet, Geranien, Georginen, Studentenblumen, Petunien und Astern. Das Stationsschild auf dem Bahnsteig 2/3 haben zwei Rosenstöcke so überwuchert, als gelte es ein Dornröschen zu umfangen und einzuhecken. Von der Ortsbezeichnung Neustadt/Dosse ist eigentlich nur noch „eusta" zu lesen...

„Eu sta", wie das nur klingt! Fast so, als wolle es in irgendeinem altgriechischen Dialekt ‚Wohlstand' bedeuten. Ätolisch, Äoiisch, Bukolisch. Und ans antike Griechenland gemahnt auch auf anmutige Art der Schinkel-Baustil des Stationsgebäudes, das seine 125 Jahre oder etwas älter sein mag. Diese, die Berlin–Hamburg-Bahn wurde 1846 eröffnet. Überhaupt ist die Strecke durch gleichsam klassische Bahngebäude ausgezeichnet – die in Paulinenaue und in

Friesack zum Beispiel –, Gebäude, die der Krieg nicht berührt hat und die jetzt stilgerecht in schönem Sahnenweiß angestrichen sind. Sehr märkisch. Jede Station einem märkischen Herrenhaus ähnlich oder gar einem Schlößchen.

Das Neustädter Stationsgebäude übertrifft die übrigen an Ansehnlichkeit und treffsicherem Geschmack: die sehr fein abgemessenen Gesimse und Profile, zierlichen Eierstäbe oder „ionische Kymatien", etwas stilmischend dorische Mutuli dazwischen, die dem Architrav entsprechende Fläche in wohlgesetzten Abständen mit kreisrunden Reliefs geschmückt, darinnen, soweit zu erkennen, aufbäumende Hippokampen, darunter ein schwaches Gesims, dann das Obergeschoß mit sehr glücklich gegliederten Fenstern, unter diesen ein Friesband aus Keramikplatten zwischen Simsen, auf diesen senkrecht gerieften Kacheln je ein Ahornblatt, alle Zierarten in zartem Umbragrau vom übrigen Anstrich abgesetzt, die Ahornblätter aber in hellem Goldbraun. Eine sehr gelungene Sache, die unter Denkmalschutz zu stellen wäre, wenn sie's nicht schon ist. (Aber ich wollte ja keine Architekturbeschreibungen abliefern.)

Doch der Kaffee, das verdient die Erwähnung, könnte dem Lichtenberger Genossen MITROPA-Direktor und seiner Köchin zum mahnenden Exempel dienen, der Kaffee in der winzig kleinen Bahnhofswirtschaft von Neustadt/Dosse, jawohl! . . . Gesetzt freilich, einer hat, so wie ich, Zeit zu warten, bis sich der Kaffeegrus auf dem Tassenboden abgesetzt hat. Aber es ist eben doch Bohnenkaffeegrus und gar nicht so wenig. Was doch wohl das *essential* ist und wichtiger als die Anwendung von Filterpapier, das fehlte oder an der man es hat fehlen lassen. Aber lese ich recht? Auf der Rückseite meines Kursbuchs mit dem Sommerfahrplan 1975 wirbt die MITROPA folgendermaßen:

> Schöner reisen durch Dienstleistungen der
> MITROPA
> MITROPA – Bahnhofsgaststätten. Mit Selbstbedienung für eilige Gäste, gepflegt, gemütlich für Gäste, die zwischen zwei Zügen angenehme Stunden suchen, für Bürger, die Gastlichkeit von früh bis spät genießen wollen.

\*

Die Morgensonne, die über den Lichtenberger Dachfirsten noch nichts vermocht hatte, meint es jetzt, wie die Redensart so schön sagt, gut, meint es sogar besonders gut, exzellent, und gibt der von Schwälbchen durchsichelten Luft eine seidige Zartheit, die nur der Herbst kennt. Im Aushang die An- und Abfahrtszeiten: nach Pritzwalk der Personenzug um 8 Uhr 36, nach Havelberg der Omnibus um 8 Uhr 40, aber nur montags, mittwochs und freitags. Den muß erwischen, wer nach Havelberg will, eine kürzere Verbindung dorthin gibt es nicht, und ebenfalls um 8 Uhr 40 ein Personenzug nach Neuruppin. Von Gleis 5.

Das gelassen betriebene Rangieren der Güterwagen. Der Lokführer ein gesetzter Mann bei Jahren. Verläßlichkeit in Person. Laut Kretschmers „Geniale Menschen" sind Lokomotivführer „typische soziale Aufstiegsberufe". Die weniger gelassenen als vielmehr kühnen, kühn gekratzten Kurven des batterieschlenkernden Stückgut- und Gepäckkarrens mit seinem nachschlenkernden Anhänger; der das Gefährt exerziert, dirigiert, guberniert ein Sommersprossiger von 15 Jahren oder 16, Spiel und Ernst verquickend, Risiken eingehend – mal sehn, ob wer das noch schaffen ... Mann, um ein Haar gegen die Wand! Die hat schon ganz schöne Schrammen –, auf der pagenkopflangen blonden Strähnenmähne mit Stolz die Dienstmütze des Reichsbahnanwärters.

Der Bahnpolizist, der drüben mit Leuten von der Güterabfertigung seinen Morgenplausch gehalten hat, schreitet, als zähle er die Schritte, langsamen Müßiggangs über die Schienenstränge, den Gesprächsfaden dabei aufwickelnd, um ihn aufs neue mit dem Stationsvorsteher und dessen Leuten abspulen zu können. Er blinzelt in die Sonne. Seine gewichtige Diensttasche baumelt bis zur Mitte des Oberschenkels, schwarzes glänzendes Leder. Die Dienstpistole steckt in einem gelblichen Lederfutteral. Stille. Ein Pferdewagen auf Gummireifen im Schritt über den Bahnübergang. Stille ...

Der Hochgesang einer PANAM-Maschine oben im Blauen. Man sieht sie kaum. Neustadt/Dosse liegt unter dem Luftkorridor West-Berlin–Hamburg. Das altmodisch verhaltene, liebenswürdig lärmlose Läutewerk der Schranken ... Der nicht gerade kleine Ehrenfriedhof der Roten Armee auf dem Bahnhofsvorplatz. Die Grabsteinbeschriftungen, schon reichlich verwittert, wären zu erneuern ... Ist dreißig Jahre her, daß sie hier fielen und beigesetzt wurden. Gefallene der letzten Tage, der letzten Stunden des Weltkriegs Nr. 2, des letzten Krieges übrigens, den die Sowjetunion selbst geführt hat, die unanfechtbare Macht, deren bloßes Auftreten genügt, um am Ussuri oder an der Moldau die gewünschte Ordnung herzustellen und zu verfestigen.

Dem Bahnhofsbau gegenüber der „Rat der Stadt" in einem Haus mit Jugendstilanklängen und neben anderen Bauerzeugnissen im Gründerjahrstil bescheidentlich das „Hotel Huth" mit vor längerer Zeit türkisgrün gestrichenen Fensterrahmen und Tür, das erste Haus am Platze möglicherweise, am Bahnhofsplatz jedenfalls . . . 9 Uhr 33 . . . in drei Minuten müßte mein Zug hier sein. Aus Nauen. Mittels Fernglas könnte man ihn von Friesack abfahren sehen. Beinahe wenigstens. Oder bestimmt doch von Segeletz. Wie? Die Strecke ist schnurgerade bis zum Horizont und eben. Entsprechend dem ebenen Boden des Rhinluchs und des Dossebruchs . . . Da! . . . Da ist er. Winzig und mausgrau noch . . . Bald wird der rote Lack der Diesellock aus dem Grau erstehen . . . Jetzt . . .

\*

*Bad Wilsnack, den 9. September 1975*
  Die Bahnlinie von Neustadt/Dosse bis Wilsnack ist genau 37,3 km lang und wird binnen 50 Personenzug-Minuten zurückgelegt. Allerdings nur auf dem Papier des Kursbuchs. Doch hat manches Manko der Planerfüllung auch wieder sein Gutes. Infolge langen Wartens auf den Güter-Gegenverkehr, der unpünktlich ist, oder auf den Interzonenverkehr, der offenbar Vorrang hat, zieht sich die Fahrerei unvorhersehbar in die Länge. Man steht in Zernitz und wartet, steht in Stüdenitz, in Breddin, in Glöwen und wartet und wartet wieder. Die Wohltat der Stille jetzt. Der Lokführer hat seine Maschine abgestellt. Längst sind die 50 Minuten überschritten.
  Für das Manko entschädigt zum Beispiel die verweilende Ausschau ins spreewaldverwandte plane Wiesengrün des Bruchs. Die vielen lagernden oder grasenden Herden schwarzbunter Kühe. Vorhin war im Süden der Stöllner Gollenberg zu sehen. Die Schwarzerlengehölze links an den Luchgräben der Jägelitz in immer neuen Gruppierungen. Weiden und Eichen. Espen. Ein rüttelnder Bussard. Der Einblick in Busch und Hecken rechter Hand hügelan am Urstromtalrand. Der Blick in die abgeernteten Felder der Prignitz. Nur der Mais steht noch. Die herbstlichen Bauerngärten. Niemand im Waggon. Die Zugschaffnerin geht draußen auf und ab, sich mit Sonnenschein aufzuladen, soviel es noch gehen will.
  Die Idyllen, die sich dem verwandelnden Eingriff der Zeit entzogen haben: so war es, so waren sie immer, die freundlichen Kinderdschungel wie eh und je. Das anheimelnde Durcheinander von Verrottung und Betreutheit, von Nütz und Unnütz. Wie das gewachsen

ist und wuchert. Kraut und Rüben. Gerümpel und Gerät, Ausgedientes und Dienliches.

Die lastenden Schatten und die warmen Sonnenlichter dazwischen, darunter dämmert, was immer da blüht, oder aber erglüht in buntem Feuer. Die Sommerastern, ihr fiedriges Weiß um die zitronengelbe Mitte, ihr Blauviolett, ihr Rot vin rosé. Rotglutende Rosen noch eine ganze Last, auch vereinzelte Heckenrosen noch. Die Goldrauten, die sich einmischen. Glasblauer Himmel gegen Nord. Die Stare auf der Fernsehantenne, das zugehörige Haus ganz versteckt. Eine letzte Gladiole, kardinalrot, die pastellne Palette der Zinnien, das Trompetengeschmetter der Georginen. Und wieder Astern. Das taufeuchte Erdreich. Auf der Leine Kinderwäsche, die über Nacht nicht getrocknet ist. Hinter vielem Gezweig die alte Frau unter schwärzlichem Laub, die Mohrrüben auszieht und nach den Kürbissen sieht. Die Leiter im Pflaumenbaum. Auf dem Rand der zerbeulten Zinkwanne zwei heurige Feldsperlinge zierlich nippend, tröpfchenweise, hoch die kleinen Kehlen. Kapuzinerkresse und zwei ... da ist noch einer ... drei Gartenzwerge. Solche der Kleinststufe.

Was wir uns nur immer aufregen! Daß jeder Römer seinen Priapus im Garten hatte, diesen phallischen Herrn, sind wir geneigt, den unbefangenen Herrlichkeiten des Altertums zuzuzählen. Aber nicht alle Priapen stammten aus einer Werkstatt der Polyklet-Nachfolge, soviel ist sicher. Die meisten dürften wohl vom Dorfschmied fabriziert worden sein oder vom nächstbesten Töpfer. Gartenzwerge werden, Kitsch hin Kitsch her, als glückbringende Schutzgeister empfunden, ob, die sie aufstellen, sich darüber klar sind oder nicht. Gartenzwerge sind die „Schlümpfe" der Erwachsenen; falls Sie wissen, was ein „Schlumpf" ist. Das sind kleine vielleicht fünf Zentimeter hohe, standfeste Kerlchen aus weichem Kunststoff, von blauer Hautfarbe meist und mit einer weißen Zipfelmütze zu Häupten. Es gibt sie in vielen Varianten, mit Hammer, Hantel, Schraubenschlüssel, Trommel und so weiter. Die Kinder sind wie wild danach, sammeln sie und, das ist das Entscheidende, übertragen ihre Wünsche, Hoffnungen, Absichten und Tätigkeitspläne auf diese Männchen eben: es sind die Laren des Kinderzimmers.

Schlumpf-Kult und Gartenzwerg-Verehrung, vom Heidentum ein Wurzelstock mit kleinen Nachtrieben, die wahrscheinlich gar nicht erst aufgeschossen wären, wenn der Bildersturm der Reformation die Kirchen nicht von nahezu allem Bildwerk entblößt hätte. Was zu untersuchen wäre. Wo die Bilder noch vorhanden sind, sieht man keine Gartenzwerge. Oder irre ich mich? Wo las ich denn, daß

Gartenzwerge ein wichtiger Exportartikel der DDR sind? Ja und, noch paradoxer, auch Engel. Das las ich doch jüngst irgendwo. Man sollte sich derlei auf der Stelle notieren, aber man ... Plumps! Ein Apfel fällt genau in die Wanne. Die beiden Feldsperlinge schwirren davon.

*

Noch ein Aufenthalt. Wo? In Damelack! Aha! ... Das eingedunkelte alte Laub der Bäume, in dem als Rückstand allen grünen Lebens sich schon das Herbstbraun bereitet. Die müde Glanzlosigkeit der Blätter, die kaum mehr atmen. Da steigt kein Saft mehr so recht, der Turgor sinkt und sinkt, die Turgeszenz. Nur zu den Früchten findet er noch und läßt sie schwellen und reifen: Schaltwerk der Hormone oder Gottes Hand, wie einer will, es sagt im Grunde beides dasselbe und steht an Wunderbarkeit einander nicht nach. *Hen dia dyoin*, eins auf zweierlei Weise gesagt. . . . Fallobst zu Häufchen zusammengelesen. Sacht niedertaumelnd ein Blatt. Milchgrün noch Sommeräpfel, glatt und mattglänzend. Bauernäpfel grün halb, halb rot. Rotbackenäpfel, derb und herb. Goldgelbe Apfelmispeln. Das Schwarzrotviolett der geneigten Holunderdolden.

Aber die Birnen! ... Perlentropfenschmuck, bernsteinfarben im bräunlichen Altgrün, Goldbrokatgrün ... *„Und die Birnen leuchteten weit und breit"*, Fontane in seinem Ribbeck-Gedicht meinte diese gelben Birnen und sprach dabei leichthin zart vom Sterben und leichthin zart vom Fortleben:
*Und kommt ein Jung' übern Kirchhof her,
So flüstert's im Baume: ‚Wiste 'ne Beer?'
Und kommt ein Mädel, so flüstert's: ‚Lütt Dirn,
Kumm man röwer, ich gew' die 'ne Birn.'*
*Die* Birne sagt unsere Sprache und *der* Apfel, wie sie *der* Hund sagt, aber *die* Katze. Die Birnen, zumindest diese gelben, sind weiblichen Geschlechts, das ist gar keine Frage. Ihre Schale muß sehr lichtdurchlässig sein. Das gibt die weithin schimmernde Helligkeit, die der Maler Tiefenlicht nennt. Oder nannte. Man erfuhr es beim Aktmalen, die Schwierigkeit, das rundgewölbte Inkarnat wiederzugeben, den sogenanntem Fleischton, den changierenden Zusammenklang von samtigem Oberflächenlicht und dem Tiefenlicht vom Unterhautgewebe herauf. Milch und Blut. Perlmutt.

Manet hat das Oberflächenlicht betont, Rubens das Tiefenlicht. Tizian hielt beides ausgewogen ... *„Die Venus und der Orgelspie-*

*ler"*, das Septemberlicht der Landschaft im Hintergrund. Das Abschiedslicht. Schwermut der Jahreszeit. Abschied von des Alkinoos Garten ... Odyssee. Welcher Gesang? Der sechste? Der siebte? ... *Ogchnē ep'ogchnē gēraskei* ... Birne auf Birne reift. Ogchnē ist feminini generis, aber geraskein heißt auch altern, altersschwach werden ... Homer ... Da ist er, der Gegenzug. Lebwohl denn, Damelack! Hat auch sein Braves, so dämlich zu heißen ... Unser Lokführer wirft seinen Dieselmotor an. Die Shell-Oil-Company verfrachtet ihre Produkte nach West-Berlin ... Scheiche alle miteinander ...

XII
# Neueste Nachricht
# vom alten Birnbaum

*Berlin, den 26. Oktober 1976*

Der Birnbaum-Ribbeck ist wohl sein Urgroßvater gewesen. Oder der Ururgroßvater? Seinen Vater haben die Nazis in Sachsenhausen umgebracht. Sein älterer Bruder erbte das Stammgut. Er, mein Ribbeck, besaß Bagow, 6000 Morgen in der geographischen Mitte des Havellandes an jener Seenkette, die von Groß-Behnitz kommt und in den Beetzsee übergeht. Aber von alledem ist nun nichts mehr in Ribbeckschen Händen.

Die Ribbecks halten sich für altangesessenen Uradel aus vordeutscher Zeit, wurden auch allgemein dafür gehalten und leiten ihren Namen von slaw. ‚riba' = Fisch ab. Doch bliebe das zweite ‚b' in der Namensmitte dann ungeklärt. Eine Verschleifung aus ‚Riedbeck = Riedbach ist mir wahrscheinlicher; es gibt ja auch ein Dorf Riedebeck im Kreise Luckau, gibt eine ganze Anzahl unbestritten germanischer Dorfnamen gerade auch im Havelland und in der Prignitz, zum Beispiel erwähntes Reckahn = Rehhagen oder Glindow, slawisiert aus Glinde = Zaun. Zu denen eben zählt meines Erachtens auch Ribbeck und zählen unter anderem Markee, Markau, Karwesee, Schwanebeck, Niebede, Legde, Strodehne und Schollene; kann aber dafür nicht die Hand ins Feuer legen, ich bin kein Onomastiker, und die es sind, sind sich auch nicht einig. Urkunden des 16. Jahrhunderts bedienen sich der Schreibweise ‚Rybbeke'. 1354 wird der Name des Dorfes urkundlich als ‚Rydbeke' festgehalten.

Was immer aber die Ribbecks auch sonst an Rittergütern und Ländereien im Lauf der Zeiten besessen haben, zum Beispiel Dyrotz, Seegefeld oder Lichterfelde bei Eberswalde als kurfürstliches Lehen oder jenes Bagow eben seit 1772, ihren Stammsitz auf Ribbeck im Havelland haben sie seit undenklichen Zeiten gehalten und erst 1945 aufgeben müssen. Nur ob sie nun dem „wendischen" oder gar noch dem germanischen Adel angehören, wird sich nicht mehr klären lassen.

Sie sind wenig hervorgetreten, auch im Quitzow-Aufstand nicht. Sie vermieden, sich zu Baronen oder Grafen erhöhen zu lassen, und haben weder eine Chronique scandaleuse hinterlassen noch militärische Genies hervorgebracht, daran die Mark ja nicht gerade arm ist. Die Ribbecks waren immer nur da und zur Stelle. Eine gewisse Reserve gegenüber deutsch-emotionalem Wesen scheint ihnen eigen gewesen zu sein, aber die Gefallenentafel der Brandenburger Ritterakademie von 14/18, die wir oben im 3. Kapitel wiedergaben, führt ihrer einen auf, den Bruder dessen, der in Sachsenhausen umkam. Ihre Beteiligung an den Preußenkriegen und an dem deutsch-französischen von 70/71 kann vorausgesetzt werden, wenn auch nicht in der oberen Führung, soweit ich sehe. Selbst der findige und fundreiche Fontane hat diesem Geschlecht keinen epischen Stoff abgewinnen können. Er erwähnt nur in seinen „Wanderungen" zwei Grabplatten in der Groß-Glienicker Kirche und in der dortigen Gruft zwei Mumifizierte, einen Hans Georg v. Ribbeck, den Vater, und einen gleichnamigen Sohn, der Domherr zu Brandenburg war und 1703 gestorben ist. Dieser war's, der 1684 den Altar zu Groß-Glienicke gestiftet hat, ist aber nicht identisch mit dem in unserm 4. Kapitel angeführten Domherrn; denn die Tafel, die an der betreffenden Stelle erwähnt wird, stammt von 1723.

Da müßte man wohl erst unser Preußisches Geheimes Staatsarchiv und dessen Bibliothek zu Rate ziehen, um sich im Stammbaumgeäst zurechtzufinden. Denn ein noch älterer Hans Georg v. Ribbeck war um 1575 Schloßhauptmann zu Spandau, ein Jürgen v. Ribbeck um ebendiese Zeit Oberhofmeister; doch ist das vielleicht ein und dieselbe Gestalt, ich kann's nicht prüfen. Dieser *„Ober Haupt Mann Hans George von Ribbeck"*, so in Daniel F. Schulzes „Zur Geschichte Spandaus", 1784, starb 1647 und *„in ebendem Jahr wurden wieder Amts- und Ober Haupt Mann Hans George von Ribbeck, der Jüngere"*, welch letzterer nun wieder der oben als Vater bezeichnete Ribbeck sein müßte oder könnte. Bei Nicolai liest man: *„Der Herr von Ribbeck auf Segefeld, hat eine öffentliche Bibliothek gestiftet, welche jetzt in einem Privathaus befindlich ist."* Das schöne Renaissance-Portal in der Breiten Straße Nr. 35 zu Berlin ist ein Rest des Ribbeckschen Stadtpalais. Die Spandauer Kommandanten sowie der Bauherr des Stadtpalais' entstammten der Glienicker Linie, die sich in der Mitte des 16. Jahrhunderts von der Ribbecker Linie gesondert hatte.

Auch die Ribbeckschen Frauen haben kein Aufhebens von sich gemacht, waren aber Töchter der allerersten Geschlechter der Mark, der v. d. Groeben, Sparr, Brand von Lindau. Letztere, Eva Katharina, benennt Fontane, ohne aber Näheres beizubringen. Doch zu der zurückhaltenden Anspruchslosigkeit, der sehr märkischen, dieser Ribbecks auf Ribbeck schickt es sich ganz vorzüglich, daß da, wo nicht viel von üblich Rühmenswertem zu melden war, statt dessen aber Fontanes Ballade vom Birnbaum-Ribbeck als des Dichters populärster und sehr wahrscheinlich langlebigster Verstext entstanden ist, schlicht wie sonst nur Volkslieder und märkisch bis in jede Silbe.

\*

Mein Ribbeck – er heißt auch Hans Georg – war bei dem Kw. Transportregiment 605 geblieben, bei dem wir beide angefangen hatten. Ich kam über Rzeszów und Rathenow nach Nordnorwegen, nach Saetermoen, und beschloß, soweit in deutscher Botmäßigkeit, die militärische Periode meines Lebens zwischen Quitzöbel und Abbendorf an der Elbe, durch die ich am 9. Mai 1945 in die amerikanische Gefangenschaft hinüberschwamm. Ein Vergnügen für sich; vielleicht bietet sich hier später noch Gelegenheit, dieses Kolossalgemälde vom deutschen Untergang nachzuzeichnen.

Er wurde Chef eines Erkundungszuges bei unserm alten Regiment, dann bei der Heeresgruppe-Süd, geriet beim allgemeinen Untergang unten in der Tschechei in tschechische Gefangenschaft, wußte sich dieser aber nach 13 Monaten zu entziehen und schlich und schlug sich mutterseelenallein, tagsüber schlafend, nachts marschierend, aus der Gegend von Tabor, glaube ich, bis nach Berlin herauf durch. „Na ja, pirschen, das haben wir ja gelernt, und die 500 Kilometer, die machen mir nichts", erklärte er ohne besondere Kommentare. In Berlin traf er seine Frau mit den drei kleinen Kindern, zwei Mädchen und einem Jungen. Sie hatte sich dank einem fair denkenden Sowjet-Major noch eine Weile in Bagow oder auf Bagow halten können, aber, wie die Dinge sich entwickelten, nicht auf die Dauer.

Waren es schlimme Zeiten, so waren es doch auch Zeiten voll neuer Lust. Zu brechen, zu zerbrechen waren diese Ribbecks nicht.

Nicht einmal verdrießlich konnte sie ihr Schicksal stimmen. Sie waren miteinander froh zu leben und verstanden auch, widrigsten Umständen zum Trotz, zu leben. Sozusagen standesgemäß, wenn auch mit vielen Abstrichen, über die kein Wort verloren wurde. Ihre Stadtwohnung, die sie meines Erinnerns gehabt haben müssen, war wohl ausgebombt, jedenfalls ließen sie sich, als ich in amerikanischer und dann in russischer Gefangenschaft meine 55 Wochen abgedient hatte, häuslich, ja für damalige Verhältnisse geradezu komfortabel im westlichen Berlin in der Pariser Straße nieder. Im rückwärtigen Teil der Wohnung eines ihnen befreundeten Rechtsanwalts, der vorne wohnte und seine Praxis betrieb oder betreiben wollte. Das war der Freiherr v. Lüdinghausen genannt Wolff, der derzeit gerade den Freiherrn v. Neurath, ehemaligen Reichsminister ohne Geschäftsbereich und weiland Reichsprotektor der besetzten Tschechoslowakei, im „Nürnberger Prozeß" verteidigt hatte; Neurath war mit 15 Jahren davongekommen, ein voller Erfolg. Sonst aber hatte Lüdinghausen nichts zu tun. Er war Witwer. Die Klientel war in alle Winde zerstreut. Er ist dann bald nahezu mittellos gestorben. Er hatte eine Jüdin zur Frau gehabt.

Der in Berlin-W. einst übliche Wohnungsgrundriß. Ein düsteres Berliner Zimmer trennte beide Mietparteien als ein gemeinschaftlicher Lagerraum für Anwaltsakten, Zwiebeln, Kohlen, Brennholz nebst Hackklotz, leere Weckgläser, Kisten, Kasten, abgetragene Schuhe, die aber noch einzutauschen waren, Fahrräder, Fahrradteile, Wäschekörbe und je nach Bedarf behängte Wäscheleinen. Das Fenster war größtenteils mit Pappe vernagelt, wie damals allgemein üblich. Aber in den Ribbeckschen Zimmern entlang dem Hinterkorridor waren die Fenster schon verglast, was staunenswert war, fast beneidenswert. Sie hatten wohl vom stückweisen Verkauf ihres Schmuckes gelebt, den sie aus Bagow hatte mitnehmen können. Doch das hatte sein zeitliches Ende. So toll war das mit dem Schmuck der märkischen Landedelfrauen ja auch nie gewesen. Ihm, der bei den städtischen Forst- und Gartenbauämtern um Arbeit, gleich welche, nachgefragt hatte, vergeblich, wie kaum anders zu erwarten, ihm hatte ein besonderer Menschenfreund beim Bezirksamt Tiergarten Bescheid gesagt: „Für Leute wie Sie haben wir keine Arbeit und wird's auch keine geben!" Bilde sich ja niemand ein, man habe sich damals hinsichtlich der Mentalität im Westen vom Osten unterschieden. Wenn doch nur die guten Deutschen die Schuld an all dem Unheil von 1945 bei ihrer über 90%igen Wählerschaft und nicht bei dem bestenfalls 1% betragenden Adel gesucht hätten, der überdies auch noch den größten Teil der Männer vom 20. Juli gestellt hat!

Von Zentralheizung konnte keine Rede sein. Zentralheizung gab's nur für Krankenhäuser. Und für Behörden! Aber die Ribbecks heizten einen Raum mittels Heizsonnen brutzelwarm, überbrückten den Stromzähler und servierten Kaffe, Whisky und „aktive" Zigaretten, also Lucky Strike, Pall Mall oder andere Raucherergötzungen jener Tage. Da es für ihn keine Arbeitsmöglichkeiten geben zu wollen schien, hatte er sich kurzerhand auf Geschäfte außerhalb einer ohnehin durchlöcherten und fragwürdigen Legalität gelegt. Recht so! Etwas anderes als Landwirt hatte er nicht gelernt. Sozialunterstützung stand ihm nicht zu, und die vier Mäuler außer dem seinen wollten ja irgendwie gestopft sein.

Meines Ribbecks Frau flickte Kinderwäsche und -strümpfe oder strickte Praktisches. Regelmäßiger Abendgast war ein Fräulein v. Moerner und hielt die Wolldocken zum Knäuelwickeln. Manchmal kam der Rechtsanwalt auf ein Plauderstündchen zu seinen Untermietern und berichtete Befremdliches vom „Nürnberger Prozeß", sehr bedächtig, ein sehr hagerer hochgewachsener Herr in den Siebzigern mit gestutztem weißen Bart. Und eines Abends erschien auch der ältere Bruder Ribbeck mit seiner Frau. In Anbetracht der bewährten antifaschistischen Haltung des alten Ribbeck hatten die Russen diesen älteren Sohn zunächst auf dem Stammgut weiterwirtschaften lassen. Allerdings nur auf hundert Morgen. Aber die lieben Deutschen in ihrem Übereifer ekelten ihn fort, zuletzt mit massivem Druck. Er, Henning, und seine Frau Cissy sahen ganz abgearbeitet aus, so hatten sie sich anstrengen müssen, um ohne jegliche Hilfe ihren hundert Morgen einen Unterhalt abzugewinnen. Jetzt wollten sie ihr Heil im Westen suchen. Abgearbeitet, aber gesund wie junge Bauern.

Mein Ribbeck, nach langem tragikomischen, aber mehr doch widerwärtigen Hin und Her, wurde, ehe er nach Jahr und Tag den Posten eines Generalvertreters in der Auto-Branche bekam, für keine geringe Zeit gerade Quartiermacher für einen Zirkus. „Als E-Zugführer kann man so was eben, und 'n Zirkus war's ja schließlich auch vorher", sagte er bloß und ging seine Aufgabe mit konzentrierter Vergnügtheit an wie ein Herrenreiter eine Hürde.

\*

*Ribbeck, den 4. September 1976*
Mit Lehnartz meine alljährliche Autofahrt: die Zeitungsserien brauchen Fotos. Start 8 Uhr 30 ab Haus. Grenzübergang Staaken, sehr langwierige Abfertigung. Dauer fast eine Stunde. Wettereintrübung. Bis Ribbeck aber wieder aufklarend. Habe das Schloß heute zum erstenmal gesehen, obwohl es nur einen Katzensprung rechter Hand der Hamburger Chaussee liegt, und gestehe gern, daß meine Bemerkung über das „märkisch Bescheidene" dieses Herrenhauses, Band III, Seite 166, nicht zutrifft, sondern durch einen Bildband verursacht ist, der ein völlig anderes Gebäude als das Ribbecksche ausgibt und mich also getäuscht hat. Das richtige Schloß macht sich recht stattlich, zumal jetzt in äußerlich tadellos renoviertem Zustand. Der jetzige Bau stammt von 1823, im Nordflügel scheinen aber ältere Bauteile zu stecken. Er dient heute als Pflegeheim, aber nicht nur für Alte, sondern für Pflegefälle aller Art, die dort ärztlich betreut werden. Wir sprachen mit dem Heizer, der auf die Straße getreten war und mir einige Fragen beantwortete. Er war jedoch kein „Eingeborener" und wußte daher nur wenig. Die Kirche, sagte er, sei so baufällig, daß sie schon kaum mehr betretbar sei. Die vielen neuen Dachziegel, die man sehe, seien derart ungeschickt befestigt worden, daß alles wieder runtergerutscht sei. „Fehlt an Arbeitern, fehlt an Handwerkern", klagte er. Es scheint überall in der DDR dasselbe zu sein. Doch will man das jetzt durch teilweise Reprivatisierung ändern.

Viel zu sehen war sonst nicht und viel zu „knipsen" auch nicht. Wir gingen hinüber zum „Birnbaum", das ist eine jetzt nicht mehr arbeitende Gaststätte. „Aber früher", belehrte uns die bisherige Wirtin, Frau Wilke, „war das 'ne schöne Gastwirtschaft. Könn'n Se sich denken: Fernstraße Berlin-Hamburg! Und denn die Herren Fernfahrer. Hier hat jeder anjehalten, ob das Tag oder Nacht is jewesen, und hat erstmal 'n schönen Kaffee jenommen." Diese Wirtschaft haben die Wilkes vor einiger Zeit aufgegeben, und nunmehr ist das Dorf Ribbeck ohne jegliche Gaststätte. Es befindet sich aber gegenüber etwas im Bau, was ein Freizeitheim zu werden verspricht, ein langgestrecktes Bauwerk, irre ich nicht, sogar mit Kegelbahn.

„War erst privat, aber wurde immer schwieriger. Denn hab'n wer in Kommission weiterjemacht. Aber mein Mann is nu 72 und hat es mit dem Herzen, und da jing es nich mehr. Jeden Abend und jeden Abend. Und da hab'n wer aufjehört!"

„Und wovon leben Sie jetzt?"

Jungpferde vom Trabergestüt

Erster Schnee und Spargelbeete

„Jetzt? Mein Mann hat Rente. 240 Mark . . . Und dabei is er Beamter jewesen. Stell'n Se sich vor, was der im Westen für Pension kriegen würde. Na, das Zehnfache so unjefähr. Aber Pensionen werden ja hier nich jezahlt . . . Na und ich, ich kriege 290 Mark, und denn hab'n wer des Haus. Und hab'n auch noch 'n bißken wat auf die hohe Kante lejen könn'n . . . Ab und zu verkoof ich mal 'n Dakkel, ich hab 'ne Dackelzucht . . . Na ja, so komm'n wer schon durch. So is es nich . . . Mein Mann war im Kriech. Und wie dann alles zu Ende is jewesen, hab'n wer uns so jefürchtet und sind jeflüchtet. Und Vater is auf die Flucht jestorben, und es war sowieso Quatsch alles. Wir hätt'n ebensojut könn'n hier bleiben. Und wie wer nu zurück sind, war hier alles ausjeplündert und ausjeraubt und der Rest kurz und klein jeschlagen . . . Meine Eltern hatten die Wirtschaft 1927 übernommen, und solange bin ich nu schon hier."

Es ließ sich schätzen, daß sie damals etwa 15 Jahre alt gewesen sein mußte und wahrscheinlich bildhübsch; sie sieht auch jetzt noch gut aus, eine mittelgroße lebhafte Person. „Ja, alles kurz und klein geschlagen und sah aus! Und im Schloß erst! Ich kann Ihnen sagen!"

„Sie kannten das Schloß?"

„Und ob ich das gekannt habe, war ja so oft drin."

„Also haben Sie auch die Ribbecks näher gekannt?"

»Jekannt? Mit Henning und mit Hans Georg hab'n wer viel Spaß jehabt. Die sind so oft hier jewesen, och, des läßt sich jar nich zählen, und haben hier jesessen . . . Ja, Henning und seine Cissy, und denn war da auch noch ein Graf Stolberg, glaube ich, ach, und Hauptmann Handrick! Der lag in Gatow drüben bei die Flieger, und wenn er jewußt hat, daß Henning und Cissy ausritten, denn sind die in die Wälder, und er mit seine Fliegerkunststücke hat se denn jesucht, immer dicht über de Bäume weg, bis er se hat jefunden, und die hab'n denn villeicht ihre liebe Not jehabt, weil die Ferde von det Jebrause wollten durchjeh'n, ja . . . Hans Georg, der is hier noch oft vorbeijekommen nach'm Kriech. Der war bei Autounion, aber is er nu nich mehr. Ja, und hat hier jesess'n, obwohl er ja eijentlich jar nich anhalten durfte auf die Interzonenstraße. Aber da hat er sich nich jroß drum jekümmert."

„Ja, das hat er mir gelegentlich erzählt, daß er in Ribbeck gewesen ist, und ich hab' mich noch über seinen Leichtsinn gewundert . . . Aber sagen Sie, den alten Herrn . . . ?"

„Hören Sie auf! Das Ende! . . . Na ja, die Nazis hatt'n ihn ja schon lange auf der Rübe, und es hat ihm ja auch dies nich jepaßt und das nich, und des hat er laut jesagt, da kannte er nichts ... Na, eines Tages, da hab'n se ihn das janze Schloß volljelecht, und er mußte raus und hat sich bei sei'm Verwalter müssen einlogieren. War alles voller Flak-Techniker, 700 Mann einschließlich der Mädchen ... Aber die, die hat der Alte immer bloß die Luftmatratzen jeschimpft, aber so laut, daß es jeder konnte hören ... Er war jar nich so, aber wie se ihn nu immer wieder schikaniert haben, da hat ihn des jereicht ... Was soll ich sagen? Eines Tages – April war das, April 44 – macht 'n Flugzeug 'ne Notlandung oder 'ne Bruchlandung hier drüben auf einem bestellten Feld, was seins war. Und nu alles hin und alles kurz und klein jetrampelt, und da soll er, soll! aber is nie bewiesen worden, nur daß se ihm wollt'n 'n Strick draus dreh'n, da soll er Fla-Personal mit seine Peitsche tätlich anjejriffen hab'n ... Also wütend konnt'er ja werden und aufbrausend, ohne weiteres, und seine Reitpeitsche wird er woll jeschwungen hab'n. Jedenfalls, es reichte. Er wurde verhaftet und sollte nach Sachsenhausen. Aber es stand kein Wagen zur Verfügung. Benzin war längst rationiert, und sämtliche Wagen, die nich einjezogen waren, standen aufjebockt und ohne Reifen. Nur ein Lieferwagen war zur Hand, der vom Jemischtwarenhändler, was zugleich auch der Ortsgruppenleiter is jewesen, der mußte den Alten nu nach Sachsenhausen rüber fahren und einliefern. Ja. Aber wie se sind einjestiegen, da hab'n se beede jeweent, die ollen Männer, beede."

Wir standen in der Glasveranda der ehemaligen Gaststätte, die im übrigen aber so aussah, als diene sie weiterhin noch gelegentlichen Gelagen, nur nicht mehr dem allgemeinen Publikumsverkehr. Und in dieser Veranda, das hatte Lehnartz schon vor einem Jahr ausbaldovert, stand ein sonderbarer Gegenstand und steht auch noch dort, dessen lokalhistorische Bedeutung hoch zu veranschlagen ist. Mitten in der Veranda nämlich, ein eingetopftes Immergrüngewächs tragend, steht ein mannsschenkeldicker Baumstumpf von etwa 80 cm Höhe, eingefaßt von zwei Eisenringen, auf daß er nicht weiter auseinanderklaffe ... Sie erraten es, geneigter Leser, daß es ein Birnbaumstumpf ist, der Birnbaumstumpf, der vorzeiten einst dem Grabe des Birnbaum-Ribbeck entsprossen war und in dessen Krone es immer noch zum Birnenverzehr einladend nachgeflüstert hatte.

Richtig geraten, er ist es! Der Stumpf ist Teil jenes Balladenbaumes, den 1911 ein Sturm umriß und zerbrach. Aber der Sachsenhausen-Ribbeck – sit venia verbo! die Bezeichnung hier nur der kürzeren Übersichtlichkeit wegen – nahm sich dieses Familienpalladiums an, ließ es in Eisen fassen, mit einem Fuß versehen, daß es stehen könne, und das morsche Innere oben aushöhlen, daß ein Aschenbecher darin eingelassen werden könne.

„Und den stellte er mitten in die Halle, denn er is 'n starker Zigarrenraucher jewesen und hat überall Aschbecher jebraucht ... Aber stell'n Se sich vor, nach'm Kriech, wie se hab'n im Schloß aufjeräumt ... Sind nur 'n paar von die Jemälde übrichjeblieben und die häng'n auch noch ... wie se hab'n des Jröbste beseiticht, den Dreck und alles, is doch ausjerechnet dieses Erbstück nich mehr aufzufinden jewesen, trotzdem daß des ja nu jrade, ich will mal sagen, kein Wertjegenstand wär' jewesen, den irgendwer hätte mitjehn lass'n ... Allerdings war merkwürdigerweise inzwischen wieder ein Birnbaum aus die Gruften jewachsen, als wenn alles wollte so bleiben, ja. Aber den hat dann doch irgendwer umjehau'n ... Aber den richt'jen Birnbaum, den Stumpf, den hatte sich ein Bauer jegriffen und heimlich versteckt. Ob der nu 'n Andenken wollte haben? Jedenfalls hatte es sich aber doch irgendwie rumjesprochen, wo er steckte und wer'n hatte. Und eines Tages war 'ne Hochzeit jewesen, und wie wer nu allesamt een'n in de Krone hatten, sind wer alle Mann rüber in den seine Scheune und hab'n uns doch unsern Baum jeschnappt. Andern Tach jroßer Krach. Aber denn wurden sich alle Beteilichte schließlich einich, daß der Baum eijentlich alle jehört und daß er bei uns vorn in der Jaststube am besten steht, weil wer ja sowieso schon immer ‚Zum Birnbaum' jeheißen haben. So, und da steht er nu da!"

\*

*Berlin, den 2. November 1976*
Dieser Tage war mein Ribbeck zufällig in Berlin; unsere Frauen und wir beide aßen zusammen zu Mittag. Meine Ribbecks leben seit Jahr und Tag in Österreich, wo sie für sich, aber auch für den Besuch der Kinder und der Enkel ein Häuschen haben. Ach, die Kinder! Sie sind alle nun schon in ihren Dreißigern. Werner, der Sohn, ist Oberstleutnant im Generalstab der Bundeswehr, ist aber auch gelernter Diplomingenieur und hat sich mehr mit technischen als mit spezifisch militärischen Dingen zu befassen. Und ich seh' ihn noch als blondlockigen, schmächtigen kleinen Jungen vor mir. Aber die Zeiten in der Pariser Straße liegen ja dreißig Jahre zurück.

„War neulich übrigens in Ribbeck", sagte ich.
„Im ‚Birnbaum'", sagte mein Ribbeck prompt.

„Genau dieses, und seitdem bin ich über das Tun und Lassen der Ribbecker Ribbecks bestens informiert."
»Ach, Trudchen Wilke!" rief er. „Wer weiß, was die Gute dir alles aufgebunden hat? In all den Jahrzehnten verwischen sich ja auch die Erinnerungsbilder."
„Sag mal, stimmt das, daß im Schloß ein Graf Stolberg verkehrte? Aus deinem Mund hab' ich den Namen meines Wissens nie gehört."
„Stolberg war mein Schwager. Du weißt vielleicht nicht, daß ich auch zwei Schwestern hatte."
„Und wer war ein gewisser Hauptmann Handrick?"
„Der? Das war der Olympia-Sieger im Zehnkampf 1936."
Von dessen Luftmanövern zum Schrecken des Reiterpaares hatte er nie etwas gehört. „Und was hat sie dir sonst noch erzählt?"
„Die Umstände, infolge derer dein Vater schließlich ums Leben gekommen ist."
Er bestätigte, was ich davon mitzuteilen hatte: „Ja, das war im April 1944, ich glaube, am 10. . . . Er ist aber nicht gleich nach Sachsenhausen gekommen, das stimmt nicht, sondern zunächst für vier Wochen zum Staatssicherheitshauptamt nach Potsdam. Das war eine Außenstelle der berühmten Prinz-Albrecht-Straße. Ich bekam auf die Nachricht hin sofort Urlaub vom Regiment und habe ihn dort im Mai besuchen dürfen . . . Da war ein soweit ganz passabler Regierungsrat, der Verständnis zeigte, daß ich mich für den Verhafteten verwende. Er präsentierte mir aber mit dem Ausdruck des Bedauerns ein dickes Aktenbündel, darin die Äußerungen meines Vaters zu einem Sammelband angeschwollen waren. Da könne man nichts machen . . . Weißt du, mein Vater war kein Reaktionär. Er war konservativ. Das war er. Heil Hitler! zu sagen, lehnte er mit der größten Entschiedenheit ab. Dies nur als ein Beispiel. Hat auch nie Heil Hitler! gesagt. Das sei eine Verherrlichung, die Lebenden nicht zukomme, aber nach Hitlers Tode wolle er gern den sogenannten Deutschen Gruß entbieten, falls der Betreffende dann noch solche Apotheose verdiene . . . Also genau das, was Nazis so hören wollten! Dieser Art waren seine Sentenzen überhaupt, und davon muß irgendwer eine ganze Sammlung angelegt haben, was keine besondere Mühe gekostet haben dürfte. Man konnte ihm noch so zureden, er lehnte es einfach ab, sich vorschreiben zu lassen, was er sagen dürfe und was nicht. Das war keine altmännerhafte Schwatzhaftigkeit oder Redseligkeit. Das war etwas Grundsätzliches. Er wußte zudem sehr genau, daß es Herausforderungen waren . . . Ich habe ihn auch

in Sachsenhausen noch besuchen und in Gegenwart eines SS-Schergen sprechen dürfen. Das war im August 1944. Ich in meiner besten Leutnantsuniform, Schirmmütze, umgeschnallt und mit Ehrendolch."
„Ehrendolch?"
„Den mußt du doch auch gehabt haben. So ein Ding mit einem Elfenbeingriff."
„Habe so einen Gegenstand nie mein eigen genannt."
„Na, jedenfalls hatte ich mich so schmuck gemacht wie nur möglich und kam dahin – ich hatte mich angemeldet, versteht sich –, wurde durch ein gepflegtes parkartiges Gelände mit prächtigen 150jährigen Kiefern und sauber geharkten Wegen geführt, und in einer Baracke sprach ich ihn dann. Das erste, was er sagte, und daß da eine Aufsichtsperson dabei war, hinderte ihn nicht im mindesten, das erste war: ‚Du mußt wissen, wenn man hier was sagt, was nicht paßt, gibt's gleich Dresche!' ... Er trug die blau und weiß gestreifte Lagerkleidung, war etwas schlanker geworden, sah aber soweit gesund aus. Ja, sagte er, seine Gallen- und Nierenbeschwerden sei er losgeworden, und er fühle sich nicht schlecht. Das einzige, was ihm ernstlich auf die Nerven gehe, sei dies: er habe sich immer für Pferdezucht und Pferdehandel interessiert, aber – laut und wörtlich – ‚nun haben mich die Hunde doch ausgerechnet mit zwei Pferdehändlern in eine Stube gesteckt, und das geht nun den ganzen Tag. Ich kann das Wort Pferd schon nicht mehr hören!' Und nach einer Weile: ‚Junge, hast du schon mal Schrauben sortiert? Nein? Na, dann sei froh! Es ist nämlich ganz entsetzlich langweilig!' ... Tja ... In dem Lager damals war auch der Graf Hardenberg, der Vermögensverwalter der Hohenzollern. Als den die Gestapo abholen kam, weil er zu den Verschwörern vom 20. Juli gehörte ... aus seiner Klitsche da im Kreis Ober-Barnim, du weißt schon ..., da wandte er schnell noch irgend etwas vor, ein Abschiednehmen oder was, griff sich unbemerkt eine Jagdwaffe und wollte sich erschießen. Er schoß auch. Das mißglückte aber, und so haben sie ihn als Verwundeten nach Sachsenhausen eingeliefert. Dort war ein Arzt, der ihn immer wieder krank schrieb, und das hat ihm solange das Leben gefristet, bis die Russen kamen und ihn auf freien Fuß setzten. Denn wer krank war, wurde offenbar nicht exekutiert, wer weiß weswegen ... Aber wie das mit meinem Vater war? Es ist nie etwas darüber zu erfahren gewesen, und Aktenkundiges gibt es nicht."
„Als die Russen die Oder überschritten, wurde Sachsenhausen größtenteils geräumt. In mehreren Marschkolonnen ging es ab in

Richtung Neuruppin und Wittstock. Das muß etwas ganz Grauenhaftes gewesen sein."

„Ja ja, beim Abmarsch, da haben sie ausgerufen, daß alle, die sich zu diesem Marsch nicht kräftig genug fühlten, sich an einem bestimmten Waldstück sammeln und dann verpieseln sollten, wohin jeder wolle. Das Waldstück war aber schon umstellt, und die sich dorthinein zu retten glaubten, wurden zusammengeschossen wie die Hasen..."

„Wie alt war dein Vater?"

„Vierundsechzig."

## XIII
# Volksmoorbad der Werktätigen

*Bad Wilsnack, den 9. September 1975*
Reiseglück muß man haben! Just vor dem Bahnhof traf ich das einzige Taxi des Ortes, das ich gar nicht erwischt hätte, wäre mein Zug nicht eine halbe Stunde hinter dem Pünktlichkeits-Soll geblieben. Der Fahrer fuhr erst ein paar Leute zu ihrem Ziel, versprach wiederzukommen, kam auch tatsächlich und fuhr mich nach der Plattenburg. Hin und zurück zwar nur 10 Kilometer, falls es einen Fußweg gibt, also nicht sehr weit, aber doch zu zeitraubend, wenn man auf jeden Fall noch die Hauptsache, die Wilsnacker Sankt Nikolauskirche, besichtigen will. Was denn auch glücklich gelang, obwohl der heutige Tag kein Besuchstag war. Der Taxifahrer, Sohn bürgerlicher Provenienz, war aus Breslau und daher in gewissen Wilsnackischen Fragen kein Experte. Was ich „in Plattenburg" wolle, konnte er sich nicht vorstellen. Eine bloße Burgbesichtigung schien ihm kein hinreichender Grund für eine Exkursion dort hinaus zu sein. Und so begann er ein allgemeines Gespräch über das Wetter. Es werde ja über Mittag noch sehr heiß, aber des Morgens sei es dieser Tage doch schon recht kalt gewesen.

Dem war nur beizupflichten. „Bis runter auf fünf Grad", schätzte ich.

„Nein! Kälter. Ein Pilzsammler hat mir berichtet, daß heute früh das Fallaub überreift gewesen sei und man stellenweise mit Bodenfrost rechne. Wenn's so bleibt."

„Der wird wohl dies Jahr nicht viel Pilze gefunden haben. Ist alles andere als ein Pilzjahr."

„Stimmt! Es war zu trocken. Und Pfefferlinge hat's jetzt sowieso keine mehr. Aber Birkenpilze müßt' es noch und Ritterlinge. Doch der Mann sagt, es hat diesmal kaum für den eigenen Bedarf gereicht. Und schon gar nicht für den Verkauf. Sind Sie Kurgast?"

„Nein, aus West-Berlin und nur für einen Tag hier. Aber aus Ihrer Frage zu schließen, Bad Wilsnack ist noch als Badeort in Betrieb?"

„Als Eisenmoorbad! . . . Also das spielt hier schon eine Rolle. Sonst würde Wilsnack ja wieder zum Dorf degenerieren."

„Das heißt, es sind viele Kurgäste?"

„Ja, im Querschnitt hat es vierhundert."

„Im Jahr? Im Monat?"

„I wo! Am Tag!"

„Verschickte von Kassen?"

„Ja."

„Und private auch?"

„Ja auch, aber kaum."

„Und richtig von Ärzten betreut?"

„Ja, natürlich . . . Im Kurhaus allein sind ständig zehn Ärzte so ungefähr."

„Ständig? Und diese Ärzte wohnen auch hier?"

„Ja. Wohnen hier."

„Und die Kurgäste bringen Geld unter die Leute?"

„Na, es geht so. Viel nich . . . Die Einwohner schimpfen eher, daß die Kurgäste alles wegkaufen. Wenn mal was is, Bananen und so. Die Kurgäste haben Zeit und schnappen alles weg, und wenn die Frauen von der Arbeit kommen, ist nichts mehr da."

„Na, man könnte sich ja was zurücklegen lassen und nach Feierabend abholen."

„Zurücklegen? Is doch alles nur HO oder Konsum. Da geht das nicht. Is doch nich wie beim Kaufmann von früher . . ."

„Wieviel Einwohner hat Wilsnack?"

„Zweitausendfünfhundert so ungefähr."

\*

Der Plattenburg nebst der ganz winzigen Ortschaft daneben wäre ein eigenes Kapitel zu widmen, so geschichtsträchtig ist sie und so unberührt von allem zivilisatorischen Trubel scheint sie zu sein. Aber auf Grund einer höchstens halbstündigen Stippvisite – das Taxi wartete – darf ich ein entsprechendes Kapitel zu schreiben nicht wagen: eine alte Wasserburg von den seerosenverträumten Gewässern der Karthane umflossen, wälderstill und als Idylle in der Mark ohne ihresgleichen. Das Alter der Burg ist unbekannt und nicht aus den jetzigen Gebäuden zu schließen. Gewisse ziegelgotische Partien, das schöne Tor zur Vorburg zum Beispiel, aus der Zeit, da Havelbergs bedeutendster Bischof, Johann von Wöpelitz, hier zu residieren liebte und als im 15. Jahrhundert aus dem unscheinbaren Prignitz-Dörfchen Wilsnack ein geradezu hektisch aufgesuchter Wallfahrtsort geworden war, sind schon in argem Zerfall und bedürften unverzüglicher Hilfe. Aber in der geräumigen Burgkapelle finden noch Gottesdienste statt.

Das Betreten des Burghofs verbot ein Schild; hab' mich nicht dran gehalten. Ein Hausmeister trat in Erscheinung, ein Oberschlesier, wie zu hören war, den es sänftigte, als ich ihn als solchen ansprach. Ja, nächster Tage begännen die Bau- und Restaurierungsarbeiten am Turm – der übrigens anstelle eines alten runden, nicht alt ist, sondern aus dem 19. Jahrhundert stammt und, weil überdimensioniert, besser abgetragen werden sollte –, und deshalb habe er das Schild vorsorglich angebracht. Es sei bereits Baumaterial angefahren worden, nämlich.

Ich durfte mich ein bißchen umtun, doch waren all die schweigenden Gebäude verriegelt. Nur Taubengurren und verhaltenes Hühnermirakeln. Ein jüngerer Haupttrakt aus dem späten 16. oder aus dem 17. Jahrhundert dient die Saison über irgendwelchen Organisationen als Ferienheim, war zur Zeit aber schon geschlossen. Die bischöfliche und katholische Zeit der Plattenburg endete erst 1571 gänzlich, als Kurfürst Johann Georg den ganzen einst bischöflich-havelbergschen Besitz an sich zog: Wittstock, Zechlin, Goldbeck, Plattenburg, Schönhausen und Fehrbellin. Diese Güter wurden kurfürstliche Domänen, nur Schönhausen kam damals in den Besitz der Familie von Bismarck, und die Plattenburg nebst dem dazugehörigen Amt wurde an den kurfürstlichen Kämmerer Matthias v. Saldern für stolze 300 000 Gulden verpfändet und ging, da dieses Pfand nie eingelöst wurde, in den erblichen Besitz der Salderns über, die bis 1945 die Herren der Burg waren. Die Karthane versammelt westlich des Schlosses ihre sanften Wasser und hat dort früher eine Mühle betrieben, nur ist inzwischen aus dem noch als solchem kenntlichen Mühlenhaus ein Wirtshaus geworden, das als überaus anmutiges Ausflugsziel sehr beliebt sein dürfte. Der Wirt, ein offenbar origineller Mann, hält oder hielt sich Zwergziegen, die ihrer Neugier, zu sehen, was denn das da für ein Ortsfremder sei, auf zikkige Weise und aus gebotener Distanz freien Lauf ließen.

*

Ließ mich wieder bis zum Bahnhof fahren. Die ganze Fahrt kostete zehn Mark achtzig. Das rundete ich, für das Warten zu entschädigen, auf fünfzehn Mark auf. Stadtbegang, wie man das so macht. Eine dezente Säule – dorisch auf Vierkantsockel, auf dem Abakus eine Frauengestalt halblebensgroß oder weniger – für die Gefallenen von 66/70/71 und dazu noch eine Tafel:

> Kanonier August Haußmann
> fiel am 8. August 1910 beim
> Ostasiatischen Expeditions-Corps
> zu Tientsin – China

Boxeraufstand, blutige Fremdenverfolgungen im ganzen Reich der Mitte, Ermordung des deutschen Gesandten in Peking, alle Großmächte einschließlich Japan und USA entsenden Truppen. *„The Germans to the front!"* Zweites Expeditions-Corps unter Graf Waldersee. Bei dem muß Haußmann gesteckt haben. In der feldgrauen Uniform, die damals deutscherseits erstmals gezeigt und erprobt worden ist ... Fiel in den letzten Tagen dieses Unternehmens, denn schon einen Monat später unterzeichnete die gedemütigte kaiserlich-chinesische Regierung das Schlußprotokoll dieser gefährlichen Episode. Auf dem Sockel übrigens nennt sich der Heimatort des Gefallenen noch Stadt Wilsnack, Bad Wilsnack heißt er erst seit 1928 oder 29, und da man in der DDR im Finden pathetischer Schmucktitel groß ist, heißt er heute „Volksmoorbad der Werktätigen". Entdeckt war der heilkräftige Segen bereits 1906.

Restbestände eines Parks, der einmal der Schloßpark der v. Saldern gewesen ist. Deren Stadtschloß, auf das man zuläuft, dient heute als Schule, ein ansehnlicher Barockbau, hinter dem das mächtige Dach der Nikolauskirche aufragt, turmlos. Man sieht sie schon von der Bahn aus hoch über Dächern und Wipfeln, die Wunderblutkirche, ein Fragment, denn eigentlich hätte sie noch viel größer werden sollen, als sie geworden ist. Reiseglück muß man haben! Als ich nach ein paar Schritten um das einst so berühmte Gotteshaus vor das Pfarrhaus trat, kam gerade ein sehr junger Geistlicher des Wegs, konnte sich denken, was ich wollte – er hatte mich klingeln sehen –, und erbot sich sofort zu einer Kirchenführung, obwohl solche nur am Mittwoch, Freitag und an den Wochenenden stattfinden.

„Wie steht's denn mit dem Kirchenbesuch?" suchte ich ein Gespräch in Gang zu bringen. Sein junges Gesicht verfinsterte sich, als er sagte: „Hm, Kirchenbesuch. Wir haben hier mehr als 1000 eingetragene Christen, aber zahlungsbereite nur 700. Sie wissen doch, hier ist das freiwillig. Kirchensteuern werden nicht eingezogen.

Besucher? Es sind noch keine fünfundzwanzig Leute, die regelmäßig zum Gottesdienst kommen, und das sind alte Leute ... Aber die Kurgäste, die kommen viel, so daß wir sonntags auch bis zu 250 Kirchgänger haben."

„Sieh einer an! Aber eben auch bloß wieder die älteren Leute, wie?"

„Nein, nicht nur. Auch junge Leute, ja ja!"

„Wie kommt denn aber das?"

„Tja ... bei sich zu Hause da gehen sie eben nicht zur Kirche, aber hier doch."

„Ah ja, ich verstehe: hier, wo sie keiner kennt, da trauen sie sich."

„Ja, da trauen sie sich!"

Wir hatten unterdessen das Langhaus betreten. Der Pfarrer betonte die Baumängel des Gebäudes sehr und wollte meinen Einwurf, daß es um andere Kirchen in der Mark in dieser Hinsicht viel schlechter bestellt sei, nicht gelten lassen oder nicht recht zur Kenntnis nehmen. „Ja", sagte er bitter und eifrig, „diese Kirche hat ja nicht einmal elektrisch Licht. Außer oben auf der Orgelempore, da sind zwei Birnen, das ist aber auch alles. Und zu heizen ist sie auch nicht! ... Der Beleuchtungsmangel hat allerdings auch wieder sein Gutes. Denn hier herrscht eine eigentümliche Sitte, nämlich der Weihnachtsgottesdienst in der Christnacht. Da können wir gut mit tausend Besuchern rechnen. Wir stellen dann rechts und links vom Altar zwei hohe Tannen auf und lassen überall sonst soviel Kerzen brennen, wie wir nur können." Die gelinde Begeisterung, in die er darüber geraten war, dämpfte seine Skepsis sogleich wieder: „Natürlich kommen die Leute der besonderen romantischen Stimmung wegen ... Sie bringen Decken und Mäntel mit wegen der Kälte, daß sie sich verpacken können. Denn manchmal läuft hier das Wasser an den Wänden runter und gefriert auch gleich wieder, daß alles vereist und weiß beschlagen ist ..."

„Aber bitte, was wollen Sie? Die Leute erscheinen, und darauf kommt es doch an."

Er hörte nicht hin und fuhr wie im Selbstgespräch fort: „Ja oder nur der Stimmung wegen und allerdings auch wegen der Akustik. Die akustischen Verhältnisse sind hier geradezu erstaunlich gut, das muß man sagen. Das kommt hinzu."

„Da geben Sie sicher auch öfters Kirchenkonzerte?"

„Nein, das geht nicht. Leider geht es nicht."

„Wieso?"

„Die Wilsnacker sind stockunmusikalisch. Unmusisch überhaupt. Hier gibt's kein Streichquartett und nichts. Und auswärtige Musiker kommen zu lassen, dazu fehlt das Geld ... Ich werde mal rasch den Schlüssel zur Sakristei holen." Sprach's und lief davon.

\*

Bemerkenswert, ein so starker Weihnachtsbesuch. Nimmt sich ja fast wie eine unbewußte Erinnerung an die Wallfahrten zum Heiligen Blut aus ... Da hatte in des Herren Jahr 1383 ein Prignitzer Ritter, der Ritter v. Bülow, als Vergeltungsakt am Havelberger Bischof, mit dem er in Fehde lag, diesem etliche Dörfer niedergebrannt und so auch samt der Kirche das Dorf Wilsnack. Die ahnungslosen Wilsnacker Bauern waren in Havelberg zum Domweihfest. Als sie mit ihrem Seelenhirten, Johannes Kabuz, heimkehrten, fanden sie nur noch rauchende Trümmer, wohl aber im Altartisch ihrer zerstörten Kirche drei konsekrierte Hostien, die darin verwahrt gewesen waren, fast wohlbehalten, *„van dem Vüre unverserget"*, aber welch ein Wunder! – von Blutstropfen rot. Zumindest hielten sie die Rötung für Blut, und woher sollte ihnen *Micrococcus prodigiosus Flügge* denn auch bekannt sein, der auf Stärkegrund rotfärbende Spaltpilz?
Das Wunder, es sprach sich herum. Und was Wunder? Hatten nicht Hostien, die doch des lebendigen Erlösers lebendiger Leib waren, da und dort schon geblutet? Ja, sie mußten es! Hatte sich doch auch Beelitz eines solchen Blutes erfreut, das wunder was hatte erwirken können. Und hier hatten nun einmal nicht die Juden ihre gotteslästerlichen Hände im Spiel gehabt wie anderswo, hier war es aus sich selbst geschehen, und das war um vieles besser; denn das mit den Juden war doch nirgends je so richtig erwiesen worden, und hatte allemal der bloße Verdacht das Urteil begründen müssen. Nun war Wilsnack glücklich an der Reihe, und Lahme wurden gehend, Blinde sehend, der frommen Wallfahrer Pilgerstäbe verwandelten sich bei Bedarf in schneidende Schwerter. Den Wallern wurde reichlich Ablaß zuteil ... Es war die hektisch aufgewühlte, nach Sündenerlaß und Seelenheil wie außer sich gierende Menschheit jener Endzeit des Mittelalters, die sich's nicht hätte ausreden lassen, mochten sich auch sehr bald schon gewichtigste Gegenstimmen erheben. Wo hätte denn je die Stimme der Vernunft einen kollektiven Rausch ausgelöscht? Oder auch nur gedämpft? Geschweige gestillt? Und wer weiß genau, was Vernunft ist? Wer?

Johann Hus als erster, nicht unparteiisch ließe sich denken: als Tscheche war er in eine Welt hineingeboren worden, in der Karl IV. als halber Przemyslide vergeblich versucht hatte, die Mark zu Böhmen zu schlagen – wir haben dies schon berührt und werden es noch zu berühren haben –, jetzt (gegen 1403) hatte als erster ein böhmischer Wallfahrer Beschwerde über die geistliche Mogelei zu Wilsnack geführt, bestellte Arbeit vielleicht, und Hus gerade eben vom Erzbischof zu Prag, Sbinko, den Auftrag erhalten, die *pia fraus* dort in der Mark schriftlich zu verdammen. Was ging das die Böhmen an? Und mochten auch noch so viele Universitäten das Heiligblutwunder zerreden wollen. Die Wallfahrten nahmen zu.

Als nächster griffen der Erfurter Franziskanertheologe Johannes Bremer und Dr. Heinrich Tocke, Theologiae Professor und Domherr zu Magdeburg, in den vorreformatorischen Streit ein; dieser besuchte Wilsnack und untersuchte alles. Doch wie sollte er wissen, daß besagte Zufallskultur des rötenden Spaltpilzes, nach den sechzig Jahren seither, ihn nur noch an Spinngewebe erinnern konnte, da der Nährboden von den Mikrokokken längst aufgezehrt worden sein mußte? Wie, wenn er die Blutröte noch hätte wahrnehmen können, die doch tatsächlich einmal vorhanden gewesen war? Dr. Tocke warnte seinen obersten Diözesan, was diesen in Verlegenheiten brachte. So geschehen in des Seligmachers Jahr 1446. Die Wallfahrten nahmen zu.

Der nächste? Mit allem Nachdruck unter anderen: Nikolaus von Kues oder Cusanus. Auf einem Konzil zu Magdeburg ließ er sich von Tocke unterrichten und erklärte in seiner Eigenschaft als päpstlicher Legat die Wilsnacker Wunder für Volksbetrug. So geschehen in unseres Erlösers Jahr 1451. Er verbot jedes weitere Ausstellen der Hostien, exkommunizierte nicht nur die Wilsnacker Geistlichkeit, sondern gar auch den Bischof von Havelberg sowie den Magdeburger Erzbischof gleichermaßen und belegte endlich die Wallfahrtskirche mit dem Interdikt. Die leidenschaftliche Verbissenheit des innerkirchlichen Streits, den diese rigorosen Maßnahmen auslösten, entzieht sich der Schilderung. Zuletzt exkommunizierte jeder jeden, er hätte nun die Gewalt dazu gehabt oder nicht.

Die brandenburgischen Kurfürsten dagegen haben, mit Ausnahme des ersten, allesamt für Wilsnack Partei ergriffen. Der Havelberger Bischof war eo ipso Partei; die Gelder, die seinem Bistum zuflossen, waren enorm. Der hohe Bau der St. Nikolauskirche zu Wilsnack stand schon unter Dach und schien seiner Vollendung nach nur fünfzigjähriger Bauzeit entgegenzugehen, welches Ziel er freilich nie erreichen sollte; und es blieben noch Gelder genug, den Havelberger Dom zu verschönern und die Plattenburg auszubauen. Der Ort, längst kein Dorf mehr, sondern ein *oppidum*, empfahl sich zu fürstlichen Zusammenkünften nicht nur auf Landesebene. Das Gastwirtsgewerbe stand in üppigem Flor. Papst Nikolaus V. hob alle Verfügungen seines Legaten bereits nach zwei Jahren wieder auf. Die Wallfahrten, die erst gar nicht aufgehört hatten, trugen nunmehr deutlich die Merkmale einer Massenpsychose.

Kollektive Psychose. Was weiß man schon davon? Aber man sollte mehr davon wissen. Haben wir in den Jahren um 1933 und bis zum bitteren Ende nicht gerade eine solche Psychose durchlebt? Ist sie auch wirklich schon vorbei und ausgestanden?

Die älteste Schreibweise für Wilsnack ist, soweit ich weiß, ‚Wiltennagga'. Wenn die ersten beiden Silben jene Wilzen meinen, von denen oben im ersten Kapitel die Rede war? Wie in Zerbst die sorbische Selbstbezeichnung ‚serb' (= Sorbe, ‚serbstwo' = Sorbentum) steckt, wie allgemein angenommen wird. Wenn Wiltenagga nun ein verbindliches Heiligtum der Wilzen gewesen wäre? Und Altheidnisches eruptiv unter der christlichen Decke wieder hervorgebrochen wäre. Und leben nicht indianische Kultformen munter aufsprießend unter der Christianität der Mittelamerikaner klug geduldet fort und weiter?

Der Drang war so heftig, daß die Straße von Berlin nach Heiligensee, von wo man über die dortige Havel-,,Enge" weiter in Richtung Wilsnack ziehen konnte, zuzeiten der Heiligeblutsweg geheißen zu haben scheint. (Nicht der Heilige Bielebogs-Weg, wie die slawenseligen Gelehrten des 19. Jahrhunderts meinten von einer verblichenen Landkarte ablesen zu sollen.) Doch war dieser Gefühlsausbruch nicht auf die Mark beschränkt. So wenig wie in grauer Vorzeit der Wilzenbund. Die Pilgerscharen kamen aus Polen und Ungarn, aus Basel, aus den Hansestädten und übers Meer aus Skandinavien, aus Oberdeutschland, aus Böhmen, Thüringen, ja auch aus England.

In der *„Historia von der erfindung/wunderwercken und zerstörung des vermeinten heiligen Bluts zur Wilßsnagk"* (Wittenberg 1586) des Matthaeus Ludecus liest man: „*Denn die Leute in anfang/ ungezweiuelt aus eingeben und antreiben des vermaledeieten Satans/ so heuffig und dicke aus vielen orter und Nationen zugelauffen sind/ als wenn sie jrer vernunfft beraubet/ bezeubert/ und aller ding unsinnig gewesen weren/ Mitter in jrer arbeit auff dem Felde/ oder aber in den Heusern/ ists jnen plötzlich und unwersehens ankommen/ das sie die arbeit liegen lassen und in grosser eil gen der Wilßnagk ge-*

*lauffen und das jenige / damit sie die arbeit errichtet / als Forckengabeln / Schauffeln und dergleichen Instrumenta in großer anzal mit sich bracht und daselbst gelassen haben."*

Oder der Chronist Cyriacus Spangenberg zum Jahr 1516: *„Im anfang des Julij erhueb sich das unnötige Narrische und Abgöttische geleuff/ nach Wißnack in die Mark zum vermeinten und erdichteten heiligen Blut/ und lieffen auff einen Tag von Rinteln 220 Menschen Jung und alt/ denselben weiten Weg/ unter welchen auch Kinder waren von Zehen Jahren/ wem solches lauffen ankam/ den Kondte man nicht wehren noch uberreden/ daß er were geplieben/ darauß zu sehen wie Aberglaube wirket bey denen/ welche Gott in Irrthumb gerathen lesset."*

Die Deutlichkeit dieser beiden immerhin noch genügend zeitnahen Mitteilungen erübrigt jeden Kommentar, zumal die Darstellungen mit älteren Berichten über Kinderkreuzzüge, Tanzepidemien und das sogenannte „Kinderlauffen" oder sonst Einschlägigem übereinstimmen. Aufzuhalten war da nichts und niemand. Es sind anderweit Fälle bekannt, wo eine zwangsweise Verunmöglichung am Mitlaufen im großen Sog wider jedes Erwarten zum schnellen Tode des verhinderten Jugendlichen geführt hat. Angesichts der geradezu elementaren Gewalt verblaßt die Frage nach Glaube und Aberglaube nahezu ganz; die Grenzen sind da wohl ohnehin fließend und stets Sache der Auslegung. Und wir? Wir haben es nicht so weit gebracht, daß wir uns stark machen könnten dafür, daß so etwas nicht mehr vorkommen könne. Die Jugendunruhen des letzten Jahrzehnts sollten jedermann darüber belehrt haben.

Anno Domini 1520 griff der Reformator zu Wittenberg voller Ingrimm zur Feder. In seiner Schrift *„An den christlichen Adel deutscher Nation"* steht über das Wilsnacker und andere Unwesen: *„O wie schwer elend rechenschafft werden die Bischoff mussen geben/ die solchs teuffels gespenst zulassen/ vnd genieß dauon empfangen..."* Luther übrigens zweifelt Wunderzeichen als solche nicht etwa in Bausch und Bogen an, schließt jedoch verwarnend ein, daß sie auch Teufels Blendwerk sein könnten. Ihn ärgert und stört insbesondere auch die Auflösung von Zucht und Ordnung und die Schwächung der regulären Pfarrkirchen, die ihren Gemeinden keine Sensationen und Attraktionen bieten können; ihn erbost, daß *„tabernenn vnd hurerey"* an den Wallfahrtsorten ihren deftigen Nährboden haben; wie solche denn in der Tat von je her Begleiterscheinungen aller Massenexzesse, aber auch der seriösen Konzilien gewesen sind. Wilsnack, das einstige Dorf, hatte sich im Lauf der

Zeit nicht weniger als siebzehn, wir würden sagen Hotels, zugelegt. Da die Hauptfeierlichkeiten in den August fielen, wird die Masse der Pilger im Freien kampiert haben. Sie starben auch zu Tausenden und scheuten den Tod bei so gottgefälliger Gelegenheit nicht.

Ein besonderes Übel aber war das Asylrecht für Kriminelle, das die Wallfahrtskirche gewährte, und da ohnehin unter den Pilgern nicht selten Räuber und Totschläger waren, denen als Buße eine Wallfahrt auferlegt war, die aber ihrer Sünden kraft Ablaß ledig, schon auf der Heimreise zur Rückfälligkeit neigten, so war nichts unsicherer als die Wälder und die nähere Umgebung des so anziehungskräftigen Ortes. Kurzum, Luther plädierte dafür, *„das die wilden Capellen und feltkirchen wurden zu poden vorstoret/ als da sein/ da die newen walfarten hyn gahen/ Welßnacht..."* Er nennt es vor anderen Orten an erster Stelle und hätte auch die Kapelle auf dem Golm im Niederen Fläming noch nennen können, die unser Band III auf Seite 161 erwähnt, die allerdings schon 1522 ihre ablaßgewährenden Pforten hat schließen müssen. Bis dahin aber wurden nicht selten *„tres reysas nach Aachen, Golm und Wilsnack facere"* den reuigen Sündern auferlegt.

Luthers Ingrimm lag übrigens auch der Ärger des kursächsischen Theologen über das Haus Brandenburg zugrunde – also abermals die alte Kontroverse, die wir hier schon so oft notiert haben –, Joachim I. zeigte nicht die geringste Neigung für reformatorische Denkanstöße (siehe dazu auch das 9. Kapitel des Bandes IV!). Gewirkt im Sinn einer Abschaffung hat Luthers geharnischte Schrift in Wilsnack nicht, mochte sie auch beim märkischen Adel auf fruchtbaren Boden gestoßen sein. Die Wallfahrten nach Wilsnack hörten deswegen nicht auf, und Luther hat ihr Ende nicht mehr erlebt.

Der letzte Havelberger Bischof, Busso v. Alvensleben, ruhte schon seit vier Jahren von seiner höchst beschwerlichen Erdenbahn aus. Sein Sitz war vakant. Das Domkapitel war irritiert. Der Wilsnacker Rat berief, nicht ahnend, welchen Schaden, materiellen Schaden er damit dem Stadtsäckel zufügen würde, einen jungen Geistlichen als den ersten vom evangelischen Bekenntnis, Joachim Ellefeld aus Perleberg, der sich mächtig ins Zeug legte, jedoch von altgläubigen Klerikern immer wieder im Amtieren gehindert wurde. Ellefeld vollstreckte, wozu Luther über ein Menschenalter früher aufgerufen hatte: am 28. Mai 1552 in der Herrgottsfrühe zerbrach er gemeinsam mit anderen Epigonen des reformatorischen Eifers die Monstranz und verbrannte die so heiß umstrittenen, heiß begehrten Hostien in einem zu diesem Zweck mitgeführten Kohlenbecken.

Das ward, wie beabsichtigt, ruchbar und wirbelte erheblich mehr Staub auf, als man 13 Jahre nach vollzogener Reformation in der Mark hätte erwarten sollen. Joachim II. war alles andere als ein Freund von Bilderstürmereien; er hatte, als er die Reformation durchführte, wohl auch mehr dem Druck des christlichen Adels märkischer Nation nachgegeben und hing nach wie vor an der äußeren Pracht und am Zeremoniell der alten Kirche. Ellefeld ward auf die Plattenburg gesteckt. Doch Adel und Städte verwandten sich für ihn. Er selber verfaßte Bittgesuche in eigener Sache, die er – fast im Pathos eines Thomas Müntzer – mit *„Joachimus Ellefelt von wegen des verstörten Abgottes Gefangener"* unterzeichnete. Noch im November verfügte der Kurfürst des Eiferers Entlassung, verwies ihn aber seiner Lande. Man hat von Ellefeld nie wieder etwas vernommen. Doch hörten, ihres Fetischs beraubt, wenn man so sagen darf, die Wallfahrten auf, und Wilsnack mochte wieder in die alte Dörflichkeit zurückfallen; wie denn auch heute noch an seinen Straßenzügen mühelos abzulesen ist, daß es als Stadt nicht angefangen hatte.

169 Jahre hatte diese Episode immerhin gedauert. Und wenn auch nicht bewiesen werden kann, daß da Heidnisches vom kollektiven Seelengrunde heraufgedrungen war, so kann auch nicht bewiesen werden, daß dies nicht der Fall gewesen ist. Und wie verzwickt die Dinge liegen, in der Bilderstürmerei und in der Zerstörung katholischer Heiltümer wirkt doch auch ein Heidnisches mit: wir haben den alten heidnischen Adam eben nie ganz abgestreift, ob man sich dies nun eingesteht oder nicht. Und märkische Betrachtungen dürfen es nicht aus dem Blick verlieren.

Untergepflügt worden ist das Heidentum, aber nie mit Stumpf und Stiel ausgerottet. Das alte Mythen- und Sagengut lebte, ins Märchenhafte abgekommen und verballhornt, weiter, und Kultplätze und Bräuche vegetierten hier häufig noch lange fort, und daß zum Beispiel das sogenannte Hexenwesen, dieses heidnische Relikt, auch jetzt noch nicht ganz verschwunden ist, dessen bin ich aus eigener Erfahrung völlig sicher. „Vöör ollen Tijen hät up den Stöllnsche Barge eene grotmächtige Riesenfru woant, de hät Fru Harke, annere seggen ok Fru Harfe geheeten. De hät moal eenen groten Steen hör to foaten krägen un hät doamät den Hoarelbarschen Dom in'n Klump schmäten wollen . . ." Will sagen, die alte Germanengöttin, welcher der Gollenberg heilig gewesen zu sein scheint, hat sich gegen das Christentum zur Wehr gesetzt, das – wie oben gesagt – 948 erstmals hatte Fuß fassen können. „Dieser Steen is er äversch ut de Hänne utglipscht un is in de Stöllensche Feld mark doal fallen . . ."

Und dort hat er, ein Eiszeitfindling offenbar, noch bis zum Ende des 19. Jahrhunderts gelegen, ehe er, in Stücke geschlagen, dem Bau der Chaussee Rhinow-Friesack zu dienen hatte. Bis dahin aber, schreibt der Heimatforscher Walter Specht, „wurden der Göttin Opfer gebracht, und noch lange am Osterfeste zogen die jungen Mädchen aus Stölln hinaus und bekränzten den Stein unter fröhlichen Gesängen und Tänzen und begrüßten die Wiederkehr des Frühlings." (Siehe auch unsre Berichte vom Jüterboger Tanzberg, Band IV.)

*

Der junge Geistliche hatte mich länger im hohen Gotteshaus allein gelassen, als zu erwarten war . . . Ja, eine Hallenkirche, das Langhaus im Vergleich zum Chor auffallend kurz. Man hat vorgehabt, den jetzt so gedrungen wirkenden Bau nach Westen erheblich zu erweitern. Der renaissancene Westgiebel, der das riesige Baufragment zum Abschluß bringt, stammt aus einer Zeit, als von voraussichtlicher Erweiterung mit Sicherheit nicht mehr die Rede sein konnte, aus dem späten 16. Jahrhundert. Mächtiger Schlußstrich, ganz unsymmetrisch, was seiner nachdenklich stimmenden Schönheit keinen Abbruch tut. Die Seitenschiffe sind verschieden breit. Da Planen und Bauen und Änderung der Bauabsichten hier zeitlich nahe aneinander gerückt waren, trägt manches den Charakter des Provisorischen, zumal man es sich nicht hat nehmen lassen, den feldsteinernen Dorfkirchturm, diesen ältesten Zeugen des Blutwunders, in den großen Neubau einzubeziehen . . . Wunderschöne Glasfenster im Chor . . .

Da war der Geistliche wieder, den Amtsgeschäfte aufgehalten hatten. So recht auf Ellefelds Seiten schien dessen jünglingshafter Nachfolger nicht zu stehen. Er zeigte mir, was die sogenannte Wunderblutkapelle an Erinnerungsstücken birgt, die große Seelenwaage, dieses Instrumentum frommen Betrugs und unverschämter Bauernfängerei – an Wallfahrtsorten vermengt sich nicht selten beides –, doch „*mundus vult decipi, ergo decipiatur*", hat Sebastian Franck festgestellt, voller Hohn allerdings.

Die Krypta kann nicht mehr besichtigt werden. Da seien rüde Schüler über den photographisch so oft zitierten Schwippbogengang vom Schloß her in die Kirche über den sogenannten Prälatengang gedrungen, hätten randaliert und wie die Vandalen gehaust. Immer wieder habe er sich bei der Schulleitung beschwert und sich an den Bürgermeister und höhere Instanzen gewandt: nichts sei geschehen, und erst als die Halbstarken gar in die Krypta gestiegen seien und dort die Särge der Herren v. Saldern aufgebrochen, die Sargdeckel durcheinandergeworfen, die Mumien ihrer Kleider beraubt, ihre Gebeine und Schädel und schließlich gar auch einen überaus kostbaren Glassarg kurz und klein geschlagen hätten, da erst sei zwischen Schwippbogen und Kirche eine Betonwand gezogen worden. Aber da in der Krypta doch nichts mehr zu retten und wiederherzustellen gewesen sei, habe man sich entschließen müssen, alles zuzuschütten . . .

\*

Sommerwarmer Septemberabend. Die „werktätigen" Benutzer des „Volksmoorbades" wandeln brav auf Straßen und Wegen, allein, zu zweit, in Gruppen, bürgerlich stadtfein in gepflegter Garderobe. Jenseits der Bahnschranken beginnt Wald, das Ziel kurgemäßer Spaziergänge. Durch diesen Wald müßte man zur Plattenburg gelangen können. Auf Tiefladewagen der Reichsbahn russische Pontons. Knabengleich machen sich junge Sowjetsoldaten darauf zu schaffen, man weiß nicht recht, verpacken was, zurren was fest und klettern schließlich allesamt in einen G-Wagen am Zugende, in dem sie sich's zu friedlicher Nachtruhe häuslich machen. Nichts liebt der Soldat mehr als Bahnverladungen. Ins Manöver oder zum Ussuri? Die Sonne sinkt. Am Ussuri geht sie in fünf Stunden schon wieder auf. In Tientsin in sechseinhalb Stunden. Hauptsignal auf Fahrt. Der deutsche Lok-Führer klopft seelenruhig seine Pfeife aus und läßt Dampf in die Zylinder. Sacht rollt der Zug an. Über den schon ins Bräunliche schlagenden Wipfeln verfliegen die rosenfarbenen Dampfbäusche.

XIV

# Gesprochenes, Gelalltes, Gekritzeltes (diverse Notizen)

*Im Zug zwischen Brandenburg und Berlin,*
*den 11. September 1974*

In dem offenbar immer vollen Zug, der von Brandenburg um 17 Uhr 19 abgeht, war es, daß mich der junge Professor Dr. NN – er hat sich mir vorgestellt – aus eigenem Antrieb ansprach. Ich kannte ihn nicht etwa. Wie hätte ich das sollen? Doch hatte ich ihm angesehen, nachdem er mir gegenüber Platz genommen, daß er mit mir ins Gespräch kommen wollte, was denn auch geschah. Ein hübscher Mensch, der mir durch eine gewisse Eleganz aufgefallen war, wie sie in der DDR offenbar vorhanden ist, aber im Straßen- oder Verkehrsbild selten oder nie zutage tritt.

„Ich habe zwar nicht", erzählte er, „in der Sowjetunion studiert wie so viele andere meiner Generation, bin dann aber sehr oft in der Sowjetunion gewesen. Kennen Sie Rußland?"

„Jaja, vom Krieg her."

„Ich habe dort in vielen Städten viele gute Freunde . . . Waren Sie auch im Kaukasus?"

„Ja, nun nicht gerade auf dem Elbrus. Aber das Kuban-Gebiet und Teile des Vorgebirges kenne ich. Ein schönes Stück Erde: Piatigorsk, Mineralnyje Wody, Noworossisk, Krassnodar, Armavir. Bin bis in die Kalmückensteppe gekommen . . . Wo der Heeresnachschub nicht für die Erweiterung meiner geographischen Kenntnisse sorgte, tat ich's auf eigene Faust."

„Schwarz sozusagen."

„Oder Entfernung von der Truppe. Man mußte schon irgendwas vorwenden können, falls sie einen dabei erwischten."

„Althochdeutsch ‚reysa' meint beides, den kriegerischen Aufbruch wie den friedlichen. Und jetzt reisen Sie in der Mark Brandenburg. Waren Sie auch schon in Potsdam?"

„Nein, nur mit dem Auto durchgefahren letzten April ... Aber 1959 war ich einmal dort."

„So?"

„Da hatte ein findiges West-Berliner Reisebüro die Einreise per Bus irgendwie ermöglicht. Aber dieses Glück währte nur drei Tage. Denn die Meinungen der amtlichen Fremdenführer – drei immerhin auf einen Bus, der noch nicht einmal voll ausgebucht war – prallten mit denen der West-Berliner allzu hart zusammen."

„Ich bin Potsdamer", sagte er nach einer Weile, „aus einer Potsdamer Familie. Schon mein Großvater war Schuldirektor dort ... Ich war an dem berühmten 14. April – Sie wissen doch, 1945, als Potsdam unterging – ganze acht Jahre und habe das ganze Unglück mitgemacht." (8 + 29 überschlug ich in Gedanken, also war er jetzt 37 Jahre alt, sichtbarlich im besten Alter.) „Ich besitze einen Farbfilm, den hat mein Vater damals in der brennenden Stadt gedreht, aber öffentlich vorgeführt hab' ich ihn bisher noch nicht."

Mittlerweile hatte der Zug den neuen, mitten im Wald und hart am Templiner Seeufer gelegenen Potsdamer Hauptbahnhof verlassen und rollte sacht über den langen Damm, der seit 1950 etwa den Templiner See mitten durchschneidet, wesentlicher Bestandteil des Eisenbahn-Umgehungsringes um West-Berlin, der nachgerade so dicht mit Baum und Strauch bewachsen ist, daß man ihn für etwas Natürliches halten könnte, so schnell geht das. Man sieht aber, soweit der Bewuchs das erlaubt, am Nordende des weiten blauenden Sees von Potsdam dies und das, die Nikolaikuppel, auch drei bemerkenswert ungestalte Hochhäuser neuerer Art.

„Wie finden Sie die neue Silhouette?" fragte der Professor.

„Gott, wissen Sie, einiges fehlt mir. Die Garnisonkirche hätte man getrost stehen lassen sollen. So doll ist ja der Straßenverkehr nun auch nicht, als daß sie hätte weichen müssen."

„Sie kennen doch die Sache mit dem Stadtschloß?" fragte er nach einer Weile.

„Nein, kenn' ich nicht. Weiß nur, daß es eine entsetzliche Ruine war – damals, 59 stand ja die ausgebrannte Fassade noch – und daß es nunmehr gänzlich weg ist."

„Also es war so: es gab Stimmen für den Wiederaufbau und solche für den Abriß. Der Wiederaufbau wäre möglich gewesen, aber die für den Abriß waren, hatten damals mehr Gewicht. Na, und dann hat man halt das Ernst-Thälmann-Stadion gebaut auf dem Boden des Lustgartens. Denn die Frage war, Geld ist nur für eins da, entweder Schloß oder Stadion. Und man hat sich für den Bau des Stadions entschieden, wo aber nie was los ist. Doch das eine steht fest, und es sind sich auch alle im klaren darüber: wenn das heute noch einmal zur Entscheidung anstände, Abriß oder Aufbau, Stadion oder Schloß, kein Mensch würde mehr für Abriß und Stadion plädieren. Aber nun ist es zu spät."

\*

*Brandenburg, den 30. April 1975*
Am Omnibusbahnhof am Trauerberg folgender Anschlag: „Am 3. 5. 75 findet im Jugendklub Roskow eine Diskothek statt."

*Berlin, den 22. Mai 1975 im Taxi zwischen Lietzensee und Bahnhof Zoo, 5 Uhr morgens*
Der Taxifahrer: „Sehn Se, ick hab' nu ooch drüben Verwandte. Mein Sohn is drüben. Is bei der Bahn. Seine Schwiegermutter is ooch bei der Bahn, seine Frau ooch. Alle sind se bei der Bahn. Und die hab'n nu fünf Jungens. Und der Älteste is nu bei die Nationale Volksarmee, aber seine erste Prüfung bei der Bahn hat er ooch schon in der Tasche. Ja. Aber wat glooben Sie, wenn ick mal rüber komme, also höchstens, daß zwee da sind. Die andern sind immer irgendwo verschickt, in'n Lager oder zu 'nen Kursus. Und denn komm'n se wieder und hab'n 'ne joldene Nadel oder hab'n 'ne silberne Nadel, und denn sind se stolz. Und jeb'n sich Mühe, daß se wat werden. Die Deutschen sind nu mal so, die brauch'n des, und die drüben, die wissen det und mach'n't janz richtich ... Nich wie bei uns, wo se nischt tun und wo se ooch nich anjestachelt werden. Is zuviel Freiheit ... Hab' ooch zwee hier. Enkel. Die kriejen immerzu wat jeschenkt. Von die Oma und von Opa ooch. Rechenkompjuter. Und lern'n jar nischt. Das kommt bei raus ... Nee nee, wenn hier der Kommunismus würde kommen ... ob die Soße nu 'n bißken fetter is oder nich, det macht et ooch nich ... Natürlich nu die vielen Wagen! Die werd'n se denn wohl in Sibirien einsetzen ... Det macht für Sie fünf Mark zwanzich jenau ... Na, denn wünsch' ick jute Reise, Chef!"

\*

*Rathenow auf dem Bahnhof, den 29. Mai 1975*
Sitzen ihrer acht auf einer Sitzbank für vier Erwachsene. Vermummelt. Es ist ausgesprochen schön, aber der Wind weht kalt. Ihrer acht. Pausbäckig. Blond, achtmal variiert. Vergißmeinnichtäugig. Stillvergnügt. Und gucken mich an. „Na, ihr Pummel!" sage ich, „ihr seid ja ganz furchtbar niedlich. Ist ja ein ganzes Nest." Die acht gucken mich an, und die beiden Kindergärtnerinnen, Junghennen noch, lachen errötend, als hätten sie das liebenswerte Gelege schon selber erbrütet, und haben noch weitere Küken unter ihren Mantelflügeln, wie sich herausstellt. Und einer – ganz unerwartet – kann schon sprechen und läßt mich wissen: „Wir fahren nämlich Eisenbahn!"

\*

*Bhf. Schönefeld, den 5. Juni 1975*
Unter den vielen Kritzeleien an der Wand eines Wartekiosks:
Anonche
Wer ist so nett und schreibt mir mal?!
Bärbel Günther
172 Ludwigsfelde
Arthur-Ladewig-Platz 1
hübsch, gute Figur, auffallend große Brust
Interesse für intimes Leben

\*

*Raben, den 12. Juni 1975*
Da saß auf der Burg Rabenstein ein alter Mann an der Kasse, ganz allein in der Stille des köstlichen Tages, und Lehnartz, der Fotograf, und ich waren die einzigen Besucher. Er versehe diesen Dienst nur aushilfsweise, erklärte der Alte, weil die von der Jugendherberge, die sonst immer auch jemanden an die Kasse setzten, zu einer Tagung nach Karlsbad gefahren seien, weshalb denn die Herberge zur Zeit auch geschlossen sei. Da er nach unserer Burgbesichtigung und Turmbesteigung Mittagspause zu machen gedachte, stieg er mit uns aus den verwinkelten Räumen des Turmzugangs, wo sich die Kasse befindet, nieder, zeigte uns im Burghof noch dies und das, so auch rechter Hand den Speisesaal und die Küche, die er beide offenbar großartig, wir aber einigermaßen primitiv fanden – man müsse dort allerdings selbst kochen, eine Köchin gebe es nicht –, und wartete, bis Lehnartz sich ausfotografiert hatte.

Von alten Gebäuden (siehe auch unser Band IV, die Seiten 165 und 170) verdient außer dem Bergfried nur noch der sogenannte Rittersaal Beachtung, in dem übrigens die DEFA historische Stoffe zu realisieren liebt, die „Hosen des Herrn von Bredow" zum Beispiel. Immerhin muß vor 150 Jahren das Bewohnen noch möglich gewesen sein, denn Bernadotte hat vor der Dennewitzer Schlacht hier sein Hauptquartier gehabt, aber vielleicht nur in dem heutigen Küchentrakt (siehe Band III, das 17. und 18. Kapitel). Wir fragten den Alten nach dem Stahlgerüst auf dem Bergfried. Er behauptete, das sei ein Peilgerät oder Leitgerät für Sportflieger, was uns nicht überzeugte, und der Turm sei für die als flaches Geviert aufliegende Einrichtung abgekappt und um 15 m niedriger gemacht worden, als er einst war. Auch das schien uns eingedenk alter Fotos fraglich.

Im Hof zu Füßen des Bergfrieds nahe dem Tor steht eine Linde. Ich sah in die Baumkrone hinauf. Der Alte verstand sofort, wonach ich suchte.

„Aber se fliejen schon!" sprach er mit erhobenem Zeigefinger, wie nur ein märkischer Bauer es sagen kann, der – worauf übrigens auch der Berliner Witz oft beruht – den vorauszusetzenden Gedanken fortläßt: „Die Linde wird bald blühen", und gleich den zweiten nennt: „Denn die Bienen fliegen schon."

Dann entließ er uns ins Freie, schloß das Burgtor mit einem angemessen großen Schlüssel, den er zu sich steckte, warf sein Moped an, schwang sich in den Sattel und schnurrte talwärts. Siebzig Jahre zählte er bestimmt oder mehr. Das Motorgeräusch verlor sich in der Bergwälderstille schnell.

\*

*Havelberg, den 22. September 1975*
Im HO-Bäckerladen vor dem Steintor: „Geben Sie mir bitte das Stück Kranzkuchen da ... Ja, das da! Ich ess' es gleich hier, wenn Sie nichts dagegen haben ... Macht?"

„Eine Mark dreißig."

„Was gucken Sie mich so an? Weil ich Ihnen fremd vorkomme?"

„Nu ja, fremd? Von wo sind Sie?"

„Aus West-Berlin. Deshalb liegen meine Reisezeiten auch so dämlich, daß ich hier gerade eben nur im Stehen essen kann und wär's im Bäckerladen ... Der Omnibus nach Neustadt geht doch von hier ab?"

„Von hier vor der Türe. Dreiviertel eins ... Aber so auf Punkt und Minute wird meistens nich . . . Sie sind von West-Berlin und besuchen Verwandte oder Freunde?"

„Nein, habe ich nicht. Weder hier noch sonst in der DDR."

„Und da kommen Sie so hierher? Und nur für einen Tag? Ja, was machen Sie dann hier bloß?"

„Was ich mache? Ich seh' mir Havelberg an. Bin wer weiß wie lange nicht hier gewesen. Und dazu bei diesem herrlichen Herbstwetter heute."

„Na ja . . . Sie konnten ja auch so lange nich."

„Zwanzig Jahre! Aber seit 1972 geht es ja Gott sei Dank wieder."

„Ja."

(Eine Kundin kommt, kauft Schnecken und geht wieder.)

„Jetzt ist Wespenzeit. Da müssen Sie Obacht geben . . . Obwohl Sie keinen Pflaumenkuchen haben, wie ich sehe."

„Is nich schlimm mit Wespen dies Jahr. Bis jetzt wenigstens . . . Und wie is es nu bei Ihnen drüben? Soll'n ja sehr schlechte Zustände herrschen."

„Tja, nichts hält ewig. Auch das sogenannte Wirtschaftswunder nicht."

„Und die vielen Arbeitslosen! Muß ja schlimm sein. Steht doch alles kurz vor dem Zusammenbruch . . . Oder?"

„Zusammenbruch? Ich glaube, ich glaube, Sie haben etwas übertriebene Vorstellungen. So leicht bricht nichts zusammen. Da sind noch Kraftreserven und Finanzpolster genug, möcht' ich meinen, und stützt notfalls ein wankendes Gebäude das andere, toi toi toi . . . Sie sollen mich aber nicht etwa für einen Propagandaredner halten. Ich habe von diesen Dingen nicht angefangen, sondern Sie haben danach gefragt!"

„Hm."

(Eine Kundin kommt, kauft drei Stück Streuselkuchen und geht wieder.)

„Also, ich verstehe nicht viel von derlei. Tatsächlich gibt es im Westen eine Inflation. Das verschleiert ja auch niemand und ließe sich auch nicht verschleiern, weil wir keine Pressezensur haben. Doch sind die Inflationsraten, die Stufen der schrittweisen Geldentwertung beziehungsweise der Teuerung, in der Bundesrepublik im Vergleich zu den anderen westlichen Ländern noch die niedrigsten, und von dem Steigen der Rohstoffpreise auf dem Weltmarkt kann übrigens auch der Ostblock nicht unberührt bleiben, wie sich zeigen wird oder schon gezeigt hat. Denken Sie bloß an die Erdölkrise vor zwei

Jahren! Es gibt nämlich zwar zwei Wirtschaftssysteme, aber nur eine Weltwirtschaft und nicht zwei ... Wo kann ich das Papier hintun? Der Kranzkuchen war ausgezeichnet."

„Geben Sie man her!"

„Es gibt Rohstoffe, die der Osten im Westen kaufen muß. Die Sowjetunion kauft ja sogar Weizen in Amerika."

„Hm."

(Draußen fährt ein Omnibus vor.)

„Is noch nich Ihrer. Is der nach Schollene."

„Und sehen Sie, der Prozentsatz der Arbeitslosen hält sich in Grenzen, die man volkswirtschaftlich noch als tragbar bezeichnen kann. Vorläufig. Ich spreche nicht vom Menschlichen. Vier Prozent. Es liegt übrigens in West-Berlin sogar etwas niedriger als in der Bundesrepublik. Nach über zwanzig Jahren ausgemachter Fettlebe könnte auch jeder für Durststrecken so einigermaßen vorgesorgt haben. Soweit das geht. Man kann sich ja nicht nur auf herrliche Zeiten gefaßt machen und denken, das geht immer so weiter. Das war ja das Blöde am Wirtschaftswunder, daß alle sich gegenseitig einredeten, das bleibt nun auf ewig so!"

„Naja, die Leute sind ja auch gesichert und kriegen Unterstützung und so ... Mein Bruder war jetzt hier, der is drüben ... am Rhein in Moers ... Das war jetzt im Juli war das, daß er hier war. Da war er auch gerade arbeitslos ... Aber nu hat er schon wieder Arbeit."

„Na fein, und da hat er eben die beschäftigungslose Zeit zum Reisen genutzt und offenbar auch das nötige Geld dazu gehabt. Moers liegt übrigens nicht am Rhein."

„Er war ja sogar mit seinem Auto hier, das schon ... Würd' ja auch gern mal rüber. Ich kenn' ja den Westen überhaupt nicht. Aber darf ja nich."

„Sie sind eben noch nicht alt genug. Deshalb. Sind noch nicht im Rentenalter."

„Ja und nein. Aber wenn ich schon wär' und stünde auf Rente, dürft' ich auch nich und werd' auch nie dürfen."

„Was soll denn das heißen?"

„Ich hab' zwei Jungens beim Militär. Der eine is bei der Volkspolizei, der andere bei der Nationalen Volksarmee. Und solche Eltern dürfen nich. Und ich glaub', auch Verwandte nich, die nächsten wenigstens ... Dürfen nich rüber, auch wenn sie das Alter haben. Und sehen Sie, das ist doch ein Unrecht, und die Leute klagen auch ganz offen darüber. Alle ... was weiß denn so'n kleiner Soldat schon groß! Wenn die drüben was rauskriegen wollen, dann kriegen sie's sowieso."

„Wechselseitig."

„Ja natürlich, wechselseitig. Unsre sind ja auch nich dumm. Und die Jungens sagen unsereinem ja auch nichts. Die sind entsprechend erzogen, die würden kein Dienstgeheimnis einfach preisgeben ... wenn sie eins hätten ... Nein, nein, es ist ein Unrecht, kann einer sagen, was er will. Und es betrifft so viele, weil bei uns so viele beim Militär stecken."

(Pause.)

„So, das wäre dies. Ich fühle mich angenehm gesättigt. Hatt' ich schon gezahlt?"

„Sie hatten."

„Aber was ich noch fragen wollte: Sie sprechen nicht wie von hier. Sie sind ... aus dem Osten irgendwo, wenn ich das richtig heraushöre."

„Aber das werden Sie nicht erraten von wo: ich bin in Livland geboren."

„In Livland! Ist das die Möglichkeit!"

„Aber dann sind wir 39 in den Warthegau ... Mußten wir! Als Beutedeutsche, wie es so schön hieß ... Und sechs Jahre später, kaum daß man irgendwie Fuß gefaßt hatte ... Na, Sie wissen ja ... Mein Vater ist noch im Warthegau gestorben. Aber nu der Rest der Familie, der is hierher ... Getreckt. Mein Bruder is nachher weiter und rüber. Ganz legal noch. Aber Mutter erklärte, ein drittes Mal und noch weiter nach Westen, wo einen die Leute erst recht schief ansehen, nein, das käm' für sie nich in Frage ... Also ... sind wir dann hier hängengeblieben, ja, hängengeblieben ... Da kommt Ihr Bus! ... Gute Fahrt!"

\*

*Potsdam, den 11. März 1976*

Am Brandenburger Tor das Restaurant Gambrinus – es heißt jetzt werweißwie – geschlossen, geschlossen entgegen draußen angeschlagenen Öffnungszeiten das Broiler-Stübchen in der Gutenbergstraße, alle Gaststätten in der Klement-Gottwald-Straße wegen Straßenbauarbeiten geschlossen. Kam endlich in dem gehobeneren HO-Restaurant Pieck – Ecke Friedrich-Ebert-Straße zu einem Mittagessen. Entsetzliche Fülle, kaum ein Platz zu bekommen, während in einer abgeschlagenen Hälfte des Raumes etwa zehn oder zwölf

Personen tafelten und die restlichen fünfzig leeren Plätze dort blokkierten. Dort, nicht auf der mehr proletarischen Seite des Etablissements, sprudelten kleine Tischbrunnen, so nobel ist das Lokal.

Den Gast mir gegenüber drängte es, nachdem er mir vorausdeutend zugezwinkert und Gesegnete Mahlzeit gewünscht hatte, zu einem Gespräch: „Ja, solches Essen kann ich mir als Rentner leisten, Sie verstehn mich." Er zwinkerte abermals im Versuch, meine Neugier zu erwecken: „Ich hatte früher hier 'ne Fabrik. Die konnt' ich an den Staat verkaufen."

„Verkaufen? Ja, wird denn nicht mehr enteignet?"

„Nein, nach der neuen Verfassung von vor drei Jahren nicht mehr. Ich konnte verkaufen."

„Aber der Staat bestimmte den Kaufpreis?"

„Nein, nicht ganz. Wir haben regulär gehandelt und uns schließlich geeinigt: 250 000 Mark auf den Tisch des Hauses oder vielmehr auf den der Staatsbank, Sie verstehn mich. Natürlich war es unterbezahlt. Ein einziger Schornstein kostet ja mindestens schon seine 30 000 Mark und nun erst 'ne ganze Fabrik. Aber durch weitere Verkäufe, Grundstücke und so, habe ich jetzt etwa eine halbe Million auf dem Konto."

„Das ist ein Wort. Und damit können Sie anfangen, was Sie wollen?"

„Nein, das nicht. Das Geld liegt auf Sperrkonto. Aber alljährlich am 2. Januar kann ich davon 10 000 Mark abheben. Macht 860 Mark und einiges im Monat. Das reicht."

„Reicht unter den hiesigen Bedingungen, entspricht allerdings nur einer Verzinsung von . . . von zwei Prozent, wie? . . . Also können Sie dieses Vermögen – Verzeihung, in unserm Alter – doch nie im Leben verbrauchen."

„Nein, in diesem Leben nicht. Denn fünfzigmal werde ich ja nun bestimmt nicht mehr abheben können."

„Dann fällt der Rest an den Staat?"

„Nein, er ist vererbbar."

„Sie haben Erben, wenn ich fragen darf?"

„Einen verheirateten Sohn, der gerade hier vom Tisch aufstand, als Sie kamen. Sonst hätten Sie ja gar keinen Platz gefunden. Er ist Ingenieur und Reserveoffizier."

„Und eines Tages Erbe. Das Geld erhält sich, weil Sie keine Inflation haben."

„Haben keine und haben se doch, Sie verstehn mich . . . Die Sache ist so: nehmen wir an, Sie verwenden irgendein bestimmtes Waschmittel, den Eimer, sagen wir, zu drei Mark. Eines Tages wollen Sie das wieder kaufen. Aber man sagt Ihnen, das gibt's nicht mehr, wird nicht mehr hergestellt. Dafür bekommen Sie eine ganz neue Marke angeboten, Kostenpunkt: drei Mark achtzig, und die müssen Sie nehmen, denn waschen müssen Sie ja, und dürfen noch froh sein . . . Und so geht das, und in 'nem Jahr oder in 'nem halben schon wieder."

Er schwieg, begann aber nach einer Weile aufs neue: „Tja, ich habe all die Jahre meine eigene Fabrik als eingesetzter Direktor leiten dürfen. Das ging. Daher blieb das Werk auch so einigermaßen leistungsfähig, Sie verstehn mich . . . Nicht, daß ich mir was einbilde. Unsre Wirtschaft wäre viel viel leistungsfähiger, wenn nicht in den leitenden Gremien überall als die Maßgebenden von der Partei welche säßen, die von der Sache, um die es geht, von der betreffenden Produktion nichts oder nur das Notdürftigste verstehen. Erst im zweiten Glied und mit entsprechend geringerem Einfluß, da finden Sie dann Ingenieure und Technokraten. Und das ist ganz einfach falsch. So!"

Die Serviererin kam und nahm ihm den geleerten Teller fort und setzte ein Kännchen Kaffee nebst einem dicken Stück Torte und Schlagsahne vor ihn hin. Er zwinkerte wiederum: „Wie finden Sie das Essen hier?"

„Nichts dagegen einzuwenden, es ist gut. Allerdings bekommt mir Restaurantessen auch bei uns nie so recht . . . Ich war übrigens schon drauf und dran, mal das Interhotel zu probieren. Kann denn da ein gewöhnlicher Sterblicher essen?"

„Na und ob! Is auch erschwinglich. Nur mit dem Übernachten würden Sie Schwierigkeiten bekommen. Unsereiner hätte sie aber auch. Denn ein Großteil der Zimmer ist neuerdings von dem FDGB belegt. Und als Ausländer hätten Sie den doppelten Zimmerpreis zu zahlen: 60 bis 70 Mark das Einzelzimmer, für Sie also 120 bis 140 Mark, und 150 das sogenannte Appartement, also 300 Mark für Sie."

„Wer zahlt denn bloß diese horrenden Preise?"

„Na, Einkäufer aus dem Westen, zum Beispiel aus der BRD, Vertreter, denen es auf ein paar Tausender nicht ankommt, Einkäufer von Neckermann oder anderen Großunternehmen, die . . ."

In diesem Augenblick kam der Sohn wieder und rief, indem er sich setzte, da inzwischen ein anderer Stuhl frei geworden war: „Also Freitag nächster Woche. Punkt 1 der Tagesordnung: Wahl des Betriebsleiters. Punkt 2 . . . darfste raten: Diskussion über das Programm des IX. Parteitags . . . Ich wollt' den'n ihre Freude nich verderben, kannst dir ja vorstellen, und sagte: mietet man den Kleinen Saal und nich den Großen! Dachte bei mir: Mann, bei so 'ner intressanten Tagesordnung kricht ihr doch schon den Kleinen Saal nich halbvoll, und wie sieht denn das aus! . . . Komm, ich lade dich ein. Du bist Rentner. Was macht das zusammen? 23 Mark? Machen Sie 25 draus, Fräulein . . . Ich glaube, wir müssen . . ."

*

*Im Taxi zwischen Drewitz und Potsdam, den 18. März 1976*
Der Taxifahrer auf dem Weg zum Omnibusbahnhof in der Yorckstraße: „Ja, sehn Se, Omnibusse hab'n wer jenuch, aber nich jenuch, die se ooch könn'n fahren . . . Is doch nich anders als wie bei euch: fehlt an Arbeitskräfte. An jede Ecke . . . Na, nu hatt'n wer hier die Ungarn. Die war'n in Ordnung. Ohne weiteres! Aber die sind nu wech. Jetzt hab'n wer dafür Algerier. Also ick sage Ihnen, die sind villeicht viel schlimmer als wie bei euch die Türken."

„Gott, die Türken", wandte ich ein, „es ist natürlich nicht immer nur Elite, was so als Gastarbeiter in die Fremde geht, das ist doch klar."

„Nee, Elite is et ooch nich . . . Algerier! Mann, immer jleich 's Messer raus wie die Wilden, und denn uff die Meechen und immer uff die Vierzehn-, Fuffzehnjährigen, da sind se scharf druff. Ick sage ihnen, wat hier vorkommt! Also Mord und Totschlach is nüscht dajejen!"

„Das erste, was ich höre! In dieser Hinsicht war doch in der DDR immer alles in bester Ordnung. Im Gegensatz zu den hanebüchenen Zuständen bei uns."

Er schwieg, und mir fiel der bleiche Kavalier wieder ein, kein Arbeitertyp, eher ein DEFA-Edelkomparse mit schwarzer Pelzmütze und einer flotten Joppe aus Kamelhaarimitation, der – es war am 16. Dezember 75, einem nebeligen Tag mit früh einfallender Dämmerung gegen 15 Uhr – am Sternfeld bei Drewitz plötzlich aus einer Schonung trat, sich in der völligen Einsamkeit dort an meine Fersen heftete und ohne Weg querwaldein verschwand, als ich aus der Aufschüttung der neuen Autobahnüberführung Potsdam–Teltow ein krummes Stück Moniereisen, das dort zufällig im Sand stak, auflas und mich solchermaßen ostentativ wappnete, ein Spanner oder was, eine abwegige Existenz, der zu begegnen ich einzelnen Frauen oder Schulkindern nicht hätte empfehlen mögen . . . Will mich aber gern geirrt haben, und wer weiß, was der arme Komparse von mir gedacht hat, als er sich seitwärts in die Büsche schlug . . .

„In Ordnung!" Der Taxifahrer griff meinen Einwand auf. „Vonwejen in Ordnung! Ick sage bloß Mord und Totschlach. Wie bei euch ooch. Als Taxifahrer, also nich bloß, daß welche von uns wer'n überfallen, als Taxifahrer wissen wer sowieso Bescheid und arbeiten ooch mal direkt mit de Kripo Hand in Hand, wenn welche jejacht wer'n, nachts per Funk. Oder soll'n welche jestellt wer'n . . . Also den eenen Kommissar, den kenn' ick da janz jut. Ick sage zu den, warum kommt denn nie wat in de Zeitung, wat allet so vorfällt? Wär' doch intressant . . . In de Zeitung? sagt der. Nee, wenn dette möchte allet in de Zeitung stehn, wat vorfällt, denn würd' ja die Bevölkerung beunruhicht werden, sagt der . . . Is nich wie bei euch, wo allet wird in die Presse ausjebreitet. Hier is nach außen hin immer allet tipptopp. Darum jeht et . . . Na, und denn hatt'n wer ooch Polen oder hab'n noch welche. Also die! Een Kapitel für sich. Wie die sind anjekomm'n, also ick kann Ihnen sagen, zu Anfang die Zeit, jroße Lippe is keen Ausdruck. Und ‚deutsches Schwein' so haben se uns anjeredet, wenn se wat nich paßte. Und jeklaut hab'n se in de Warenhäuser wie de Raben, und wenn 'ne Verkäuferin se hat jestellt, denn jleich wieder ‚deutsches Schwein' und so . . . Aber nu die Unsern!"

Damit meinte er die DDR-Regierung, und es klang dabei Billigung und ein gewisser Stolz mit: „Wenn eener von die Polen is erwischt worden, nich erst jroße Jerichtsverhandlung und jesetzliche Strafe, nee, sondern den Wert, wo er jeklaut hatte, abarbeiten, jawoll, da gab's nischt, und denn per Schub über die Jrenze, im Einvernehmen mit die Polen ihre Rejierung, und darf unsre DDR in sein Leben nich mehr betreten."

„Sind ja teils auch arme Luder, die Polen."

„Sind se. Ohne weiteres. Bin drüb'n in Polen jewesen. Mal een Wochenende mit meine Frau. Ick sage, wir fahr'n mal nach Polen, und denn sind wer los . . . Also ein Elend! Uff die Dörfer! Eenmal die Woche kommt 'n Wagen mit Fleisch und bringt s 'n bißken wat, und in die Bäckerläden is ooch nischt."

„Ich habe Polen als Agrarland mit Überschüssen in Erinnerung."

„Überschüsse! Wer'n se woll noch erzielen, aber allet für'n Export, weil se Devisen brauchen. Und Fleisch? Allet Wiesen und Wiesen, aber immer bloß zwei Kühe druff höchstens. Nee, wenn die bei uns in die DDR komm'n, denn wackeln se bloß mit'n Kopp, so staun'n se. Und wenn se erst möchten bei euch drüben komm'n, na denn würd'n se denken, sie wär'n direktemang in't Paradies jeraten..."

„Die Polen haben doch bäuerliche Privatwirtschaft?"

„Hab'n se. Erst hatt'n se ooch LPG und so. Aber denn hab'n se woll einjesehn, deß ooch nischt rauskommt bei, und allet wieder reprivatisiert... Bis uff die jroßen Jüter, die nu allerdings Staatsjüter sind... Ick weeß ooch nich, woran dat det liecht. Ob se nischt tun? Und denn der olle Wodka. Und klau'n wie die Raben. Wer konnt'n den Wagen ja nich eene Minute alleene lassen, schon war'n se bei und wollt'n abmontieren, Radio, Rückspiegel und allet... Wann jeht denn Ihr Bus?"

„Um zehn."

„Zehne? Na, det schaff'n wer noch... Is bloß wejen die ollen Baustellen hier, deshalb frage ich. Die erneuern die Jleise. Und denn: sehen Se den von die Verkehrspolizei? Is von die Rote Armee eener. Die hab'n Manöverübung die Tage und immer quer durch die Stadt. Da müss'n Se uffpassen wie sonstwer. Denn die hab'n Vorfahrt, ooch wenn se keene haben. Dafür sorjen schon den'n ihre Verkehrsposten... Na und denn... So, jetzt jeht' wieder weiter... denn hab'n wer ooch noch die Schilenen. Also det sind nu keene Jastarbeiter, sondern Politische, die so wegmußten und die se bei euch drüb'n nich wollt'n uffnehmen."

„Doch, doch, eine ganze Menge Chilenen sind auch in der Bundesrepublik untergekommen. Allerdings in West-Berlin, glaube ich, keine. Wir haben ohnehin schon zehn Prozent ausländische Bevölkerung und weiß der Teufel was für eine Dunkelziffer."

„Also die Schilenen, weil die nu Politische waren, konnt'n se Unsre ja nu nich einfach in Baracken stoppen... Hab'n Se vorhin rechts die drei Hochhäuser jesehn? Da hab'n se se einlojiert, in den een'n, und hab'n die Wohnungen einfach freijemacht für den Zweck. Und die Mieter raus oder, die erst bloß 'n Mietvertrach hatt'n, jar nich erst rin. Na, det war vielleicht een Krach, sag' ick Ihnen. Den'n hab'n se vielleicht Feuerwerk jejeben, aber nich zu knapp. Und wo die Schilenen noch dazu brauch'n keene Arbeit nich anzufass'n... Det jlooben Sie nich? Es is nich mehr so, deß die Bevölkerung sich eenfach allet jefall'n läßt, nee, nee... Schon wieder halt!... Ja, se müss'n die Schienen auswechseln. Sind se bei. Liecht ooch an die vielen Kurven, der Abrieb. War'n aus de Tschechei... Aber nu den'n ihr Stahl! Ick weeß ja nich, warum Unsre sowat koof'n? Die Schienen, die vorher war'n drinjelejen, die war'n von Krupp war'n die und hab'n über Jahrzehnte jehalten und wurde ooch jefahren. Aber den

Tschechen ihr Kuchenblechstahl. Von wejen. Und ick sage, in drei Jahre könn'n se se wieder erneuern. Dabei koof'n Unsre doch sonst allet mögliche im Westen ... Des Interhotel, wo wer eben vorbei sind, wat die Fahrstühle sind, die sind von 'ne Bremer Firma, und die jesamte Kücheneinrichtung hab'n die Schweden jeliefert. Kostet doch ooch allet Devisen ... So, da wär'n wer! Nu hab'n Se sogar noch zehn Minuten Zeit ... Det macht jenau sechs Mark fünfun'dreißich ... Wat? Nach Fehrbellin woll'n se? Na, denn viel Vergnüjen!"

\*

*An der Drewitzer Sperre, den 1. April 1976*
Der kontrollierende Vopo: „Wollen Sie Potsdam unsicher machen?"
Ich: „Nee, das ist schon unsicher genug."
Vopo: „Sie! Bei uns ist nichts unsicher! So sieht's mal aus."

\*

*Theodor Fontane, 1864*
(Im Vorwort zur zweiten Auflage des Bandes „Die Grafschaft Ruppin" seiner Wanderungen): *„Das Beste aber, dem du begegnen wirst, das werden die Menschen sein, vorausgesetzt, daß du dich darauf verstehst, das rechte Wort für den ‚gemeinen' Mann zu finden. Verschmähe nicht den Strohsack neben dem Kutscher, laß dir von ihm erzählen, von seinem Haus und Hof, von seiner Stadt oder seinem Dorf, von seiner Soldaten- oder Wanderzeit, und sein Geplauder wird dich mit dem Zauber des Natürlichen und Lebendigen umspinnen. Du wirst, wenn du heimkehrst, nichts Auswendiggelerntes gehört haben wie auf den großen Touren, wo alles seine Taxe hat; der Mensch selber aber wird sich vor dir erschlossen haben. Und das bleibt doch immer das Beste."*

\*

*Theodor Fontane, 1873*
(In einem Brief an seine Schwester Elise in Neuruppin): *„Ich selbst kann und darf nichts erfinden ... weil es gegen das historische Gewissen ist."*

*Berlin, den 2. November 1976*
Während dieser Sonntage die zweite Zeitungsserie dieses Jahres läuft, sind doch eifrige Leser meinen Berichten gar schon voraus; Herr Hans-Ulrich M. aus Berlin schreibt unter dem 30. Oktober 76: „... es handelt sich um zwei ‚Mumien‘, 300 Jahre alt, deren sehr guter Erhaltungszustand den Ritter Kahlebutz von Kampehl in den Schatten stellt. Sie liegen unter der Kirche von Berge ..." Sehr gut, dorthin werde ich mich wohl noch begeben müssen, aber beim Kahlebutz bin ich dies Jahr schon zweimal gewesen und werde bestimmt noch darüber schreiben. Allerdings nicht mehr in diesem Band.

XV

# Die glückliche Victorie von Fehrbellin

*Fehrbellin, den 18. März 1976*

Um meinen Ostgeldbestand war es schlecht bestellt. Nicht nur kraft eigener Gedankenlosigkeit. Erstens hatte ich nicht damit gerechnet, daß einer, der, wie ich vor vier Wochen, die 65 überschritten hat, vom sogenannten Pflichtumtausch nicht nur entpflichtet, sondern vielmehr ausgeschlossen ist, zu den bekannten 13 Mark also nicht kommt – es sagt einem ja keiner was –, hatte zweitens in Unterschätzung dieses Mankos, im Drang der Grenzformalitäten und im Gefühl, die übrigen Passagiere nicht zu sehr aufhalten zu dürfen, nicht genug an der Wechselkasse umgetauscht, nicht ahnend freilich auch, daß ich, wegen Verspätung des östlichen Gegenomnibusses, würde ein Taxi nehmen müssen – zwei waren zur Stelle –, um ja nicht meinen Überlandbus nach Fehrbellin zu verpassen (eben jenes Taxi, dessen Fahrer im vorigen Kapitel zu Wort gekommen ist), nicht ahnend ferner, daß diese Fuhre vom Drewitzer Grenzübergang oder genauer vom Drewitzer Omnibus-Wechsel- oder Umsteigepunkt bis zum Potsdamer Omnibusbahnhof in der Yorkstraße über sechs Mark verschlingen werde – trotz Gemeinschaftsfahrt mit zwei anderen Personen, deren jede voll für die ganze Strecke zu berappen hatte und nicht etwa nur für ein Drittel –, und drittens nicht veranschlagend, daß die Bus-Reise ab Potsdam über fünf Mark kosten müsse. Unüberlegt genug; denn bis Fehrbellin sind es ja an die 80 km oder auch mehr. Ich war wohl mit dem linken Bein zuerst aufgestanden, wie man früher sagte, es gibt so Tage . . .

Selbstverständlich hatte ich das Geld für die Rückfahrt nach Potsdam als unantastbare Reserve in der Tasche. Nur die häßlichen abgasverstänkerten sechs Kilometer ab Yorkstraße wieder nach Drewitz hinaus würden dann abzutraben sein, für ein Mittagessen jedoch, ja auch nur für eine Schrippe war kein Pfennig mehr disponibel.

Dem Übelstand wäre nur abzuhelfen gewesen, wenn ich unmittelbar nach Eintreffen am Zielort um 11 Uhr 40 auf die Sparkasse gestürzt wäre und erst nachher mit der Ortsbesichtigung begonnen hätte. Dort nämlich hätte ich weiteres Westgeld einwechseln können, glaube ich wenigstens; denn ein Ortsansässiger, den ich ansprach, ein verläßlich aussehender Mann im blauem Overall, hatte mir dies bedeutet. Doch hatte das Geldinstitut Punkt 12 seine Luken und Läden dicht gemacht, um diese laut Aushang erst wieder um 14 Uhr aufzutun, wenn der einzige Rückomnibus, der sich meinen Zwecken bietet, bereits abgefahren sein würde. Damit war's also nichts, *tant pis*; ich bringe dies alles auch nur zu Papier zu belegen, daß meine brandenburgischen Fahrten nicht immer gerade das reinste Zuckerlecken sind. Fiduz, bei der Volkspolizei nachzufragen, hatte ich nicht, und das Pfarrhaus, wie oft ich auch den weiträumigen Kirchplatz umstrichen hatte, war nicht zu finden.

Die Fahrt! Der Bus verläßt Potsdam auf seiner schönsten Seite, indem er Sanssouci links oben liegen läßt und die Richtung Bornstedt–Bornim aufnimmt, die Straße 273, die zugleich auch Transitstraße ist. Folgen Falkenrehde, Hoppenrade und Nauen. Folgt der Nauener Luchpaß mit dem Hauptkanal, folgen Börnicke, woselbst die Straße 273 verlassen wird, und nach einigen Umleitungen Tietzow und Flatow. Dann geht's am Südrand des torfschwarzen Rhinluchs gerade auf Linum zu. Dies ist ab Nauen die Straße, auf der die brandenburgischen Truppen hinter den Schweden her in die Schlacht von Fehrbellin rückten. Da es genau das war, was man fachmännisch eine Verfolgungsschlacht nennt, streiten sich etliche Dörfer um den Ruhm, der Ort der Gefechtseröffnung zu sein. Mein längst schon verstorbener Freund Jochen Knoke, Mitschüler auf der Hochschule am Steinplatz, ein vorzüglicher Zeichner, war aus Linum (siehe auch Band II, S. 35) und bestand darauf, daß die Schlacht von Fehrbellin in Linum angefangen habe und deshalb eigentlich die Schlacht von Linum zu heißen habe.

Fehrbellin! Bemerkenswert märkischer, auf schlimme Weise märkischer, auf rührende Weise märkischer Ort! Eine Stadt, nun ja, ein Städtchen so alten Ursprungs wie nur eines, das Burgwardium Bellin von anno 1216 – es wird älter sein; solche Daten meinen, wie gesagt, immer nur die erste schriftliche Erwähnung, die man zufällig gerade hat –, ein Landesregierungssitz sozusagen, aber in Zwergengröße nur, Kapitale des Ländchens Bellin, doch keine Kreisstadt etwa, dazu reichte es nie. Hat's nie zu einem Rathaus gebracht, soll man's glauben, und nie zu einem stadteigenen Gotteshaus. So hat das Schicksal auf den unscheinbaren geringen Platz eingedroschen, daß nichts geraten, nichts gedeihen konnte. Eingedroschen mit martialischen Flegeln, Morgensternen und Keulen. Aber zäh überdauert hat der Ort trotz allem, und das eben, meine ich, ist das Märkische.

Die Frage nach den sogenannten Söhnen: ganz mit leeren Wiegen steht Fehrbellin nicht da. Zu nennen sei, habe ich irgendwann aufnotiert, der märkische Dichter Friedrich Bolte... Aber mit Bewußtheit gelesen habe ich nichts von ihm, weiß leider auch jetzt nicht eine einzige Zeile zu zitieren. Doch wenn es diesen Sohn Fehrbellins tatsächlich gegeben hat, ich bin sicher, daß mir, wie schon so oft, einer meiner Leser aus der Verlegenheit helfen wird, ich bitte um Nachsicht.

Ein anderer Sohn war der sogenannte Tier-Wolff. Dazu weiß ich doch wenigstens etwas. Franz Alexander Friedrich Wilhelm Wolff, geboren 1816 (die Vornamen feiern die Monarchen der Heiligen Allianz), diente sich von der Pieke an nach oben, indem er 14jährig bei der kgl. Eisengießerei zu Berlin unter dem berühmten Beuth als Lehrling anfing, später eine eigene Bildgießerei gründete, diese aber seinem Bruder Albert überließ, um freie Hand für die freie Bildhauerei zu bekommen. Auf diesem Gefilde erwarb er sich erhebliche Anerkennung durch hochdramatische Tiergruppen: Hunde verbellen einen erlegten Hirsch, Löwe erwehrt sich des Angriffs einer Schlange und dergleichen. Der Tier-Wolff wurde Mitglied der Berliner Akademie. Sein Sohn Fritz wurde Architektur-Professor an der Technischen Hochschule zu Berlin. Der Tier-Wolff starb 1887. Eine Tafel an seinem Fehrbelliner Geburtshaus scheint es nicht zu geben, falls dies noch steht, ich kann sie aber auch übersehen haben.

\*

Der jüngere Name des mausgrauen Städtchens, Fehrbellin, ist mit der Wende der brandenburgischen Geschichte vom Passiven ins Aktive und ins Große verknüpft. Daher schrieb Fontane – und man sollte diese Seite des Dichters nicht einfach mit Pietät und Takt oder diskret übergehen, weil sie in das eher „linke" Bild, das man sich heute von ihm machen möchte, nicht paßt:

> . . . nun klärt sich das Wetter,
> Sonnenschein, Trompetengeschmetter,
> Derfflinger greift an, die Schweden fliehn,
> Grüß Gott dich Tag von Fehrbellin.
>
> Grüß Gott dich Tag, du Preußenwiege,
> Geburtstag und Ahnherr unsrer Siege,
> Und Gruß dir, wo die Wiege stand,
> Geliebte Heimat, Havelland.

So mochte, so konnte einer 1872 in die Saiten greifen, da des neuen Deutschen Reiches Größe so unerschütterlich fest zu stehen schien. Kein Zweifel aber an der Ernsthaftigkeit dessen, der solche Verse seinem Band „Havelland" voranstellte! Eben damals schrieb er: „*Eine Sache gedeiht nur, wenn man sich ihr mit einer gewissen Ganzheit der Seele hingibt.*" Wer will Fontane Lügen strafen und ihn derart interpretieren, als habe er da mit halber Seele irgendwelche Töne von sich gegeben, die er im tiefsten gar nicht gemeint habe? Wir, du lieber Himmel, wir können in so hymnischer Tonart keinen Cantus mehr anstimmen, hätten auch nicht den leisesten Grund dazu. Das erlaubt aber nicht, unsere heutigen Zweifel auf des Dichters über hundert Jahre alte Havelland-Verherrlichung zurückzuprojizieren. Ebenso stünde es uns schlecht an, jene Sternstunde der hiesigen Geschichte in Frage zu stellen. Uns bleibt nur zu konstatieren: es war einmal! Es hat einmal einen kühnen Bogen preußischer Geschichte über zwei Jahrhunderte hin gegeben. Der schwang sich von Fehrbellin bis Sedan. Aber hundert Jahre danach ist es unschwer festzustellen, daß im deutschen Sieg von Sedan schon das Ende Preußens beschlossen war.

\*

Selbstverständlich ist eine Kirche da, ich sagte es ja. Aber sie steht eigentlich auf dem Anger des Dorfes Feldberg, das, so alt wie das benachbarte Burgwardium, erst 1928 eingemeindet worden ist. Die Belliner waren bis dahin zum Gottesdienst brav aufs Dorf hinaus nach Feldberg gegangen. Mindestens hatten sie es seit 1249 getan, seit das Ländchen von den Markgrafen an den Havelberger Bischof verkauft worden war und die Burg Bellin, die eine Kapelle besessen haben wird, hatte geschleift werden müssen. Die heutige Kirche, neugotisch in ehedem gelben Ziegeln, war auch 1867, als sie nach

Stülers Plänen erbaut wurde, schon viel zu groß. Fehrbellin nahm nicht zu. Daran hat auch die Eisenbahn von 1880 wenig geändert, die die DDR als unrentable Strecke, für den Personenverkehr wenigstens, wieder stillgelegt hat. Fehrbellin scheint auch jetzt kaum mehr zuzunehmen. Es überdauert. Wo der Schatten der häßlichen Stüler-Kirche den Anger beherrscht, liegt der Schnee noch in geschlossener Decke, leicht verharscht. Das Rhinluch ist die kälteste Gegend der Mark.

Leicht könnte einer die beklagenswert armselige Architektur des Städtchens für Ausdruck und Ergebnis unrettbarer Kulturlosigkeit und Abgelegenheit von aller Geschichte halten. Weit gefehlt! Dieses Nach-nichts-aussehen ist märkisch. Oder sieht man den Nestern Groß-Beeren, Dennewitz oder dem winzigen Hagelberg an, daß sich auf ihrer Flur einst Napoleons Sturz vorbereitete? Oder läßt Neuruppins sprödes Stadtbild auch nur vermuten, daß dort Fontane und Schinkel geboren wurden?

Fehrbellins Lage war zugleich sein Schicksal, die Lage am Luch, das dort nur vier Kilometer breit ist. Um die strategische Position, diesen Luchpaß zu kontrollieren, ist es zu allen Zeiten gegangen. Ihr hatte schon das Burgwardium gedient. „Während des 30jährigen Krieges", liest man in Kröners hier einschlägigem „Handbuch der historischen Stätten" Nr. 311, das wir schon oft zu Rate gezogen haben, „ist der Fehrbelliner Paß von allen mittelmärkischen Übergängen am stärksten benutzt und umkämpft worden." Um den Rhinübergang ging es sogar noch Ende April 1945, er wurde erst am 2. Mai von Teilen der 1. Polnischen Armee und der 61. Russischen erzwungen. Um den Rhinübergang ging es in der fast sprichwörtlich gewordenen Schlacht, die in ihrer zeitenwendenden Bedeutung schon von den Zeitgenossen erkannt worden ist: Schweden, bis dahin führende Militärmacht zumindest im protestantischen Europa, verspielte diese Rolle, Brandenburg übernahm sie – nolens, nicht volens – und bestimmte somit die Geschichte eines künftigen Preußens. Das also geschah 1675. 1758 erschienen die Schweden dennoch wiederum auf dem Damm vor Fehrbellin. Über den schlimmen Zeitläuften der Napoleonischen Kriege verarmten die ausgebeuteten Bürger des Städtchens vollends.

\*

Schwarz und eilig fließt der Rhin bei der bewußten Brücke, die die Brandenburger auf ihrer Schwedenverfolgung abgeworfen, die

Schweden aber, um ihre Haut zu retten, notdürftig repariert hatten und die denn auch zugutzterletzt noch zusammenbrach. Unter dem panischen Andrang der Fliehenden. Schwarzfließend stößt im rechten Winkel aus Nord vom Ruppiner See her ein breiter Rhinkanal dazu. Schleusen und Deiche. Kahle Bäume drüben in lockerem Bestand. Ein paar Häuser dörflichen Zuschnitts. Eins zeigt Eisverkauf an. Die Schule ist aus. Der Gang über die Brücke zur Eisdiele scheint zu den Gewohnheiten der Schüler und Schülerinnen zu gehören. „Schmeiß mal 'n Eis!" ruft ein Stimmbrüchiger über die Straße. „Bei dir piept's wohl!" antwortet die Klassenschöne ungerührt und leckt an ihrer Waffel.

Ein Grüppchen Halbwüchsiger knattert auf Mopeds heran. Sie stellen ihre Feuerstühlchen ab, mustern sie wechselseitig und gehen, sich mit Speiseeis zu versehen. An diese, als sie leckend und schleckend wieder rauskommen, trete ich mit folgender Ansprache heran: „Meine Herren, ich befinde mich in Geldverlegenheit und brauche eine Mark. Ich kann Ihnen hier zehn vorzügliche Westzigaretten, echte Aktive, verkaufen, das Stück zu zehn Pfennigen." Lange überlegen die Halbstarken nicht. Der Vorteil dieses Handels liegt deutlich auf ihrer Seite. Denn in der DDR sind Zigaretten teurer als bei uns und nicht besser. Den hohen Betrag aus Joppen- und Hosentaschen groschen- und pfennigweise hervor- und zusammenzubringen, macht einige Umstände. Nach vollzogenem cash-down geht's unverzüglich ans Paffen . . .

Ich aber suchte mir eine Bäckerei und erstand für 20 Pfennige einen Pfannkuchen. Denn für die Fahrt von Potsdam nach Drewitz benötigte ich nur 80 Pfennige, und vielleicht war's überhaupt ganz gut, sich aus dem Staube zu machen. Denn man kann doch nie wissen, wie ein solcher Handel sich in den Argusaugen dortiger Staatsaufsicht ansieht. Vielleicht gar als „Infiltration imperialistischer Unkultur und parasitärer Konsumfetischismus bis hin zum offenen oder unterschwelligen Anreizen von kriminellen Akten wie Rowdytum und ähnlichen Verletzungen . . ."; ich zitiere die jüngsten Auslassungen eines Rechtswissenschaftlers der DDR aufgrund einer ddp-Meldung.

\*

Es hatte seine Bewandtnis mit diesen Zigaretten. Ich kam am 9. Dezember 1975 vom Dorf Drewitz her und dem Jagdschlößchen Stern, diesem bezaubernden kleinen Ziegelbau. Die Gaststätte dort, ein sehr einladendes betagtes Gebäude, von dem aus einst wohl auch Landwirtschaft betrieben worden ist, aber die rückwärtigen Scheunen sind bereits in den Ruinenstand gefallen, dieses Wirtshaus hatte seinen Schließtag, und mit dem vorgehabten Aufwärmen war es nichts. Weiter also bis zur Omnibus-Wechsel- und Umsteigestelle, wo sich stündlich ein Omnibus aus Potsdam und einer aus West-Berlin (Wannsee) einfinden, ihre Passagierfracht zu tauschen. In der späten Jahreszeit sind es meist Friedhofsbesucher. (Dem Leser aus dem Westen diene die Erklärung, daß diese Stelle des Passagieraustauschs an der Helmstedter Autobahn auf dem Boden der DDR liegt und die Fahrgäste aus West-Berlin jeweils die Grenzkontrolle bereits hinter sich, die nach West-Berlin wieder heim wollen, sie noch vor sich haben; klingt komplizierter, als es praktisch ist, man muß es nur wissen.)

Von dieser Kontaktstelle zwischen West und Ost – die Heimreisenden werden meist von ihrer DDR-Verwandtschaft bis dahin begleitet – hat man sich wohl eine höhere Frequenz versprochen und in einer eigens errichteten Baracke Wechselkasse sowohl wie Intershop etabliert, die sich aber offenbar nicht rentierten und wieder geschlossen wurden. In die leeren Räume rückte die DDR-Firma „Deutrans", die sich vermutlich mit Speditionsaufgaben im Interzonenhandel befaßt. Im Halbdunkel erreiche ich die Baracke, mich an der Hoffnung wärmend, es werde sich dort vielleicht eine Kantine befinden. Nichts davon. Nicht einmal ein Zigarettenautomat stand zu Gebote. In den erleuchteten Büroräumen drinnen rüstete man sich zum feierabendlichen Aufbruch. Ich klopfte an eine Fensterscheibe, hinter der ich schon am Morgen ein schmuckes Fräulein hatte wirken sehen, ja, die Schmucke hatte wie von ungefähr dieses Fenster geöffnet und mir, da ich ihr zugelacht hatte, gute Reise gewünscht. Jetzt wurde das Fenster abermals geöffnet, weiß nicht, ob das Fräulein mich wiedererkannte. Auf meine Bitte hin aber gab mir das große Mädchen aus eigener Schachtel eine Zigarette, wollte jedoch kein Geld dafür nehmen: „Nee, nee!" rief sie. „Lassen Se man Ihr Geld schön stecken! Rauch' ich eine wen'jer ... Des hat auch sein Gutes ... Immer des olle Jift!"

Dieses menschenfreundliche Erbarmen mit einem Halberfrorenen, diese Generosität gedachte ich, bei nächster Gelegenheit mit einer Schachtel westlichen Qualmwerks zu honorieren. Allein ich habe meine Nothelferin zweimal verfehlt, und heute zeigte sich, daß die „Deutrans" die Stätte ihres Wirkens woanders gefunden hat. Die Baracke war leer.

*Hakenberg, den 1. April 1976*
Sah bei Flatow drei Störche, die fürs erste noch ein kärgliches Auskommen werden hinnehmen müssen. Im Norden grau und schwarz das Rhinluch auf Linumhorst zu, wo immer noch Torf gestochen wird, so wie es aussieht. Als ich in Linum den Omnibus verließ, setzte Sprühregen ein. Auf der Straße von Linum nach Hakenberg, früh um 6 Uhr bei strömendem Regen aufbrechend, führte der Prinz von Hessen-Homburg die brandenburgische Avantgarde, um den retirierenden Schweden auf den Fersen zu bleiben. Die Kleistsche Dichtung hat, weil erdichtete Fakten starker Poesie sich nicht selten an die Stelle der wirklichen setzen, das reale, prosaischere Bild des Prinzen verstellt, ja auch verderbt. Sein Vorgehen geschah auf ausdrücklichen Befehl des Kurfürsten, aber gegen den Ratschlag Derfflingers, der durch Umgehung des Luchs von Norden den Schweden den Rückzug aus ihrer Position in Fehrbellin abschneiden wollte. Dies hätte viel Zeit gekostet und die Schweden womöglich veranlaßt, Fehrbellin aufzugeben und sich der Derfflingerschen Falle beizeiten zu entziehen. Da der Prinz den Schweden andauernd *„in den Eisen saß"*, blieb ihnen nichts anderes übrig, als sich vor Linum an der dortigen Landwehr in Schlachtordnung zu stellen, was wohl auch der zunehmenden Demoralisierung Einhalt tun sollte. Die Stellung war gut gewählt und erstreckte sich quer zur Straße über die dort nur schmächtige Breite des Ländchens vom Linumer bis zum Dechtower Luch. Doch bevor der Prinz, wiederum auf Weisung des Kurfürsten, angreifen konnte, marschierten die Schweden in voller Schlachtordnung beiderseits Linum zurück, um vor Hakenberg abermals Front zu machen.
Ganz bis Dechtow kam ich nicht. Da zieht sich ein neues Stück Autobahn querhin, das meine Karte des Bezirks Potsdam von 1972 noch nicht zeigt, und so kann ich weder sagen, woher die Bahn kommt, noch wohin sie führt, aber befahren wird sie ein bißchen. Anzunehmen, daß sie Teil einer künftigen Autobahn nach Hamburg ist, anzunehmen und zu hoffen. Pirschte mich, ohne die Autobahn zu überschreiten, der Nase nach querwaldein bis zum Schlachtendenkmal südwestlich Hakenberg, dem Zentrum der Schlacht, die auch nicht nach ihrem Schwerpunkt Hakenberg, sondern nach Fehrbellin genannt ist. Der Regen hörte auf und überließ einer wärmelosen Sonne das weite, gegen das Dörfchen Hakenberg und das Luch sanft abfallende Feld.
(Muß mich korrigieren: ich hatte oben im 7. Kapitel die Überrumpelung der von den Schweden besetzten Stadt Rathenow skiz-

ziert und, da allein auf zeitgenössische Berichte gestützt, die damalige Datierung übernommen, die aber um 1700 auf den heute noch gültigen Stand gebracht worden ist. Die Befreiung Rathenows geschah also am 15. Juni 1675 nach damaligem, nach heutigem Kalender am 25. Juni, und die Schlacht von Fehrbellin hat für uns am 28. Juni stattgefunden.

Die beiden schwedischen Heerführer, die Grafen Wrangel, ein Stiefbrüderpaar, haben die durch den Verlust Rathenows entstandene Lage zu pessimistisch eingeschätzt, wenn sie begannen, sich von Brandenburg und Havelberg abzusetzen, mit dem Ziel, sich erst an der mecklenburgischen Grenze zu vereinen. Die um Brandenburg befindliche Schwedenarmee hätte sehr wohl einen Marsch nach Westen und elbabwärts nach Havelberg erzwingen können. Doch indem sie entgegengesetzt auf Nauen retirierte, arbeitete sie der kurfürstlichen Armee geradezu in die Hände. Ich sehe auch nicht, wieso nicht von Havelberg aus ein Entlastungsangriff für das bei Fehrbellin bedrängte Schwedencorps mit allem Nachdruck unternommen wurde, sondern man sich mit einem wirkungslosen Vorstoß bis Neustadt/Dosse begnügte, das doch nur runde zehn Kilometer entfernt liegt. Die katastrophale Niederlage dieses Corps veranlaßte aber wie auch immer den Rückzug auf der ganzen Linie und die vollständige Räumung Brandenburgs. Es waren alte von Gicht und Steinleiden geplagte Männer; der ältere Bruder hatte den Ruhm eines großen Feldherrn schon im 30jährigen Krieg erworben. Das war lange her.

Aber der Sieg der Brandenburger wollte erstritten sein; wenn auch den Schweden der Handstreich von Rathenow und, auf dem Rückzug von der Stadt Brandenburg, ein verlorenes Scharmützel am Nauener Luchpaß hart in den Knochen saß, soldatische Tüchtigkeit zeigten sie immer noch genug. Wrangel – hier befehligte der jüngere Bruder Waldemar v. W. – behielt vor Hakenberg etwas allzu schulmäßig die Linumer Schlachtordnung bei: in der Mitte die Infanterie, vorgezogen von den Lücken zwischen den einzelnen Formationen die 38 Geschütze der Artillerie, auf den Flügeln die Reiterei, alles in allem 12 000 Mann. Die Brandenburger waren tatsächlich kaum halb so stark und verfügten nur über 13 Geschütze und nach Lage der Dinge fast keine Fußtruppen. Da konnten nur der Schneid der Führung und kühne Sattelbefehle helfen. Und ein unerwartet aufflammender Patriotismus der märkischen Landeskinder, aus denen das brandenburgische Heer größtenteils bestand.

Wrangel hatte darauf verzichtet, seinen rechten Flügel über die Dechtower Fichten hinaus zu verstärken und die Hügel – dort, wo heute das Denkmal steht, Hügel ist fast schon zuviel gesagt – mit Geschütz zu besetzen. Diese Schwäche erspähten die Brandenburger sofort und brachten ihrerseits vier Geschütze in die immerhin günstige Stellung, mit deren Bedeckung Dragoner des Grumbkowschen und des Derfflingerschen Regiments unter dem Kommando des Capitains v. Kottwitz beauftragt wurden. Hier bildete sich schnell und heftig der Schwerpunkt der Schlacht aus.

Wrangel sah seine rechte Flanke bedroht, nahm wohl oder übel den Kampf an und ließ die Hügel durch ein Regiment Infanterie angreifen (Regiment v. Dalwig), dazu auch Kavallerie, woraufhin das Schlachtenglück höchst bedenklich hin und her zu schwanken begann. *„Zuweilen mußte ich laufen, zuweilen machte ich laufen"*, schrieb der Prinz von Homburg an seine Frau, die er höchst barock mit *„Allerlibste Dicke"* oder, noch schöner, mit *„Meine Engelsdicke"* anschreibt. Alles geriet ins wütendste Getümmel, der alte Derfflinger mit seinen 69 Jahren und der Kurfürst nicht minder. Hüben fiel der Obrist v. Mörner, drüben fielen der v. Wachtmeister und der v. Maltzan. Es war der Prinz von Homburg, der die Situation durch einen Flankenangriff schnell zusammengeraffter Schwadronen rettete, während der Kurfürst selbst das Kommando über das, nach Verlust aller seiner Offiziere, zurückweichende Regiment v. Mörner übernahm.

Als die Schweden gegen 10 Uhr das Feld zu räumen begannen – der Regen hatte aufgehört, und die Sonne schien –, da erst erhielt der Prinz von Homburg einen Angriffsbefehl, an dessen Ausführung zwar weder er noch seine Offiziere, wohl aber seine überanstrengten Truppen scheiterten, so daß die Schweden fürs erste ungehindert auf Fehrbellin retirieren konnten, woselbst sie sich verschanzten. Schon vorher hatte Wrangel ein Regiment abkommandiert, die Rhinbrücke und den Damm, welche beide hinterrücks von einer brandenburgischen Streifpartei unpassierbar gemacht worden waren, zu reparieren. Er hatte also beizeiten einen geordneten Rückzug ins Auge gefaßt, vergewisserte sich in Fehrbellin über den Stand der Reparaturen und begab sich dann wieder zur Front zurück, um die Rückzugsbewegungen einzuleiten. Verbissene Gefechte endeten am nächsten Tag vor besagter Rhinbrücke in Fehrbellin, von wo die Schweden schließlich nach einem Verlust von 2400 Mann, die tot auf dem Feld geblieben waren, schwer angeschlagen in Richtung Neuruppin abrückten, wo ihr Hauptquartier gelegen hatte oder lag.

Acht Geschütze, über 15 Zentner Pulver, 9 Zentner Lunten, 7 Zentner Musketenkugeln, 21 Rüst- und Munitionswagen wie, nebst

Karossen und Chaisen, über 1000 Fahrzeuge aller Art fielen am Ende der Nahkämpfe vor der Brücke in die Hände des Siegers. Dazu acht Fahnen, sechs Dragonerfähnlein und zwei Standarten. Gesamtverlust der Schweden bei allen Operationen 4000 Mann, die Verwundeten nicht gerechnet. Bemerkenswert wenig Gefangene, aber viele Deserteure. Der Kurfürst, der gern noch vor Fehrbellin tabula rasa gemacht hätte, hat das Ausmaß seines Sieges zunächst unterschätzt und war daher mit seiner Reiterei und vor allem mit der des Prinzen von Homburg höchst unzufrieden, und es resultierte daraus eine gewisse Verstimmtheit, die über ein Jahr währte, länger aber nicht.

Sehr tief kann die Verärgerung ohnehin nicht gesessen haben, denn der Prinz läßt seine *„Allerlibste Frawe"* unter dem 19. Juni – unserm 29. also – wissen: *„Nachdeme alles nun vorbey gewesen, haben wir auff der Walstet, da mehr als 1000 Todten umb uns lagen, gessen vnd vns brav lustig gemacht, der Hertzog von Hannover wird nun schwerlich gedenken, über die Elbe zu gehen, vnd ich halte darvon, weilen die Schweden nun eine so harte schlappe bekommen, er werde sich eines bessern bedenken . . . gegeben im Feltlager bey FerBerlin."*

FerBerlin! Der Prinz, der seit Jahren in Neustadt an der Dosse angesessen war, wie angedeutet, und dort sehr fortschrittlich und nachhaltig segensreich gewirkt und gewirtschaftet hat, hat nicht etwa faselig geschrieben. FerBerlin schreibt er und schreiben auch andere Zeitgenossen mehrfach. Die Ortsnamensforscher, die sich über den Namen unserer verflossenen Reichshauptstadt doch schon immer die Köpfe zerbrochen haben, sollten sich dieser Version einmal annehmen. Auch ein örtliches Adelsgeschlecht des Ländchens, ein lange schon ausgestorbenes, trug den Namen Bellin und auch Berlin! Und an die Sache mit der Fähre, von der alle schreiben und die auch eine Wandtafel im Vestibül erwähnter Sparkasse mitteilt, glaube ich erst, wenn mir einer den Ortsnamen Werbellin plausibel erklärt hat. Er kommt einmal in der Mark und, Werbelin geschrieben, einmal bei Halle vor, wobei das ‚Wer' in beiden Fällen unmöglich eine Fähre bedeuten kann.

\*

*Potsdam, den 1. April 1976*
Hakenberger Denkmale gibt es zwei, ein dezentes älteres unten an der Straße, kaum mehr leserlich beschriftet: *„Friedrich Wilhelm der*

*Große / kam, sah und siegte"*, vier alte Kanonenrohre am Sockel über Eck. Die Kanonen hat anno 1857 der Fehrbelliner Kriegerverein dort in Stellung gebracht. Dem, der das schlichte Denkmal einst gestiftet hat, und zwar schon 1800, sähe das auch nicht ähnlich: Es war Friedrich Eberhard v. Rochow auf Reckahn, der „märkische Pestalozzi", von dem oben die Rede war.

Das jüngere Denkmal stammt von 1875 und hat die Gestalt eines Aussichtsturms mit einer geflügelten Viktoria obendrauf, möglicherweise aus derselben Gußform wie die auf unserm Belle-Alliance-Platz oder doch sehr ähnlich. Laut Aushang am Turmeingang ist die Viktoria von Rauch, besteht aus Goldbronze, ist 4 Meter 15 hoch und wiegt 40 Zentner; was wohl rechte Informationen für rechte Touristen sind. Die Figur und ihr säulenartiger Turm sind jedenfalls aber wohlproportioniert. Weniger gut, weil auch zu groß, scheint mir die Büste des Großen Kurfürsten unten in einer kreisrunden Nische der Turmwand zu sein, laut Aushang von einem Professor Wolff, dessen Vorname aber verschwiegen wird. Wird man fehl gehen, wenn man in dem Genannten keinen anderen als unsern Tier-Wolff vermutet? Wer dort im Umkreis Professor Wolff sagte, konnte niemand anderen meinen, und als Fehrbelliner wird man ihn vielleicht haben berücksichtigen müssen. Dem ist noch nachzugehen.

Den Turmschlüssel erhält man unten in einem kleinen verluschten Gartenlokal, das gleichwohl auf größeren Besucherandrang in der Saison gerüstet zu sein schien. Heute war niemand da außer zwei Lieferwagenfahrern, die ihr Fahrzeug hinter dem Turm in Deckung gebracht hatten und sich in der Stille ein Bierchen genehmigten, was sie als Fahrer ja nicht sollen. Aussicht bot sich nicht. Doch lag das am Nebeldunst, der alles Entferntere verhüllte. Als heller Schimmer waren gerade eben die Teiche nördlich Linum wahrzunehmen. Die Allee, die von der Landstraße zum Denkmal führt, ist angenehm zu gehen. Die Bäume – waren es Ulmen? – könnten zur Zeit der Denkmalserrichtung gepflanzt worden sein.

Der Omnibus von Neuruppin über Fehrbellin, Hakenberg und so weiter ist gegen 16 Uhr wieder in Potsdam. Wer Zeit und Lust hat, steigt am besten schon am Brandenburger Tor aus und nimmt Gelegenheit zu einem Spaziergang durch die besinnliche Schönheit des Parks von Sanssouci, wo es sich besonders gut über diverse Es-war-einmal nachdenken läßt, über Preußen zum Beispiel.

*Berlin, den 4. November 1976*

Habe eben der Sicherheit halber in Kröners Taschenbuch 311 nachgeschlagen, desgleichen aber auch im Thieme-Becker. Beide stimmen darin überein, daß das Kurfürstenbildnis von Albert Wolff aus Neustrelitz ist und nicht, wie oben gemutmaßt, vom Tier-Wolff aus Fehrbellin. Aber die Viktoria ist laut Thieme-Becker ebenfalls von Albert Wolff und nicht, wie laut Aushang und wie bei Kröner, von Rauch. Da kenne sich nun einer aus! Immerhin war dieser Albert Wolff ein Rauch-Schüler und Gehilfe. Rauch aber hatte schon 18 Jahre vor der Denkmalsenthüllung den Meißel endgültig aus der Hand gelegt.

Der richtige Prinz von Homburg – im Gegensatz zum erdichteten – war zur Zeit der Schlacht ein Mann von 42 Jahren, hatte in schwedischen Diensten gestanden und dabei 1659 ein Bein verloren. Seitdem trug er eine Prothese mit silbernen Scharnieren, daher *„der Prinz mit dem silbernen Bein"*. Ein Traumtänzer wie der Kleistsche Prinz kann er wahrhaftig nicht gewesen sein, sondern war ein Mann von ganz besonderer gezielter Energie.

Das *„Neue Lied von der glücklichen Victorie ... zu Rathenow und Fehrbellin"*, ein Poem von 22 achtzeiligen Strophen, erschien unbekannten aber zeitgenössischen Verfassers in Straßburg im Elsaß, *„gedruckt ... bei Johann Pastorius, wohnend hinterm Gräbergraben im Stampf-Gässel"*. Die dritte Strophe lautet:

> Der grosse Churfürst gieng mit Macht,
> Umb Frieden zu erlangen,
> Er suchte der Frantzosen Pracht,
> Und ihres Trotzes Prangen,
> Zu stürtzen durch die Kriegeskunst.
> Es wünschte mit Verlangen,
> Ein jeder Gottes Güt' und Gunst,
> Zu dem, was angefangen.

Seitdem hat sich das Epitheton ‚Großer' vor Kurfürst eingebürgert und erhalten.

\*

(Abgeschlossen am 5. November 1976. Potsdam, Babelsberg, Friesack, Havelberg, Schönhausen an der Elbe, Tangermünde, Stendal und anderes mehr sind mittlerweile schon bereist oder erwandert, Stoff genug für einen sechsten Band.)